笑出腹肌
的
中国史

大汉帝国

①

不明山人
著

北京理工大学出版社
BEIJING INSTITUTE OF TECHNOLOGY PRESS

版权专有　侵权必究

图书在版编目（CIP）数据

笑出腹肌的中国史．大汉帝国：全3册／不明山人著．—北京：北京理工大学出版社，2023.2

ISBN 978-7-5763-2064-0

Ⅰ．①笑… Ⅱ．①不… Ⅲ．①中国历史－汉代－通俗读物 Ⅳ．① K209

中国国家版本馆 CIP 数据核字（2023）第 009013 号

出版发行／北京理工大学出版社有限责任公司	
社　　址／北京市海淀区中关村南大街 5 号	
邮　　编／100081	
电　　话／（010）68914775（总编室）	
（010）82562903（教材售后服务热线）	
（010）68944723（其他图书服务热线）	
网　　址／http：//www.bitpress.com.cn	
经　　销／全国各地新华书店	
印　　刷／三河市兴达印务有限公司	
开　　本／710 毫米 ×1000 毫米　1/16	
印　　张／62	责任编辑／朱　喜
字　　数／902 千字	文案编辑／朱　喜
版　　次／2023 年 2 月第 1 版　2023 年 2 月第 1 次印刷	责任校对／刘亚男
定　　价／188.00 元（全 3 册）	责任印制／李志强

图书出现印装质量问题，请拨打售后服务热线，本社负责调换

目录

第一章　一统

　壹　六世余烈　　　　　　　　　002
　贰　嬴政与刘邦　　　　　　　　005
　叁　灭六国　　　　　　　　　　008
　肆　秦始皇　　　　　　　　　　013

第二章　秦灭

　壹　危机四伏　　　　　　　　　018
　贰　黄金搭档　　　　　　　　　022
　叁　揭竿而起　　　　　　　　　025
　肆　天下响应　　　　　　　　　029
　伍　秦帝国最后的名将　　　　　034
　陆　刘邦与项羽　　　　　　　　039
　柒　项梁之死　　　　　　　　　044
　捌　战神项羽与巨鹿之战　　　　047
　玖　打野的刘邦灭了秦　　　　　051

第三章　楚汉

　壹　分果果　　　　　　　　　　056
　贰　掀桌子　　　　　　　　　　061
　叁　彭城大战　　　　　　　　　064

肆	相持	068
伍	韩信的支线剧情	071
陆	战略反攻	077
柒	垓下悲歌	085

第四章　铲除异姓王

壹	大汉皇帝	094
贰	两韩信失国	098
叁	殉道者	102
肆	彭越死英布悲	106
伍	发小与刘邦最后的日子	110

第五章　诸吕之乱

壹	吕太公的谋划	116
贰	刘盈时代	120
叁	惨淡经营的吕太后	125
肆	大火并	131
伍	刘恒入主未央宫	135
陆	拥立功臣们的结局	139

第六章　七国之乱

壹	两个智囊的谋划	144
贰	七国之乱，各势力盘点	148
叁	山雨欲来风满楼	152
肆	大战	158
伍	尾声	164

第七章　韬光养晦

- 壹　休养生息　170
- 贰　匈奴这个对手　175
- 叁　和亲　179
- 肆　练兵　183

第八章　少年汉武帝

- 壹　汉景帝是个好爹　192
- 贰　大富大贵是命　196
- 叁　少年皇帝　200
- 肆　小试牛刀　205

第九章　马邑阴谋

- 壹　一辩，主和派赢了　213
- 贰　二辩，王恢有备而来　215
- 叁　纸上谈兵　217
- 肆　致命漏洞　219
- 伍　谁来背锅？　221
- 陆　最重要的事　223

第十章　千古卫霍

- 壹　茏城之战　228
- 贰　卫青纵横　231
- 叁　霍去病的新境界　235
- 肆　河西之战　238
- 伍　封狼居胥　242

第十一章　武帝内政

壹　大将军卫青　　　　　　　　　249

贰　淮南王谋反案　　　　　　　　255

叁　推恩令与酎金案　　　　　　　258

第十二章　武帝征四夷

壹　四路平南越　　　　　　　　　265

贰　平定西南夷　　　　　　　　　271

叁　征服东越　　　　　　　　　　275

肆　卫氏朝鲜的覆灭　　　　　　　279

伍　西征大宛　　　　　　　　　　285

陆　怎么看待征四夷　　　　　　　291

第十三章　汉武暮年

壹　张汤之死　　　　　　　　　　296

贰　汉与匈奴再战　　　　　　　　302

叁　巫蛊之祸　　　　　　　　　　308

肆　轮台罪己　　　　　　　　　　317

第一章

一统

壹　六世余烈

天下大势，分久必合，合久必分，分分合合，讲的是统一与分裂的永恒更替。

周的封国制，本质上仍是部落联盟的延续，难以视为大一统。至于春秋、战国，周王室式微，则是分裂无疑。因此，在秦之前的数百年，分裂是主旋律。秦始皇统一六国，汉承秦制，虽然有秦末诸侯争霸、西汉末天下动乱，但整体上，秦汉之际，统一是主旋律。从这个角度来看，说汉就不能不说秦。所以，我们先聊聊秦的历史。

秦的先祖，可以追溯到帝颛顼。颛顼有个孙女叫女修，女修吞了个玄鸟的卵，生子大业。大业娶少典的女儿女华，生子大费。大费帮助大禹治水有功，舜帝为他娶姚氏美女，又安排他帮助自己调教鸟兽，称其为柏翳，赐姓嬴氏。不过，这些都姑妄言之、姑妄听之，太史公司马迁自己都不取信。但从这些叙述中，我们看到：大业是私生子，不知父亲是谁。这就是典型的母系氏族残留影响。至于后来，经历夏、商千余年，已经没有确切的谱系可以采信。但从史料的记载中，可以做以下合理推测：

第一，在夏启接班大禹、实际废弃禅让制的过程中，嬴氏部族失势，被迫离开文明核心区，向夏文明周边开拓求生存，同时开枝散叶为多个新的部落。

第二，在商灭夏之战中，较大的一个嬴氏部落，以一个叫费昌的首领为代表，投靠了商部落，对商灭夏有重大作用。因而在夏、商之交的利益重新分配中，费昌的嬴氏部落跻身商朝贵族，长期发挥影响。

第三，风水轮流转，在周武王歼灭大邑商的过程中，费昌的后代，蜚廉、恶来父子就成为拥护商纣王的顽固分子，被周武王明正典刑，嬴氏也在王朝更替中再次失势。不过，嬴氏一族保留了他们的核心竞争力：善于养马。

到了周朝。蜚廉的两个儿子，一个恶来，一个季胜，商亡后，其后代各自求生。

季胜的后代造父，帮助周穆王养马于桃林塞，为周穆王西游与西王母约会、东游平定徐偃王之乱提供了最重要的战略资源，被封于赵城，成为战国七雄之一赵国的始祖。

恶来的后代，大骆、非子父子在陇西同样养马养得好。尤其是非子，在千水和渭水交汇处的三角洲地带，为周孝王当"弼马温"，使马的数量爆炸性增长，且每一匹都膘肥体壮。周孝王就让非子脱离了主宗大骆，封非子于秦，另起炉灶，号为秦嬴，恢复嬴氏宗祀，成为秦国的始祖。

西周末年犬戎之乱，主宗被犬戎全部消灭，非子成为恶来一支唯一的法定继承者。周宣王继位，任命非子的后代秦仲为大夫攻击西戎。从此，嬴秦与西戎展开了长期的残酷斗争。

嬴秦传到了秦襄公时，周平王不胜犬戎骚扰，谋划东迁洛邑。秦襄公派兵护送平王东迁有功，平王因此封秦襄公为诸侯，并开了一张空头支票：如果嬴秦能赶走西戎，那关中丰、岐之地就归嬴秦。之后，一代又一代，筚路蓝缕以启山林，无数嬴秦子孙在与西戎的战斗中失去生命，但嬴秦的地盘也越来越大，到秦穆公称霸时，整个泾渭平原都已经是秦的了。

但秦穆公之后，嬴秦就长期坐在祖宗的功劳簿上，一副腐朽的封建贵族做派，纸醉金迷、残酷剥削奴隶、日常内斗。与此同时，东方晋国三分，田氏代齐，一种新型、先进的生产关系建立起来：土地私有、奖励耕战、新兴地主阶级崛起。大概从秦厉公到秦献公之间的六七代秦国人，都被晋国堵在家门口打，洛水以东，黄河以西的大片土地被夺取，最终归于三晋的魏国。

外部压力打醒了秦国人。从秦献公开始，秦国也开始了变法图强。秦献公的变法措施及影响如下：

第一，废除活人殉葬。人殉是腐朽贵族的特权，废除人殉既打击了旧贵族，又增加了当时作为一个侯国最宝贵的资源——劳动力。

第二，迁都。都城从雍迁到了栎阳。栎阳更靠近河西前线，表明了收复故土的决心。同时，新建都城，也能迅速摆脱旧都积重难返的改革阻力。

第三，在全境推行编伍制度，把秦国辖下的全国人口，每五家编为一"伍"，犯法连坐，鼓励告奸。这既是人口摸底，也是强制拉平各阶级的政治地位，同时打击了旧贵族，促进了阶层流动。

这些变革的效果立竿见影。秦献公执政时期，与魏惠王的前期重合，其间，两国恶战三场，每一战魏国都被揍得头破血流。秦献公最后一年，也就是公元前362年，秦国居然在少梁之战中俘虏了魏国国相公叔痤。

秦孝公继位后，起用商鞅，继续推进改革。商鞅是当时法家思想的集大成者，而秦孝公对他的支持又坚定无疑，于是，君臣二人操刀了战国初期最彻底的改革，从此之后，秦国成为一个动员力无与伦比的战争机器。

秦孝公去世后商鞅被处死，但在这之前，秦国已经基本收复了河西失地。秦惠王时，秦攻取经营蜀地、义渠，从魏国手里夺得上郡，开拓兵源、税源、马场；蚕食魏国，打通东出的潼关—函谷关通道及蒲坂—汾河平原通道；蚕食楚国，攻取汉中平原，打开东出的武关、汉北平原通道。秦武王时，秦发动宜阳之战，彻底打开潼关、函谷关通道，并建立东出灭国的桥头堡。

秦昭襄王执政五十六年，蚕食韩、魏，使韩、魏成为秦国实际的卫星国。秦国向东对齐国施加压力，影响齐国军政外交；向东北逐渐控制汾河平原，与赵国在太行山脉接触，以长平之战为高潮；向东南两路（武关道和三峡道）并进攻下楚国国都郢。经历了孝文王和庄襄王两个短命君王之后，秦的灭国机器已开动，再没有丝毫迟滞。

秦始皇帝嬴政继位，奋六世之余烈，统一大业注定要在他手上完成。

贰　嬴政与刘邦

秦始皇嬴政与汉高祖刘邦的交集比我们普遍认为的要多，历史在这两个人身上展现了非常偶然、有趣的一面。

嬴政是个身世不清不楚的人。他的父亲秦庄襄王嬴楚，本名嬴异人，人称公子异人，在赵国邯郸当人质。而异人的父亲，是安国君嬴柱，异人的爷爷是秦昭襄王嬴稷。

嬴稷在位五十六年，熬死了长子悼太子，差点也熬死了安国君嬴柱。嬴柱当了十五年的太子，有那么强大的一个父亲在上，太子也没太多正经事可做，于是，嬴柱就娶小老婆、生儿子，一共生了二十多个儿子，公子异人是其中之一。嬴稷死后当然是安国君嬴柱继位，但嬴柱死后，就得从他二十多个儿子里挑一个。不管他怎么挑选，也很难挑到备受冷落的公子异人，但大商人、大投资家吕不韦出现了。

吕不韦出巨资包装公子异人，同时走通了华阳夫人的门路。华阳夫人是安国君最宠爱的女人，但没有儿子，吕不韦就让公子异人认华阳夫人为母亲，并改名为子楚。华阳夫人在安国君面前枕头风一吹，大事搞定：安国君嬴柱答应立异人为继承人。

就这样，落魄的公子异人，转瞬间就成为大秦帝国未来的掌权人。吕不韦当年所投入的原始股价值迅速蹿升。但吕不韦不仅仅满足于做一个大股东，他还想让大秦帝国的国君流淌他吕家的血。于是，吕不韦找了一个貌美如花、婀娜多姿的女人，唤作赵姬，他先种下自己的种子，再用一招欲擒故纵，就将赵姬送给了公子异人，公子异人"喜当爹"。十二个月后，赵姬生下了一个儿子，就是后来的始皇帝嬴政。

虽然根据史料的记载，嬴政的亲爹不清不楚，但是仅凭这十二个月，就能证明始皇帝是嬴子楚的儿子。另外，类似的故事，楚国春申君黄歇也给楚考烈王玩了这么一出。这种事情，孤例或许可信，两次出现，恐怕就是好事者的编排了——编故事的套路都一样。但千古一帝秦始皇的身世很八卦，却毋庸置疑。

刘邦的身世也不清不楚。但这种不清不楚，不像始皇帝的故事那样有鼻子有眼，需要根据一些现象去判断。史书记载，刘邦的爹是刘太公，妈是刘媪，但这是法理学上的。生理学上，刘邦的爹另有其人。刘媪曾经在大池塘边睡觉，梦里遇到了神仙。当时风雨交加、电闪雷鸣，刘大叔就出门找老婆，却看见一条蛟龙正跟刘大妈做一些不可描述的事情。这之后，刘大妈就怀孕了，生下了刘邦——不过，当时不叫刘邦，这是老刘家的第三个儿子，人称刘三儿。

这种桥段，后来的历史里也是常见的，无非宣扬"君权天授"。但值得注意的是，这之后常见的是"梦日入怀""红光满室"，极少有跟不明不白的神圣生物交配的。

跟不明不白的神圣生物发生联系而受孕的情况，得追溯到三皇五帝时代，商祖、周祖、秦祖。那么，有理由怀疑，刘邦的母亲可能是跟人野合生了刘邦，就像开篇秦始祖大业不知道父亲是谁一样，这也是母系氏族习俗的残留。就当时以及后来长时间的社会风气看，这也并非胡乱猜测。刘邦自己就有个私生子刘肥。后来，汉文帝刘恒的母亲薄姬先跟了魏王豹，后来才跟的刘邦。汉武帝的母亲王夫人入宫前是金王孙的老婆。平阳公主与卫青结婚是二婚，而根据《汉书》列传与年表前后矛盾的记载，可能还是重婚。总之，秦汉之际，男女婚姻情事是很开放的。在这种背景下，结合明显荒谬的记载，有理由怀疑大汉开国皇帝刘邦来路不明，而对这种情况，刘大叔未必不知道，但也未必在意。

除了生身父亲都留下了永恒的谜团外，始皇帝与汉高祖的出生年比我们想象的要接近。秦始皇生于公元前259年，这是有比较确切的共识的。

刘邦的出生年有两种说法。一种是皇甫谧在《史记集解》的说法，刘邦生于昭襄王五十一年，也就是公元前256年，只比秦始皇小三岁。一种是《汉书注》里的说法，刘邦在公元前195年去世，活了五十二岁，以此倒推，则刘邦生于公元前247年。目前史学界的最新研究，比较倾向于认为刘邦生于公元前256年。

一个统一秦帝国的建立者，一个统一汉帝国的开创者，看起来是两个朝代的人，实际上却是同龄人，两个人的生命有很长一段的重合，李开元先生算了算，足足有四十七年！所以，当刘邦去咸阳服徭役，闲暇时东游西逛看见了始皇帝威风八面的仪仗时，就不觉发出"大丈夫当如此也"的感慨！刘邦心里也许还算了算："皇帝哥比我大三岁，再过三年，没准我也成。"人就是这样，看到有本事的人比自己年龄大，心里就有了安慰。至于刘邦自己的盘算，他自己多半也就喝高了口嗨一把，并不真的相信。但命运自有安排！解释下，笔者作为唯物主义者，不信神，不信天，不信命运，但信人类社会的运行自有其普遍规律，这里所谓的命运就是"普遍规律"。

拿游戏做个比喻。始皇帝是第一个完成灭六国、建立统一帝国的通关者，但在通关之后，对新帝国的建设中，游戏出现了大量漏洞，进而导致游戏崩溃。而汉高祖刘邦是游戏开发者在游戏设计之初就植入的一个补丁，这个补丁目睹了第一个通关者始皇帝的操作，吸取了教训，开启了修复工作。

理解了这点，我们可以对秦汉之交的这段历史换一个视角观察：它不是一个秦亡汉兴的更替对立过程，而是历经数百年分裂，历史进入了一个统一的趋势；而这个历史进程最终由两个同龄人，嬴政和刘邦，两次努力才最终完成。

叁 灭六国

秦昭襄王去世了，安国君嬴柱继位，为秦孝文王。三天后嬴柱去世，公子异人继位，为秦昭襄王。三年后，嬴子楚去世，嬴政继位秦王，秦灭六国之战即将开启。不过，在灭国之战前，嬴政还需要发育几年，他继位时，年仅十三岁，没有独立执政能力，政事都要由吕不韦来辅佐决策。

在长平之战后，因为信陵君魏无忌的合纵领导力，一度迟滞了秦国的攻势，但也仅仅是洪流奔腾之下一点点小阻碍而已。长平之战后，秦国席卷六国的大势已经形成，不可阻挡。

在秦王嬴政亲政前的几年里，实际执政者吕不韦很克制——秦国的战略重心一直放在日复一日地削弱魏国上，始终没有吞并俯拾即取的韩国。

秦王嬴政二十岁行冠礼，迅速平定了嫪毐之乱，又罢黜了吕不韦，把秦国大权一手抓在自己手里。这时，经过蒙骜对魏国长达八年的连续进攻，秦国已经夺取并控制了魏都大梁以西的大片土地，秦军兵锋直至大梁城下。魏国也和韩国一样，苟延残喘而已。尽管韩、魏已经是盘中餐，秦国却没有马上吃下它们，年轻的秦王嬴政也很克制，这种克制来源于对三晋一体的顾虑。步步蚕食韩，魏、赵未必救，进一步蚕食魏，赵也未必救，但如果顿兵坚固的韩、魏都城之下，意欲灭国，三晋一体，唇亡齿寒，邻国就不得不救，没准还会刺激新的合纵形成。

基于这样的考虑，秦王政亲政之后，分别于公元前234年、前233年、前232

年，三次大举伐赵，但这三次伐赵并没有占到多大便宜。赵国虽经长平之败，但仍然有当时东方六国最强的骑兵，有太行山脉的险阻可以利用，又坐拥山东六国最后一位名将李牧。此三战，也消耗了赵国大量的防御力量，使赵国只能处于守势。

公元前230年，秦内史胜灭韩，掳韩王安，以其地为颍川郡。魏国龟缩在大梁城看着，赵国龟缩在邯郸城看着。楚国倒是还有把子蛮力，但早在公元前241年春申君合纵攻秦失败后，楚国就吓得从陈迁都寿春，逃之夭夭了。

魏国是战国时期第二个彻底被灭亡的诸侯国。秦对魏的灭国之战，是从魏安釐王、魏公子无忌前后脚离世开始的。魏安釐王薨，子魏增继位，是为魏景湣王。蒙骜对魏国攻略的决定性战役，发生在公元前242年，也就是魏景湣王元年。蒙骜带队，秦国大出兵，攻下魏国包括酸枣、卷县、雍丘在内的二十余城，设为东郡。大概就是现在的河南开封以东、山东聊城以西的黄河两岸，向南与江苏接触。

经此一战，魏国的都城大梁几乎成了孤城，赵国南下救援的路线被切断。之后，秦国又陆续攻下了魏国的朝歌、野王、汲、垣、蒲阳、衍等几个据点，进一步孤立大梁。

魏景湣王就在这种日复一日的损兵折将、弃城失地中度过了十五年，于公元前228年薨，魏太子假继位。魏王假三年（公元前225年），名将王翦的儿子王贲引黄河水灌大梁城，魏王假被迫出降，魏国灭，并入原有的东郡。就这么惨淡！韩、魏将亡之时，所剩土地，不过秦统一时一郡大小，所以，基本上都是一战而亡，没有过多的挣扎。

赵国丢掉国都的时间比魏国还早。秦国灭韩后，立即派出了最强统帅王翦和另一名将领端和两路伐赵。王翦带领上地郡的兵从井陉道进攻，端和带领河内兵从南进攻。赵国则派出李牧与司马尚的最强阵容分别抵御秦国的攻击。依托井陉道的险阻，李牧把王翦堵在了太行山中，仅端和一军不足以攻破邯郸，战争陷入僵局。秦国使出了反间计——这是李斯秉政后的新策略。反间计奏效，李牧、司马尚被剥夺兵权，李牧意图抗命，直接被斩杀。

于是，赵国自毁长城，贵族子弟赵葱和将军颜聚取代了李牧与司马尚。王翦是何等老辣的人，趁着赵国换将军心不稳的时机，迅速发动攻击，一举击溃赵军，突破井陉防线，与端和会兵邯郸城下，没几天，就攻克邯郸城，俘虏赵王迁。某种意义上来说，这已经是亡国，但赵国不同于韩、魏，韩、魏亡国时已经失去了全部战略纵深，赵国在代地尚存一套有相当独立治权的班子，只要有宗室贵人出头，就能立即建立起新的抗秦救国政府。赵公子嘉逃到了代地，自立为赵王，与燕国结盟，燕赵合兵，屯兵上谷。至于王翦的大军，在秦王亲自入邯郸处理战后事宜（兼顾复仇）后，也推进到了中山。

秦国的意图，是要巩固新的占领区，并让王翦部队稍事休整的，但燕太子丹安排荆轲刺杀秦王，一下子捅了马蜂窝。秦王嬴政大怒，立即向前线增兵，命令王翦统率大军寻求燕赵主力决战。双方大战于易水之西，秦军大破燕赵联军。燕赵残部退守辽东，王翦军旋即攻破燕都蓟城。燕王杀太子丹向秦国求和。这时候，第一层考量，秦国逼得紧，则燕赵合力也大，攻取代价大。第二层考量，秦国在南线已经同楚国交火，为了专心对付楚国，秦国就答应了燕国的求和，燕、赵也因此才得以苟延残喘了四年。直到公元前222年，秦国搞定了楚国之后，才由王贲分别攻灭辽东的残燕和代地的残赵。王翦是因为灭楚真正奠定旷世名将地位的。

灭韩、灭魏、残赵、破燕都没花太大力气，秦王嬴政也有点飘了，他觉得六国不过尔尔。

嬴政问王翦："老将军觉得灭楚需要多少兵？"

王翦回答："需要六十万大军。"

嬴政一听，不觉笑了，他觉得王翦老了，过于谨慎了，甚至有点小题大做，于是，他派出了李信，一个初生牛犊不怕虎的后起之秀。李信说，只需要二十万大军，就可以灭楚。嬴政还给李信派了个副手，即名将蒙骜的孙子蒙恬。两个年轻将军倒也不含糊，李信攻下了平舆，蒙恬攻下了寝地。李信乘勇而进，又攻破了楚都鄢郢（楚国频繁迁都，但凡都城都叫鄢郢）。

当李信意识到自己孤军深入，准备向西与蒙恬会合的时候，他已经被楚军咬上了。楚军利用熟悉地形的优势，频繁骚扰撤退的秦军，破秦两壁，杀七都尉。这倒也不算多大的败仗，但对秦国而言，却是灭国之战中罕见的挫败，至少这一次，是灭不了楚国了。于是，秦王嬴政亲自去王翦的老家射阳请王翦出马，按照王翦最初的要求，给他配了六十万大军，秦军倾国而出。

王翦做好了两件事。

第一，出征前屡次向秦王要房子要地，要奴仆婢女。大军都出征了，还多次派使者回去跟秦王要待遇。关于这事儿，王翦自个儿解释了："领倾国之兵在外，要消除秦王的疑虑之心。"也是做到了兵法上说的"将在外而君不疑"，这事儿有多难，看看白起、李牧，甚至廉颇的晚景就知道了。

第二，秦国大军进入楚地之后，王翦却下令驻军休整，坚壁不战。同时，好吃好喝供养士兵，养精蓄锐。这是干什么呢？兵法讲，先为不可胜，而后求胜。就是说先让自己立于不败之地，再寻找机会攻击敌人求胜。追着楚军打，李信、蒙恬已经吃了亏，显然，贸然进攻容易吃地利的亏，那就在易守难攻处安营扎寨，先熟悉地利再说。同时，王翦心里有一件事一定门儿清。什么事儿呢？综合国力！秦国六十万大军好吃好喝，可以丝毫不在乎损耗，但楚国就未必。楚国动员多少人，我们不得而知，但估摸也得有三十万人。三十万人的消耗，楚国承受不起。

秦倾国而出，楚也是倾国而出，于楚国，这是他们的长平之战。后来，屡次叫阵求战不得之后，楚军就引兵东归——这很没道理，就像张三丰与乔峰拼内功，生死一搏，怎么能轻易撤功？很有可能是楚国的后勤跟不上了。这时候，秦国的战士们一个个精神踊跃。王翦下令追击，以求战之兵，对倦归之师。秦军在蕲县南部击杀了楚军统帅项燕后乘胜逐北，不到一年，秦就攻下楚国全境，俘虏了楚王负刍。

公元前222年，王翦灭楚。王翦灭楚之后，乘势进兵苏州、浙江一带，收服了百越之君，设置为会稽郡。

六国中，齐国是最后灭亡的。

第一个原因：秦国在最西，齐国在最东，秦国要打齐国，胳膊伸太远，太折腾，就留到了最后。

第二个原因：齐国在太史太后执政后，本质上成了一个中立国，闭关自守，谁也不招惹，秦国想攻击它，也找不到由头。

不过，在秦国相继攻灭韩、赵、魏、燕、楚之后，就不得不对齐国下手了。如果真需要一个理由，天下大势足矣。王贲攻灭燕、赵之后，带兵南下，直扑临淄城。齐国人几十年不动刀兵了，也就没组织起像样的抵抗，齐王建干脆在齐相后胜的劝说下，举国投降。

六国灭亡后，其他各国的国君都是什么结局，不得而知，齐王田建却有明确的记载。

田建被发配到陇西郡一个叫共的地方，囚禁在五棵松树之间，断绝食物饮水供应，被活活饿死。田建的结局可谓悲惨，但从大历史的角度来看，当统一不可避免时，他做出了顺应历史潮流的选择，避免了更多的流血牺牲，于齐人有大功德，于中华民族也有大贡献，他不该被嘲笑，相反应该作为仁君被铭记，尤其是当战争的本质是内战时。

同样的称赞，也应该给予两千多年中国历史中，那些为维护国家统一做出重大让步的割据诸雄，比如窦融，比如钱镠。

肆　秦始皇

灭六国之后，中国历史上第一次建立起了一个统一帝国，这样的壮举从未有过，嬴政自然踌躇满志、兴奋异常，他要建设这个前所未有的新帝国，开百代之基业。

嬴政先对丞相、御史下令申明灭六国的正当性：韩王称臣却背约；赵国约盟又背盟；魏国臣服却又试图合三晋攻秦；楚国献地却又想抢回来；燕太子丹这小子竟然想刺杀我！总之，就一个核心思想：六国做初一，秦国做十五，强大即正义。

嬴政完成了统一六国的大事业，就不能还称秦王了，得有个配得上统一帝国的响亮名头。丞相王绾、御史大夫冯劫和廷尉李斯一起议了议，上报秦王嬴政，请上尊号为"泰皇"，对下级的直接指示称为"制"，公开发布的指令为"诏"，天子自称"朕"。之所以用"泰皇"，是因为古代有天皇、地皇、泰皇的说法，而泰皇最尊贵。

秦王嬴政接到王绾等人奏请，做出批示："把泰去掉，用皇，称皇帝，其他按照奏请办！"现在，我们可以称秦王嬴政为皇帝嬴政了。这么看，嬴政称皇帝，并非拳打三皇、脚踢五帝，自认开天辟地以来天下第一，他其实还略谦虚了一下。

皇帝嬴政又发布了一条指示："谥号是以子议父，以臣议君，很没道理，从此之后废除谥法，朕称始皇帝，之后就二世、三世往下排，至于万世无穷。"三世是没有的，万世更是一厢情愿，但通过这条指示，皇帝嬴政有了独一无二、唯我独尊的称号：始皇帝。

始皇帝，第一个皇帝，大一统中国的最早奠基者，最宏大的事业，配最霸气的称号。改定名号后，始皇帝要开始对新帝国的宏伟改造了。

首先是地方治理。丞相王绾建议，对偏远的燕、齐、楚地，采用分封诸子的形式，以加强对这些地区的控制。廷尉李斯认为，分封诸子，会重新导致类似周朝中后期的分裂与混战，所以，他建议在全国推行郡县制。

秦始皇采用了李斯的建议，他也很担心分封诸子会导致诸侯国纷争，再次带来无尽的战乱。于是，分天下为三十六郡。郡置郡守、郡尉和郡监。郡下设县，万户以上的大县最高行政长官称县令，不满万户的小县，行政长官称县长。县令、县长以下设县尉和县丞为辅佐，尉负责军事、治安，丞负责司法。

统一之前，郡县制在列国都有所推行，而秦国最为彻底，现在复制粘贴到全国，直接阻力并不大，很快就完成了。接下来始皇帝又开始了对统一帝国的思想改造。最重要的措施是，车同轨，书同文，统一度量衡，统一货币。

这些事情的意义，代入现代国家治理就很容易明白：如果我国各省的铁路轨宽不同，铁路运力必然备受掣肘；没有统一的文字和教科书，各民族之间的沟通会有大问题，国家认同也会削弱；没有统一的度量衡，单单交易的市场化就麻烦很多；至于统一货币，欧盟迫不及待推出欧元可以说明一切。

秦始皇要车同轨、书同文、统一度量衡、统一货币，为的就是方便秦帝国各地区人民之间的交流与沟通，进一步加强全国人民对秦帝国的国家认同。

我们现在觉得大一统是理所当然，但秦帝国初建时，在普罗大众的认知里，列国争雄才是理所当然，而统一帝国是倒行逆施。

为了促进这些措施的实施，秦始皇又把东方六国的富豪贵族共计十二万户迁到了咸阳，根本上削弱了六国盘踞在旧都的力量。

而新帝国过于庞大，为了政令的顺畅传达，秦始皇又在全国修建驰道。驰道是秦国版本的高速公路，以咸阳为中心，辐射全国，根据考古发现，部分道路宽度达二十二米。秦帝国驰道的具体路线，现在我们无法全部得知。驰道中规模最宏大的是由蒙恬负责修建的北方驰道，该驰道主要经过陕北山区，从今陕西淳化县到内蒙古包头市，直线距离达九百公里！北方驰道修建过程中，动用了大量的人力物力，挖大山、填深谷，但直到秦帝国灭亡，北方驰道还未修好。至于其他驰道的大致路线，可以通过以下两点来推断。

第一，驰道的作用主要是为了投运军队及税赋征收，部分可能是在秦灭六国之战中用于辎重运输。

第二，始皇帝巡游天下，队伍庞大，主要也应该沿驰道行进。

那么，根据秦灭六国的行军路线，及秦始皇巡游天下的路线，可以窥见秦帝国驰道线路的大概面貌。

为了拓展帝国的生存空间，始皇帝在战国七雄核心区的基础上，又对外开疆拓土。这主要体现在两方面：其一，征服南越。其二，打击匈奴。

征服南越，分两阶段。第一阶段，征发数万正规军进攻南越，但陷入了南越依托地形的游击战中，战败。第二阶段，始皇帝征发罪人、上门女婿、商人，连同正规军共计五十万人，以排山倒海之势挺进岭南，打败了南越地方势力，在南越设置了桂林、象、南海三个郡，一度建立了稳固的统治。

打击匈奴，则以防御为主，进攻为辅。始皇帝派蒙恬带领秦军主力，连同以各种缘由征集的劳工共计三十万人，进据河套平原，驱逐戎狄，在这里建造朔方城。又以朔方城为据点，渡过黄河，连接战国沿边三国秦、赵、燕所修建的旧长城，使其成为西起甘肃临洮、东至山海关的万里长城。此后，蒙恬长期屯兵长城下，隔三岔五也深入北上，攻击匈奴，匈奴每每望风遁逃，蒙恬威震匈奴。

以上这些操作，虽然对帝国财力、物力、人力消耗巨大，但都是功在当代、利在千秋的事情，是始皇帝和他的重臣们对统一帝国的伟大建设。

毛主席说"百代都行秦政法"，郡县制、长城、驰道、统一思想、帝国疆土，都是秦始皇和秦帝国留给中华民族的宝贵遗产。

但与此同时，人无完人，始皇帝在推进帝国建设的过程中，也做了一些颇受非议的事情。

首先，不管是封建贵族也好，还是新兴地主阶级领袖也好，秦始皇代表的是剥削阶级，而剥削阶级剥削人民、搞个人享受就不可避免。阿房宫，至今未被考古证实，那么杜牧《阿房宫赋》里所讲的秦始皇穷奢极欲，就需要打个问号。但有一点可以确定，秦始皇作为统一帝国的皇帝，他必然扩大都城和皇宫规模，他的后宫规模也必然远远超过诸侯王。

其次，秦兵马俑的发掘与始皇陵的发现，也可以证明始皇帝必然存在某些层面的奢靡无度。

最后，始皇帝巡游天下，除了弹压六国守旧势力之外，还有一个重要目的，寻仙求长生。为此，他招募了大量的方士为他入海求仙。他赐予方士们大量的金钱，乃至满足方士们的非分要求，比如徐福的三千童男童女。

始皇帝求仙直接引出了两起恶性事件：

其一，始皇帝求长生，就讳言死亡，因而他在巡游途中突然病逝之前，对帝国未来的人事没能做出稳妥的公开安排，最后帝国所托非人。

其二，徐福等人最终被证明都是大骗子，始皇帝大怒，下令逮捕诛杀在咸阳的方士。而当时在咸阳求官的，像叔孙通这样修儒家经典的文学之士也不少。始皇帝认为儒生方士是一丘之貉，于是，数百儒生被殃及，全部被坑杀。加上之前，秦始皇为了统一思想听从李斯的建议，下令民间不得私藏诸子百家书籍，要求自行销毁或者强制销毁。从此之后，秦始皇成为儒生眼中的暴君，背上"焚书坑儒"的骂名。

生活奢靡、求仙荒唐、灭儒残暴，似乎这就是秦亡的原因？其实，这不过是大多数儒生的马后炮罢了，是本末倒置，没有科学思想，只有形而上学。但也不是所有的儒生都看不清楚，博采诸家之长、融会贯通、又自觉披上儒术外衣的贾谊和晁错就看得很清楚。

秦亡，实际上亡于秦始皇做得完全正确的那些事：修长城、平南越、设郡县、统一思想。只是，这一切，他做得都太急切了，他想在他手中，把秦帝国打造成一个万世不朽的帝国，而从公元前221年帝国建立，到公元前210年始皇帝去世，命运推手只给他了十一年。

第二章 秦灭

壹　危机四伏

公元前211年十月，刚过了新年（秦及汉初以十月为每年的第一个月），始皇帝嬴政就开始了新一轮的东巡。

右丞相冯去疾留守咸阳主持帝国日常事务，左丞相李斯跟随始皇帝东巡。另外，始皇帝的小儿子胡亥也申请陪伴左右，始皇帝批准了。至于大宦官赵高，始皇帝习惯他的侍奉了，自然要陪伴左右。

巡游队伍浩浩荡荡，出了武关，折道南下，经楚地云梦泽国，向九嶷山方向遥祭了上古舜帝。又沿长江顺流而下，饱览两岸风景，至丹阳，再折道南下，抵达钱唐，观浙江潮。随后北归，溯浙江而上，于江面狭窄处渡河，前往会稽山，祭拜大禹，又望祭东海，刻石记功。继续北上，在会稽郡治吴县稍事休整，从江乘北渡长江，抵达琅琊，在方士徐福等的建议下，入海射杀大鱼，一路沿海北上抵达芝罘，西归至平原津而病。

始皇帝求仙多年，入了魔，忌讳有人提死亡，因此也没人敢问始皇帝驾崩之后的安排，而始皇帝本人仍对求仙问道抱有希望，于是该安排的事情都没能安排。直到始皇帝自己意识到自己这次可能真的扛不住了，就写了一封盖了皇帝玺印的信给公子扶苏，信的内容很简单，让公子扶苏来咸阳会葬，但是这封诏书没能发出。中车府令赵高当时暂时兼任符玺郎，负责给诏书盖章，章他盖了，诏书也已经加封。但直到始皇帝驾崩，诏书都压在赵高那里，没能发出去。

第二章 秦灭

公元前210年七月的一天，始皇帝驾崩于沙丘平台。

左丞相李斯选择了秘不发丧，该汇报汇报，该进食进食，侍候的近臣太监仍然做出精心照料的样子，看起来一切如旧，只有李斯、赵高、胡亥和几个小宦官知道具体发生了什么。与此同时，一场惊天阴谋也在酝酿。

按始皇帝的诏书，如果会葬咸阳由大臣推举新任皇帝，那新皇帝必然是扶苏无疑。扶苏是长子，又有蒙恬带领的三十万秦帝国精锐背书，扶苏曾经劝谏始皇帝少一些严刑峻法和残忍好杀，有仁厚的名声。

但现在，赵高、胡亥处于帝国权力的最敏感位置，摆在他们面前的是至高无上的权力，他们不可能无动于衷，只要敢下手，一切皆有可能。

赵高和胡亥还有一层师徒关系，他曾经教胡亥学习经典和律令，很受胡亥宠幸和信任。胡亥，大胆一点，就一步登天；赵高，心黑一点，马上就有丰厚的回报。两人很快达成了瞒天过海、偷天换日的共识。于是，赵高找到了李斯，向李斯传达了拥立胡亥的意图。

李斯一开始当然不同意，但李斯是个权力欲望很重的人，赵高了解这点，马上向他抛出一个问题："如果扶苏继位，是会用蒙恬为相呢，还是继续用您李斯？"

这个问题的答案不言而喻。

蒙骜、蒙武、蒙恬，三代大将，功勋卓著，大概算得上当时秦国第一流军功贵族，比王翦、王贲、王离三代，犹有过之。同时，蒙恬有个兄弟，叫蒙毅，是秦帝国的律令博士研究生，学历比赵高高多了，同时也是始皇帝重点培养的内政人才，时常参与国家大政方针的制定。

整体上，蒙恬、蒙毅兄弟，一个名将之光，一个政治新星，这是始皇帝留给帝国未来的宝贵人才储备。而公子扶苏当年因为劝谏始皇帝轻刑少杀，被派去北境和蒙恬一起戍边，两人又结下深厚的战斗情谊。

李斯琢磨了一番，觉得无论如何竞争不过蒙恬。而赵高又告诉他，如果他支持胡亥，相位将稳如泰山。李斯最终接受了与赵高的交易，这是现实的选择，但他无论如何也想不到，这是跟魔鬼的一次交易。随后，三人销毁了始皇帝给扶苏的诏书，重新以始皇帝的名义下达了一封诏书，赐公子扶苏、将军蒙恬死，同时伪造了一份由始皇帝颁给李斯的遗诏：立胡亥为太子，继承皇帝位。

做完了这一切，巡游队伍继续前行。胡亥们没有直接抄近道回到咸阳，而是从井陉抵达九原郡，又从九原郡走驰道向南抵达咸阳，而后发丧，葬始皇帝于骊山。七八月间，天气炎热，巡游队伍又绕了一个大圈，路上耽搁了近两个月，始皇帝的尸体都腐烂变质了，为了掩盖气味，李斯、赵高就命令随行车辆，每车装载一石鲍鱼来掩盖异味。

千古一帝秦始皇，生前何等雄武威风，却因为没能提前安排好权力的交接问题，造成了类似齐桓公姜小白的死后乱象，颇可叹息。更为让人叹息的是，通过阴谋上位的胡亥实在是少有的一个低能皇帝，他的一系列操作，让始皇帝苦心维持的危险平衡瞬间崩塌。

秦帝国建立于数百年战乱之后，整个中国大地千疮百孔，民力未复，始皇帝为了千秋百代，又建长城、修驰道、平南越、斥匈奴，大量消耗了国家的财力物力。

根据秦汉相关史料，有秦国税赋三十倍于古的说法，这当然夸张了。先秦田租，友好一点的，三十税一，重一点的，十税一，秦帝国的田租基准大概也是十税一。但秦帝国在田租之外，还有繁重的人头税、军需税、山泽税等，这就导致了秦帝国税赋之繁重，前所未有。仅此一点，被统一的六国人民就很难感受到统一的好处。

同时，秦国促进阶级流动的军功爵制，在大一统时代，也没那么好用了。没有频繁的列国战争，就没有斩首可以记功，而对匈奴和南越的战争，远征途中的消耗，远大于少量的军功获益，旧六国人民的体验依然很糟糕。

另外，对外战争、对内建设，加在人民身上的另一层沉重负担是繁重的徭役。关于这一点，著名政论家晁错曾经有过描述。

晁错说："秦始皇刚开始是征发罪人、上门女婿、商人，去戍边、服徭役，进行劳动改造，后来呢，人不够用，就把父母曾经是商人的也征发去，再后来，爷爷是商人的也得去。再后来，干脆进到社区，一声令下，贫苦老百姓全去（虚其间左）。"

征发罪人好理解。征发上门女婿是因为，当时男的作为重要劳动力，大多是迫于穷困去当上门女婿，类似于卖身为奴，属于贱民。

至于商人，秦法重农抑商，商人也是贱籍。

而闾左的"闾"，是当时的一种基层组织方式，以二十五家为一闾，相当于一个社区，穷人住在闾左，富人住在闾右。

总之，在统一帝国秦更先进的政治制度下，老百姓的生活却更加艰难。而老百姓不会想，这只是制度的执行出了偏差，而不是制度不行，因此在旧六国人民中间，一股思潮正逐渐形成——恢复六国，救民水火。

此时，六国旧贵族残余势力就难免蠢蠢欲动，这样的人有很多。如楚国的项氏，以项梁、项羽叔侄为代表；齐国的田氏宗族；魏国的张耳、陈余；韩国的张良。

始皇帝活着的时候，秦帝国就暗流涌动，是始皇帝高超的政治手腕压制着各种矛盾。这局势，就好比《水浒传》信州龙虎山伏魔殿下镇锁着三十六员天罡星、七十二座地煞星，而祖龙始皇帝就是那"遇洪而开"的石碣。

现在始皇帝驾崩，相当于石碣被打开，需要人去填补，而历史在这里搞了个恶作剧，派了个叫赵高的人，随便拾了块叫胡亥的瓦片放了上去，有道是：瓦片怎当石碣，二世毁堕大业。

贰　黄金搭档

赵高与胡亥，是一对亡国黄金搭档。

赵高，跟诸赵宗室有些关系，但关系已经很疏远，大概二百年前是一家这样子，也不能判定他就是赵国人。

前文讲到过：嬴氏传到商末周初，宗族首领叫蜚廉，生有两个儿子，一个叫恶来，一个叫季胜。蜚廉和恶来都是商纣王的重臣，蜚廉殉商，恶来被周武王处死，家道中落。后来季胜的后代造父给周穆王养马有功，被封于赵城，以城为氏，姓赵氏，成为战国赵的始祖。而恶来这一支因为恶来的罪恶，过得很不如意，传到大骆、非子时，也跟着造父以赵为氏。换言之，赵高的赵，可能是赵国的赵，也可能是秦国的赵。

赵高是阉人太监之流，恐怕是以讹传讹。但赵高绝非什么赵国贵公子，或者秦国贵公子。赵高兄弟几个，都生在隐官，是监狱或者劳动改造的地方，他们的母亲先前因为犯法被处以刑罚，可以说是刑二代。因此，所谓的赵高祸害秦国是复仇之说，不攻自破。不过，赵高无疑是个权力欲望比之李斯有过之无不及的人，而在攫取权力的过程中，他深深伤害了秦帝国的国力与政治稳定。

矫诏赐死扶苏与蒙恬，扶苏很听话，一接到诏书就准备好就范了，蒙恬劝也没劝住。蒙恬却不相信始皇帝会下这样的诏书，他选择了上诉。

这时候胡亥还算是个正常人，他听闻继承权主要威胁者扶苏已死，想想蒙恬其实没什么罪，而蒙恬作为功臣世家，对秦帝国保持军事威慑很重要，打算赦免蒙恬。但赵高这边就很紧张，以蒙氏的政治能量，一旦蒙恬被释放，可以轻易掀起一场针对自己的政治风暴，这样自己恐怕要死无葬身之地。于是，赵高就利用了胡亥对他的信任，他对胡亥讲："我听说，当初始皇帝要立贤能的您为太子，蒙氏兄弟却都支持扶苏、反对您，我看不如趁这机会把他们铲除了。"

最终，蒙毅被杀，蒙恬吞药自杀，而这仅仅是开始。

秦始皇在位时，秦朝高层的有识之士就认识到，徭役繁重、专用刑法、过于严苛对统治不利，胡亥继位后，冯劫、冯去疾、王绾这些大臣就有心促进帝国国策的转向。这本来是正常国策讨论的范畴，但别有用心的赵高却使胡亥认定这些大臣是轻视胡亥的皇帝权威，而胡亥又是通过搞阴谋上位的，得位不正，对这种事极其敏感，一场血雨腥风的清洗运动就此引发。

赵高劝胡亥继续始皇帝的巡游，以显示皇帝的存在。在巡游途中，途经郡县，巡游队伍还扮演了刺史的职责，督察郡县官吏的过失，诛杀了许多胡亥和赵高认为不称职的官员，以督察之名，行打击异己之实。巡游归来，赵高又劝胡亥诛杀功臣和宗室公子，蒙氏之外，又有不少世代功勋之家被屠灭，始皇帝的其他儿子、女儿，也被诛杀殆尽，株连到胡亥的堂兄弟姐妹。

秦统一六国的时间很短，秦帝国的基本盘实际上还在关中，代表就是累世军功世家与宗室子弟，只有他们对秦帝国有高度的国家认同，也有极高的忠诚度。而胡亥、赵高的一系列屠杀，严重削弱了这一阶层，也就极大动摇了秦帝国的基本盘。

大清洗之后，秦帝国基本就只剩下李斯、赵高，或者还有上党冯氏这些精致利己主义者，他们只关心建立在秦帝国之上狐假虎威的权势，没有与秦帝国休戚与共的决心。国策转向自然也因此胎死腹中，骊山墓地上的建筑在继续建造，原本可能只是可行性方案的阿房宫准备正式施工，而打向南越和北匈奴的拳头也没有收回来的打算。

帝国即将撞上冰山，船长胡亥和大副赵高却在行政舱觥筹交错、纸醉金迷，对危机恍若未闻，而其他人虽然看到了船毁人亡的危险，但没有人敢发声。

胡亥也不是没从始皇帝身上吸取教训，至少他看到一点：长生不老没指望，方士都是大骗子。所以，胡亥没有像他父亲那样继续巡游求仙，他深刻地认识到：人生苦短，当及时行乐。然后，胡亥就把军国大政都交给了赵高，自己整天躲在宫里，美酒佳肴、美人如花，极尽欢愉、淫奢之事。

赵高成了秦帝国实际的皇帝，胡亥在后宫和宫女、近侍胡作非为，赵高在前朝和心腹一起，对帝国百官、天下百姓胡作非为。

赵高、胡亥各自画了一个圈，画地自牢，但圈外，具体说是函谷关外、崤山以东，平地一声雷，刹那间，烈火遍地。

叁　揭竿而起

公元前209年，秋七月，华北平原如期迎来雨季。

秦帝国，泗水郡，蕲县。因为连日的暴雨冲毁了道路，一支由近一千戍卒组成的队伍，已经被阻在大泽乡好几天了。他们基本上都破衣烂衫，穿着草鞋，鞋帮子上湿漉漉的，残留一些泥泞。

他们要远离家乡到北境长城下的苦寒之地守边塞、防备匈奴。这可是个苦差事，能不能活着走到且不说，现在有一个更大的麻烦，他们已经铁定无法按时到达。而按照秦律，如果不能按时抵达，就要被处以死刑。所以，许多人都很焦急，但看这天，一点也不体谅他们焦急的心情，慢慢地，焦急就变作无所谓。

这种情绪变化，让两个素怀大志的人察觉到了，他们觉得众心可用。这两个人不是别人，正是陈胜与吴广。

陈胜是个造梗高手。小时候他给人家打短工耕田，休息的时候突发感慨，跟其他短工说："有朝一日，我公司上市，一定都给你们安排工作，活少钱多离家近。"

其他的佃农说："你就一短工，还想发达！"陈胜笑了笑说："算了，不跟你们说了，我的志向，哪里是你们能想到的！"

吴广呢，很勇敢，是个果决的执行者，平常又跟谁都处得来，很受人爱戴。在这一支千人队中，两人凭借威望分别做了小头目。这时候，两个人就凑到了一起，合计道:"现在这情况,去也是死,不去也是死,横竖是个死,不如反了,还有机会建立一个我们当家做主的国家,就算死了,也不枉轰轰烈烈走一遭。"

于是,陈胜就开始在人群里发小传单、私下搞串联,传单的中心思想有以下几条。

第一,天下人早就受不了秦帝国的残酷统治了。

第二,听说二世胡亥是篡位,应当由百姓都爱戴的公子扶苏继位。

第三,楚将项燕是个很受士卒拥戴的名将,传说还没死。

第四,我们如果打着扶苏和项燕的旗号,全天下都会响应我们。

这第四条,有点小滑稽,秦和楚数代仇恨,不共戴天,现在有人却把扶苏和项燕绑在一起,若二位地下有知,不知道会做如何想。不过这都不重要了,重要的是,和陈胜、吴广同行的许多人都有了想法。在负责押送戍卒的秦尉眼中,一切都很安静祥和,但大海啸实际上已在水平面下迅速酝酿。

吴广去占了一卦。占卜的先生也是明白人,就跟吴广说:"你们想干的事,都能成功。但是,你们有没有问问鬼神的意见呢?"陈胜、吴广一听明白了:咱得让鬼神说话。

于是,陈胜、吴广又做了两件事,进一步统一了思想、加强了众人的造反意愿。

戍卒有人去集市上买鱼来吃,杀了鱼,发现一张白绸子上写着红字,仔细辨认,似乎是"陈胜王"。这当然是陈胜安排人塞进鱼肚子里的。

到了晚上,戍卒宿营地附近的祠堂里,忽然起了火,有只狐狸在叫,在闹,偶尔发出含糊的人声,仔细倾听,是"大楚兴,陈胜王"。这火是吴广放的,这狐狸是吴广扮的。

而经过这一番操作,陈胜、吴广在戍卒中的威望火速蹿升。第二天醒来,雨还在下,同行的戍卒们看着陈胜,却仿佛看见他周身有光。戍卒们被彻底动员起来,接下来就是付诸行动了。押送戍卒队伍的,有两名秦国军官,带有武器,有一定威慑性,需要有人出头先把这两位干掉。

陈胜、吴广和几个心腹制订了一个周密的计划。

这天傍晚，秦尉喝醉了，吴广就开始调戏他。

秦尉听了，恼羞成怒，抓起鞭子就开始抽吴广，玩一出醉鞭。不承想，却被吴广夺了佩剑，就那么一挥！秦尉脑海里闪过一道光：我还没娶媳妇，就不省人事了。

另外还有一个秦尉，也被陈胜伙同几个人给解决了。

陈胜召集了一众戍卒，开始了史上最空前、也最振聋发聩的起义演讲："因为天下大雨，各位都失期了，失期就要被斩首。就算是不斩首，长期在外戍守，十个人里有七个人要战死、病死。横竖是个死，真男人不死则已，要死就要死得轰轰烈烈，死出个名堂！"

九百多戍卒全部被鼓舞了，本来是九死一生的戍边，忽然间有了主宰自己命运的可能，而这个希望是陈胜、吴广给的，那还犹豫什么，"同去、同去，跟着陈胜王，去造胡亥小儿的反"！

随后，陈胜、吴广就按照计划，打着公子扶苏与楚将项燕的名义以顺应民心。九百多人宣誓起义，就用两名秦帝国军官的头来祭旗，陈胜自立为将军，任命吴广为都尉。

大泽乡起义，是一副多米诺骨牌，引发了波澜壮阔的灭秦战争，一个英雄辈出的大时代即将到来，但这里且按下不表，我们再重温一下太史公在《史记·陈涉世家》里流传千古的几句话：

"苟富贵，无相忘。"

"燕雀安知鸿鹄之志哉！"

"今亡亦死，举大计亦死，等死，死国可乎？"

"王侯将相，宁有种乎！"

一共三十七字，四句话，但每句话都流传千古，生命力旺盛。什么原因？它讲述了一个励志故事，但又不仅仅是一个励志故事。

三代禅让，是部落首领共同推举领袖，是统治阶级的内部磋商。夏启让禅让变世袭，也不过是统治阶级内部的自我变革。商灭夏，是新崛起的强大部落向旧盟主发起挑战，周灭商亦然。至于周宗室衰落，列国混战，出身最差的，也是卿大夫之家。秦统一六国是封建领主们的相互兼并，秦国因为彻底变革更先进、更强大了而已。

在陈胜、吴广之前，从来没有谁像陈胜、吴广这样的佃农，无惧巨大的阶级鸿沟，一声怒吼，揭竿而起，拼得一身剐，要把秦帝拉下马。当然了，陈胜、吴广并没有亲手推翻秦帝国，但他们是先驱，他们将革命火种撒向整个崤函以东，之后，那些英雄的名字和此起彼伏的反暴秦力量，无不有陈涉王的影子。

陈胜、吴广开辟了一种新玩法，他们第一次让社会最底层阶级成为权力游戏中的新玩家，虽然代价是惨痛的，结果通常也无法如愿以偿，但每每能让统治者思考：我们一定要把底层人民逼到陈胜、吴广的境遇吗？

有的人死了，他还活在人民心中。陈胜、吴广已经被写进历史两千多年了，但他们一直活在人们心中，给被剥削阶级以力量，给剥削阶级以警示。

肆 天下响应

陈胜、吴广的起义军先就近攻下大泽乡，招兵、找补给，继而攻破大泽乡的上级政区蕲县。

攻下蕲县后，陈胜派符离人葛婴带兵继续向蕲县东部进攻，继续扩大地盘，自己则亲率主力向西依次攻下了铚县、酂县、谯县、苦县、柘县。其中蕲县、铚县在今安徽宿州市西南，酂县、谯县、苦县、柘县都在今河南商丘市南部，陈胜主力的行军路线，相当于从安徽宿州附近向西北攻入河南商丘南部，一路攻下沿途县城。

每到一处，都有对秦帝国不满的力量加入，而苦县、柘县离陈郡郡治陈县不过一百余里，陈胜主力顺势围住了陈县，这时候他已经有战车六七百乘，骑兵千余人，士卒数万人。

陈郡的郡守和陈县的县令，当时都不在陈县，只有郡丞留守。郡丞匆忙组织人马出城抵抗，但事起仓促，手下的士卒又大多并无战心，郡丞很快就战死了。郡丞一死，群龙无首，陈胜起义军乘势而进，很快攻进城占领了陈县，这是陈胜起义军攻下的第一个郡级城池。

花了几天时间重建城内秩序后，陈胜召集陈县的本地豪杰、负责教化的三老等，商议下一步的行动计划。豪杰、三老高度称赞了陈胜起义兵诛暴秦、复楚国的义举，他们一致认为陈胜应该称王。陈胜因此自立为王，并以张楚为国号，初步建立了起义军政权。

张楚政权的建立，极大地鼓舞了各地的反秦势力。那些受秦帝国压迫的穷苦人民，那些不甘于失败的六国旧贵族，那些不安分守己、唯恐天下不乱的人，都纷纷组织起来，攻城略地、击杀秦帝国郡县官吏。始皇帝去世后，胡亥与赵高这对活宝别说强压各阶层矛盾了，简直把秦帝国折腾成了一个火药桶，陈胜、吴广只是在大泽乡点了一根烟，嘭的一声，秦帝国就炸了。

张楚政权本身有扩大自身影响力的需要。陈胜就自己坐镇陈郡，任命吴广为副王，督率各路将领继续西进，进攻军事重镇荥阳；以陈县人武臣为将军，邵骚为护军，和张耳、陈余一起出征去攻打战国赵的地盘；派邓宗去进攻九江郡，恢复扩大故楚地。

吴广向西，邓宗向南，都且不提，单说武臣北上攻赵地。武臣带领的两个人，张耳和陈余，都不是寻常人。他们都是大梁人，大梁是战国魏中后期的都城，所以，这两位还是魏国人。

张耳年轻时曾经是魏公子信陵君无忌的门客，娶了一个逃婚的美女富婆，借助女家的财力，广泛交友，后来在魏国还当上了外黄县令，贤名在外。陈余呢，是个读书人，喜欢儒学，又喜欢游历，多次赴赵国苦陉小道考察地理，也娶了一个富家女。同为大梁名人，张耳、陈余两个人很容易就结识了，而且两个人志趣相投，彼此欣赏，就成了生死之交，同时也是忘年交。张耳年岁大一些，陈余就把张耳当父亲一般侍奉。

秦攻下大梁，彻底灭亡魏国之后，张耳、陈余本来不至于上秦国的政治犯名单，但这两位作为魏国旧贵族的附庸，大概没少从事地下反秦的事情，一来二去，在始皇帝那里就成了知名人物了。于是，始皇帝下令逮捕张耳、陈余，全国通缉，抓到张耳的赏金一千，抓到陈余的赏金五百。

为了逃避追捕，张耳、陈余就改名换姓，在朋友的帮助下逃亡到了陈县，在里监当个小兵，以此度日。有一次，陈余有过错，被上级揍了一顿鞭子，陈余年轻气盛，一时难忍恶气，就想跳起来反抗。张耳在他身边，赶紧用脚踢了踢他，暗示他忍住。事后张耳把陈余叫到没人处狠狠地批评了一番："我们忍辱负重，就是为了有朝一日做大事，今天一个小吏的督责你就受不了？"可以说，在陈县逃亡的日子里，张耳、陈余真正地成了患难之交。

当陈胜起义军攻下陈县时，张耳、陈余终于熬得云开、守得天晴，他们去求见陈胜。陈胜早就听说两位的大名，现在目睹真身，欣喜异常，引为上宾，礼敬有加。但很快，张耳、陈余与陈胜，就起义军的战略问题发生了分歧。

当时，陈县的父老、豪杰都赞成陈胜自立为王，但其中不包括张耳、陈余。张耳、陈余给陈胜的建议是：暂且不要称王；拥立六国后代，为秦国广树敌人，分散秦国的反击力量；集中优势兵力攻入函谷关，以关中地号令诸侯。此外，张耳、陈余还强调了一点，陈地是平原，无险可守，在陈郡自立不是长久之计。

张耳、陈余的建议，我们一一分析。

称不称王，其实各有利弊。称王，一旦秦军反扑，枪打出头鸟，必然招致最凶猛的打击，但同时也有了名分，可以吸引更多的人为自己效劳。不称王，秦军反扑，或许不会直奔张楚政权而来，但佃农出身的陈胜，如何比得过有六国贵族血统的诸王。

所以，张耳、陈余作为魏国贵族附庸，在光复六国上可以积极，陈胜这边却不得不犹豫，六国各复疆土，置张楚政权于何地？按照秦一统前的战国七雄格局，陈郡这一亩三分地，一半属魏、一半为楚。那么，陈胜的张楚政权岂不是只有西进死磕有崤函之固、仍然有最强正规武装的秦帝国？既如此，说好的复六国分担压力，又从何谈起？

以此来看，张耳、陈余给陈胜的建议根本是一个大坑，包藏着这样的祸心：让陈胜起义军主力入关与秦军死磕，六国后裔在东方优哉游哉地复国。

这里边也包含着农民起义政权常常以忍无可忍开始，却以悲剧结束的原因之一：农民基于小农意识，缺乏远见卓识，战略能力有限，不得不依仗知识分子、旧统治阶级中的不得意者，但这些人又往往各有自己的小算盘，不大可能背叛自己的阶级，全心全意为农民起义政权着想。

张耳、陈余的一套说辞中，唯一像话的，是陈郡这地确实不适合建都，四面旷野，无险可守，又是四战之地。所以，陈胜并不听张耳、陈余的，他依旧自立为王，他还杀了向蕲县东部略地的葛婴。因为这位走到东城，就找了一个叫襄强的人，拥立他为楚王，后来听说陈胜自立为王，又把襄强给杀了。

但在当时的环境中，陈胜固执地坚持并不能改变什么，恢复六国的思潮已经形成很久了，顺之者未必昌，逆之者却必定亡。

武臣、邵骚、张耳、陈余一路三千余人，从白马津渡河，凭借着张耳、陈余的人脉，说服当地的豪杰加入，很快组织起了一支数万人的队伍，攻下了十余座城池。但除此之外，河北还有大量的城池为秦坚守，范阳就是其中一个。武臣的想法就是开打，但一个叫蒯彻的范阳人来到了他的军中。

蒯彻是纵横家，他跟武臣说："如果阁下一定要靠武力征服赵地，那就太血腥、太暴力，也会很艰难。如果你能听从我的建议，我可以让你不战而定赵地。"

武臣急忙问："怎么说？"

蒯彻说："范阳令徐公这个人，既怕死又贪婪。阁下如果打算像普通的秦朝命官一样杀了他，则剩下的所有城池都会坚守不可攻。但是如果阁下能封范阳令为侯，让他佩戴印绶，驾着豪华马车在燕赵走一圈，向其他守城官吏展现投降的巨大收益，燕赵之地将很快不战而下。"

蒯彻不愧是顶级纵横家。他了解人心——县长是谁并不重要，徐公们的利益能不能得到保证才重要，他们战，打的是为秦的旗号，或者是为民的旗号，但更多的还是为了保护自己的利益。他懂得借力——只要能保证徐公们的利益，徐公们就愿意出钱出力打造新秩序，新秩序下，他们花出去的钱会连本带利收回来。

武臣一听："还是你们读书人会玩！"

不久之后，一支由一百辆战车、二百名骑士组成的队伍奉着侯印、豪华马车前往范阳迎接徐公。其他各城的太守、县令、县长一看徐公投降得到这么好的待遇，争先恐后前来投降，三十余座城弹指而定，武臣们就这么进入了战国赵的旧都。

进入邯郸之后，张耳、陈余分析了当时的革命形势：从起义军内部来看，回陈向陈胜王复命有可能像葛婴一样被杀；从外部环境来看，起义军西进的周章军惊动了秦朝廷，在章邯的凶猛反扑下，周章已经节节败退。于是，张耳、陈余劝武臣自立为赵王，而陈余则一跃成为大将军，张耳为右丞相，邵骚为左丞相——拥立的即时收益可谓一本万利。随后，赵王武臣派使者向陈胜汇报了这一消息。

本质上，武臣们是在搞分裂，因此，陈胜的第一反应是暴怒，准备尽诛武臣等人的家属，随后发兵进攻赵国。但在柱国房君的劝说下，陈胜很快冷静下来：现在还不是跟武臣们决裂的时候，虽然武臣们不把自己当君主，但还是把自己当盟主的，至少他们还会向自己报备。最关键的是，他们真正的敌人是强秦，是章邯率领的凶残秦军。

不过，陈胜的应对仍然称不上大气，他把武臣等人的家人都幽禁在宫中做人质，随后以盟主的名义传令催促赵国西进关中伐秦。而有张耳、陈余这种挖革命墙脚的人存在，陈胜的指令显然不可能得到贯彻。同时，对这些乱世枭雄，其家人根本不足以成为他们建功立业的羁绊。

果然，陈胜的命令一到，张耳、陈余就劝说武臣拒命，同时向武臣建议，北攻燕、代，南收河内，快速扩大地盘，尽快进据河北。

武臣接受了这一建议，派部将韩广攻燕，李良攻常山，张黡攻略上党——战略规划落地时，赵国的野心更宏大些，他们甚至要全踞太行山，将防线推进到太行山以西。不过，赵国内部也因此迅速走向分裂。韩广略地至燕，被燕当地的豪杰拥立为燕王，武臣、张耳、陈余们对此一时也无可奈何。至于韩广的家人，张耳、陈余们表现出了比陈胜王更绅士、更高贵的一面，韩广自立几个月后，他的家人被张耳、陈余送到了燕国。然而在赵国的角度，韩广自立仍然是叛乱与分裂，消灭韩广仍然是当务之急。

在赵国对燕国的攻略中，发生了一件非常搞笑的事情。武臣、张耳、陈余亲征，结果赵王武臣微服出行看风景时被燕国抓了，几经交涉，燕国才释放了赵王武臣，随后双方讲和罢兵。

而在河北赵、燕相继复国的当口，刘邦在小沛起兵，项梁、项羽叔侄在会稽起兵，齐国旧贵族田儋自立为齐王。

此外，陈王派出略地的周市转战故魏地，当地的豪杰打算拥立周市为魏王。但周市自有打算，他准备拥立故魏公子宁陵君魏咎。而魏咎在陈胜手下，在周市五次派遣使者坚定请求后，陈胜王才放了魏咎，于是魏咎被立为魏王，魏国复立，周市则出任魏国国相。

当时的情势，陈胜已经不得不接受六国的相继复立，因为秦国最后的名将章邯实在太过凶残，张楚政权面临着前所未有的威胁。

伍　秦帝国最后的名将

当山东群雄并起的时候，秦二世表现出了和八百多年后的隋二世一样的鸵鸟行为。

许多秦帝国的郡县官吏都降了起义军，或者干脆自己起兵反秦了。但秦帝国也不是没有一些忠臣孝子。比如，陈胜攻陈郡时，守尉不在，令丞就带兵战死了。再比如，李斯的儿子三川守李由，就在荥阳城坚定地阻挡了吴广的西进。因此，自然有一茬茬的使者向咸阳秦朝廷求救。

然而秦二世面对求救使者的态度是什么呢？杀！乌鸦带来了坏消息，杀了乌鸦，就没有坏消息了。笔者怀疑后来关于花剌子模信使的传说，原型可能来自二世胡亥。别说，杀人还真有用。之后相继来的使者，都跟胡亥报告说，山东盗贼都被消灭了，天下太平了。但编造好消息的信使并不能真的消灭坏消息。

秦末大起义中，不乏像张耳、陈余这种投机分子，反秦是虚，窃取起义果实割地自雄是实。但也有一些人，是坚定的反秦主义者，比如项氏，比如张楚政权西征军的主角周文。

周文，陈县人，曾经为项燕军观测太阳，在春申君黄歇门下做过门客，故楚国人的身份无疑。陈胜攻据陈县后，周文求见陈胜，说自己擅长带兵打仗。陈胜颁给周文一个将军印，让他带兵和吴广等人一起西征。

吴广们一路攻城略地进围荥阳。荥阳隶属秦三川郡，而三川郡的郡守李由，是秦丞相李斯的儿子，自然是强秦的死忠。在李由的顽强抵抗下，吴广的西征军主力被阻在荥阳城下。

周文却率领一支偏军绕过荥阳继续西进，途经洛阳、宜阳、渑池、陕县，其间，不断有起义军加入周文的队伍中来。当周文军进军至函谷关时，已经是一支拥兵十万、甲车千乘的庞大队伍了，而此时文恬武嬉的秦朝廷仍茫然无知。于是，周文大军轻易攻破函谷关，挺进到今陕西省西安市临潼区一带，距离咸阳仅仅八十华里。

坏消息终于瞒不住了，再瞒，周文就攻进咸阳城了。

当时，王翦的孙子王离率领的秦帝国数十万大军在北方抗击匈奴，又有大量的军队调往岭南经营南越，关中的守备实际上很虚弱，应当没有多少正规军可用。玩世不恭、醉生梦死的胡亥很慌，立即召集群臣问："怎么办？怎么办？"赵高当然想不出什么办法，他搞阴谋是把好手，治国理政就不值一提了。

还好有李斯。李斯是个精致利己主义者，但不可否认，他是个治国理政的大才，在生死存亡的关头，他就是定海神针。少府章邯被推到了前台。章邯提议："征发关中近县的士兵已经来不及，应当立即组织骊山的劳工，武装起来。"于是，在李斯的主持下，开武库、分发兵甲、组织粮草，加上咸阳近畿的官兵，一支充分武装的、有良好体能基础的大军被组织起来了。

章邯纵兵攻击，大破周文军。周文率领残部退出函谷关，在关外的曹阳屯扎。章邯没有立即追击，在解除关中的危机后，关中近县也被组织起来，加入章邯的队伍。章邯的军队得到进一步充实，大约两个月后，章邯带兵出关，在曹阳再度大破周文军。周文退败渑池。十几天后，章邯继续追击，在渑池再度大破周文军。周文受不了了，当初他入关势如破竹，现在却兵败如山倒，而他的军队也在连续溃败中损失殆尽。周文自杀了，面对秦军铁甲，他破衣烂衫、以镰刀锄头为武器的部下显得尤为寒碜。周文死前大概怀疑以至于绝望："我们真能击败这样的秦军吗？"

答案是：能。"楚虽三户，亡秦必楚。"周文败了，他是秦末大起义中第一个被杀的楚军将领，但他带领的并非楚人真正的精锐，而楚人终将前仆后继，直到章邯的死神镰刀砍到一个战神身上，崩坏……

周文死后，残部再没能组织起像样的抵抗。章邯带领大军进抵洛阳，逼近荥阳。

荥阳城下，吴广军团自己先内讧了。

吴广的军事能力和领导能力大概都有点问题。围攻荥阳久攻不下后，吴广手下一个叫田臧的将领就串联起一群人，矫陈胜的命令把吴广杀了。虽然大家给出的理由之一是"假王骄，不知兵权，不可与计"，但内讧的最关键原因是外部压力增大。攻荥阳不下，章邯的军队已经开到了洛阳，荥阳这地儿是洛阳的东门户，我们熟悉的虎牢关、敖仓都在这附近，后期楚汉相持也围绕这一地区。

田臧的想法是，不能死攻荥阳，得腾出军队迎上去阻击章邯。田臧说的吴广不知兵权，大概是因为在周文军败之时曾经向荥阳守军求援，如果吴广军西进救援，或者能将章邯军压制在函谷关内，那样局势就非常理想了，而吴广拒绝了。就在周文兵败自杀之时，田臧的想法也是非常积极进取的亡羊补牢策略。于是，杀了吴广后，田臧向陈胜报告，陈胜就赐予田臧楚令尹印，任命他为上将。

田臧接到任命后，命一个叫李归的将军带领少量兵继续围攻荥阳，自己则带大军出发，在敖仓与章邯展开大战。但很遗憾，此时的秦军比打周文时更加强大，田臧战死，军队也大败。章邯继续进军，在荥阳城下击破李归军，李归也战死。

在历史地位上，陈胜、吴广大起义，吴广是和陈胜齐名的，但真实的历史里，吴广在起义军建立政权后的存在感其实极低。原因就在这里，他在军事领导能力上，显著不如这个教科书上从没提过的叫田臧的人。

田臧之败，实在是力有不逮，策略上不能说不正确。而从意义上评价，田臧是为反抗秦帝国残酷剥削和压迫而战死的，死得光荣，死得伟大。

而击败荥阳的军队后，设立在陈的张楚政权，就彻底暴露在秦军铁蹄之下。邓说在郏县，五逢在许县，可以稍事拱卫，但没有强大的军力支撑，都一触即溃。章邯也很快就逼近陈。陈胜派兵出战，柱国房君战死。章邯又在陈西攻破张贺军，张贺战死。不得已，陈胜向东南方向的汝阴逃跑，后来又逃到城父，在城父这里被车夫庄贾可耻地杀害。

至此，章邯出关不到四个月，就消灭了陈胜建立的张楚政权，真正意义上的农民起义被残酷镇压。

这时候我们再回头看，混进起义队伍的战国旧贵族张耳、陈余等人，拥立武臣搞分裂，实在是陈胜、吴广起义失败的另一关键原因。这大大削弱了起义军的核心力量，在章邯击败西征军队后，陈郡根据地基本上没有像样的防守，而在河北的赵国政权，似乎自始至终也没表现出支援陈胜的意思。

陈胜死了，燕、赵、齐、魏之外的起义军一时群龙无首，在章邯军的扫荡肃清中苟延残喘——秦二世又派长史司马欣和董翳带兵前来支援章邯。

陈胜的故人近侍吕臣带着苍头军在新阳这里起兵，又攻下了陈县，杀死了庄贾，为陈王复了仇，但很快又被秦军的左右校攻破。吕臣败走，与鄱阳盗英布合兵，在青波击破秦左右校军后，才终于在陈站稳脚跟，勉强接过了陈胜的大旗。

先前陈胜派去进攻南阳的铚县人宋留则没有这么坚定。他本来已经攻下南阳，听说陈胜死后，终止了西进武关的打算，率军东归。东归途中，在新蔡遇见秦军，宋留率军投降秦军，而宋留本人则被押送咸阳，车裂示众。

陈胜死后，除了吕臣这种真心坚持抗秦运动的，也有宋留这种投降派，还有一些人则是想窃取陈胜留下的政治遗产。

陈胜初起兵时，陵人秦嘉、铚人董绁、符离人朱鸡石、取虑人郑布、徐人丁疾也纷纷据县起兵，随后皆为联盟，进攻郯县的东海郡太守。陈胜听说后，派武平君畔为将军，监领秦嘉等诸军。但是秦嘉并不打算接受陈胜的领导，找了个机会矫陈王命杀了武平君畔。后来，秦嘉听闻陈胜军败，也没确认陈胜到底活没活着，就拥立了一个叫景驹的楚国旧贵族为楚王。

又见六国旧贵族！可见当时，虽然已经一统十余年，但七国并立的观念仍然深入人心。陈胜之败，实败于强秦与六国旧贵族的无意识联合挤压——喊出"王侯将相，宁有种乎"的他，在那个时代，是个如假包换的异类。

河北赵国的局面也不美好。秦帝国的长城军团南下，开赴前线，已经通过井陉穿越太行山逼近赵国西境。

这时候，赵将李良已经攻下了上党，回邯郸复命。赵王武臣下达了新指令，让武臣进军太原，图谋攻取河东的汾河平原。但当秦军占据井陉要塞，李良的再度西进自然遇阻。李良在今河北省石家庄市西南一个叫石邑的地方与秦军相持。

秦将玩起了反间计，以秦二世的名义给李良写了一封信，意图招降李良。李良还是颇为坚定的，并没有中秦将的圈套，反而在判断形势后，亲自带领亲兵回邯郸求援，准备与秦军决战。

但在回邯郸的路上，出了事情。

李良带领亲兵在邯郸官道上疾驰，远远看见一支仪仗队浩浩荡荡地开来，排场浩大，李良当即带兵跪伏路旁下拜。李良判断这是赵王武臣的队伍，但等车队到了近前，却发现只是赵王姐姐的队伍。偏偏这位大姐大喝醉了酒，以为李良是普通官员，仅仅派一个侍卫骑兵向李良回礼。正确的姿态应该是大姐大起码要亲自下车，向李良还礼。

李良作为统兵大将，骁勇善战，瞬间感到自尊受到了巨大的伤害。一位从官从旁煽风点火，李良因此恶向胆边生："你让我没面子，我让你没命！"李良下令，兵分两路，一路前往追杀赵王姐姐，一路回石邑调兵进攻邯郸。而邯郸城对此一无所知。李良大军杀进邯郸城里，赵王武臣和护军邵骚都被杀死，张耳、陈余一老一小两只狐狸则凭借机警和好人缘逃脱。随后，张耳、陈余收集败兵，得到数万人，进攻李良。李良战败，向章邯投降。而张耳、陈余权衡利弊后，拥立了赵公子赵歇为赵王。

如此，有心灭秦的，实力孱弱。河北赵国、燕国以及山东齐国本应成为抵抗章邯进攻乃至反攻章邯的主力，但他们内耗的内耗，急于安定内部的安定内部，终究自扫门前雪。

陈胜王英灵归去，灭秦运动要何去何从？

别急，别急，超级英雄已经打开了副本，即将登陆主战场。

陆　刘邦与项羽

项籍，字羽，今江苏宿迁人，我们今天一般称呼为项羽。

项羽父亲不知为何人，他常常跟随叔父项梁。当初与王翦抗衡的楚名将项燕是项羽的爷爷，项梁的父亲。项羽小时学剑，学兵法，均浅尝辄止，但他身材高大，力能扛鼎，才气过人。

陈胜起兵时，项梁、项羽避仇于吴中。项梁受过良好的贵族教育，懂兵法，在吴中地区时常主持大型活动，像丧葬、徭役、嫁娶，在当地极具威望。

陈胜起兵时，会稽郡守殷通也打算倒戈向秦，他素来器重项梁，就把项梁叫来商议，准备委项梁以重任。但项梁在二次议事的时候，却带着项羽玩了一出"斩首行动"。在郡守府，项羽击杀了郡守殷通，夺取了郡守印绶。殷通手下也有心腹，当时就聚集起来围攻项羽、项梁，项羽击杀数十人，就震慑住了群卒，并降服了他们。随后，项梁召集会稽郡的豪吏、富商，在吴中起兵，并派人征发会稽郡各属县的壮丁，得精兵八千人，"八千江东子弟"即来源于此。

开局一个大郡，精兵八千人，这是项氏。依靠着八千精兵，项梁控制了整个会稽郡，下一步的行动，自然是渡江争霸灭秦。恰在这时，陈胜派遣攻略广陵的召平，听说陈胜身死，考虑到自己不是章邯的对手，就渡江假传陈胜的命令，任命项梁为上柱国，让项梁引兵渡江击秦。

渡江攻秦本是项梁所愿，召平假传王命却有意外的用处：这给了项梁军继承陈胜起义军军事政治遗产的合法性。项梁军一渡江，东阳人陈婴就带兵两万余人来投。项梁军继续北上渡过淮河，这时候黥布、吕臣、蒲将军也带兵来投。等项梁军到下邳时，已经有六七万人之众。至此，项氏与拥立景驹窃取陈胜王政治遗产的秦嘉必有一战。

秦嘉有一颗做老大的心，但很可惜，他没有做老大整合陈胜残部的政治手腕。而且，他的军事能力大概和吴广相当，他围攻郯城一年有余，似乎最终也没打下来。

秦嘉在彭城摆开阵势，准备抗拒项梁军。项梁也不客气，立即传令下去："陈王兵败，存亡未卜，秦嘉不想着为陈王报仇，却急于立景驹，大逆不道！"项梁完成了战争的正义性动员，然后，便纵兵进攻在彭城设防的秦嘉军。秦嘉当然不是对手，彭城一战而败，退守胡陵再度组织反抗，一日再败，秦嘉战死。于是，秦嘉军尽被项梁所并，而不被承认的楚王景驹则逃走后死于梁地。

至此，项梁基本上统一了陈胜残军各部，但同时也意味着，项梁将代替陈胜成为此前战无不克的章邯的头号敌人。

章邯就在附近！

项梁在胡陵就地整合秦嘉军，而章邯则驻军在栗县。栗县在胡陵东南，即今天的河南省商丘市夏邑县，胡陵则在沛县北边，边上就是现在的昭阳湖，栗县与胡陵相距一百公里。

项梁派别将馀樊君、朱鸡石前往栗县试探性攻击，结果被证明是以卵击石，馀樊君战死，朱鸡石逃归胡陵，被项梁以作战不力之名诛杀。馀樊君不知何许人，朱鸡石却是围攻东海郡郯县的重要将领，所以，不排除项梁在玩借刀杀人、清除异己。

项梁向东退往薛县驻守。就在这时，四处寻找融资的刘邦带领百余人前来求兵。

刘邦，沛县人，我们都知道了，爹是谁，妈是谁，前文也说过了。这么多年过去，他长大了，隆准龙颜，长着一把好胡子，左大腿上还有七十二颗黑痣，可谓相貌奇特。这些后来都被认为是真龙天子的预兆，当时的沛县父老真把这当回事儿的没几个。相反，这位好酒好色好骂人的主儿，没准还挺惹正经人嫌，最起码他老爹挺嫌弃他，时常批评他："你就不能跟你二哥学学务农理财？"可是，刘邦却混出了好人缘。奇怪吗？不奇怪。他仗义，不拘小节，骂人是表达亲近的一种方式，跟谁都自来熟。

刘邦不仅当上了亭长，与沛县主吏萧何、狱掾曹参、县豪王陵混成了好哥们，连杀猪的樊哙、驾车的夏侯婴、布贩子灌婴、卖养蚕器具兼职丧事吹箫的周勃这些穷兄弟也都乐意跟他混。

一言以蔽之，在沛县地界，三教九流，黑道白道，刘邦通吃。

在一次沛县县令的宴席上，县令的富豪朋友吕太公从他的言谈举止中看到了他不拘泥、善变通、有大略的特质，当即决定把女儿吕雉嫁给刘邦，把一家的身家性命都赌在了刘邦身上。

后来，刘邦以亭长的身份押送沛县征夫前往骊山做苦力，半路上多名役夫逃跑。刘邦索性请剩余的征夫喝了一顿酒，把他们都遣散了。但是这些人回到家，八成也要再度被抓壮丁，干脆跟着刘邦一道跑到了芒砀山中落草为寇。接下来，就发生了斩蛇起义和吕雉以云气寻夫的故事。

斩蛇起义是说，刘邦请征夫喝酒的当晚，带着几十个壮士走在大泽中，让一个人在前边探路。走了一段，这个人慌慌张张地回报："刘亭长，前方有大蛇拦路，咱绕路吧！"刘邦借着酒劲，说道："大丈夫走路，还怕遇到大蛇？"随即东倒西歪上前，拔剑斩蛇为两段。刘邦则继续前行，又走了几里，醉得不行，倒头大睡。

这时候，从后边赶来的人跟大家说，通过斩蛇的地方时，听到一个老太太在哭："有人杀了我的儿子啊！"

这人很奇怪，就问："你的儿子怎么死的啊？"

老太太回答："我的儿子，就是白帝的儿子，化为蛇在路上，被赤帝子杀了啊，可怜呢！"

这人觉得很荒诞，正准备取笑老太太，忽然，老太太化作一阵风不见了。

从此，大家看刘邦的眼神就不一样了。

而"云气寻夫"则是说，刘邦落草芒砀山时，吕雉从家里来找他，总能找得很准。大家都很奇怪，就问吕雉怎么回事。吕雉说："我发现我家老刘在的地方常常有云气，因此我奔着云气去找，一找一个准。"

这些故事，当然是封建迷信，《史记》《汉书》的原文中，作者的每一个字里都在暗示"这是假的"。但在古代，老百姓就吃这一套。

不过，同样是假，这和刘邦天生异象又不尽相同。关于刘邦天生异象的诠释，或许是大汉立国后为君权神授的合法性背书，但"斩蛇起义"与"云气寻夫"，却很可能是吕太公注资刘邦之后，对刘邦的刻意包装。这种包装在沛县起义军首领的选择中，起到了决定性的作用。

公元前209年，也就是秦二世元年七月，陈胜、吴广在大泽乡起义，陈县周边郡县纷纷起兵响应。

沛县所属的泗水郡与陈郡毗连，自然也在起义初期震波波及范围。九月，沛县县令也打算顺天应命，以沛县为资本，混入起义军队伍中来。沛令的谋划，当然是自己当老大。但萧何、曹参站出来说："您老是秦国任命的官吏，现在要背叛秦国，统领沛县子弟，恐怕不能服众。希望您能招揽逃亡在外的人，这样能够得到几百人，凭借这几百人再号令众人，则没有人敢不听。"沛令被说服了，于是在萧何的安排下，沛令派刘邦的连襟樊哙前往芒砀山召唤刘邦。这时的刘邦已经拉起一支几百人的队伍。

沛令是官，刘邦是匪，他们本应该是敌人。之前，他们一个在城里一个在山里，一直和谐相处，但此时，他们要合流了——某种程度上，这反映了秦帝国在东方地方治理的崩坏。不过，当刘邦带着几百人的队伍浩浩荡荡开回来后，沛令忽然意识到一件事：他并没有约束刘邦、让他为己所用的资本。所以，沛令反悔了，他下令闭城自守，又全城搜捕萧何、曹参。当然，他没抓到两人，衙役、捕快都是萧何、曹参的好哥们儿，萧何、曹参很快就得到了风声，早已经翻墙逃到城外找刘邦了。

刘邦则用箭绑上布帛向城里开启了舆论战："父老乡亲们呢，天下苦秦久矣。现在各位为沛令守城，诸侯并起，迟早攻破屠城。各位若能诛杀沛令，拥立合适的人为主，响应诸侯，就能保全家室。"这是从远景晓以利害。

"不然，父子俱屠。"这是从当下威胁城中居民。

城中父老百姓一合计，形势是显而易见的，坚守城池，眼前就可能被刘邦报复，长远看，也很难在起义狂潮中独善其身。于是，城中父老带领宗族子弟一起攻杀了沛令，开城迎接刘邦的队伍入城。一番客套之后，刘邦被拥立为沛公，成为沛县义军的第一领袖。

萧何、曹参的声望或许更高一点，但跟当出头鸟比起来，他们更愿意成为刘邦的辅臣，这样可以规避失败的风险。不过，他们也因此失去了赢家通吃的机会。而这种机会，在当时看，太过于虚无缥缈了。

刘邦征发了沛县子弟，连同自己原来在芒砀山落草的部众，一共才得到三千人马，这点兵，甚至不够他攻打下一个县。接下来，刘邦的行军略地大概如下：

一、攻丰，再攻胡陵、方与，这时候秦军章邯东出，四川郡守监带兵攻丰。

二、刘邦还军丰邑（在沛县西五十里，可拱卫沛县），固守，击破秦军。

三、刘邦带兵追击泗川守壮至薛县，留守丰的雍齿投降了魏国。

四、刘邦回攻丰，不下，于是准备找拥立景驹为代楚王的秦嘉求救，但一支秦军攻到了砀县（在沛西南），沛县基本盘危在旦夕。

五、刘邦只好回军与秦军战于萧西，没打过，还兵留县，征兵攻砀县，三天后攻下，收砀县兵，得五六千人。

六、攻下下邑，还军围丰打雍齿。

基本上，在与项梁会合前，这是刘邦的全部武功，打开地图我们可以看到，他基本活动在今天江苏省徐州市沛县和丰县一带，堪称丰沛天王，而且只有沛县的基本盘稳固，其他像丰县、砀县，他只能过路打个劫。这时候，如果不开天眼，恐怕看不到刘邦有任何在灭秦战争中裂土封王的机会，更毋庸说成为终极赢家，加冕称帝，一统天下。但刘邦懂得借力，就像身无分文却敢喊出一万钱的贺礼一样，杠杆加起来，一切都不是梦。

刘邦就是在这样的背景下，前往薛县进了项梁的大营，跟当时最能打的项氏大财团搭上了线。项梁很慷慨，给了刘邦五千兵，还有十个五大夫级的中级将领。刘邦凭借这支援军，攻破了雍齿驻守的丰县。不过，天下没有免费的午餐。通过这一次借兵，项梁实质上吸纳了弱小势力刘邦的沛县义军，如果没有意外，刘邦或许会成为项氏王朝的功臣？

但大争之世，意外是常态。

柒　项梁之死

项梁代表的项家军崛起后，章邯遇到了出关以来最强大的对手。

项梁驻兵薛县整军备战的同时，派遣项羽作为偏将进攻陈县西部的襄城，这是一次长途奔袭，战术目的是确认陈胜王的下落。项梁暂时领导各部义军，为陈王复仇的吕臣自然也在他麾下，按理足以收集到可以确认陈胜身死的信息，但项梁仍然坚持派项羽来确认这一消息。实际上，这是再次向大家宣告自己对陈胜起义军残部的领导权。

项羽攻下襄城、大肆屠城之后，带回了确定的消息——陈胜王已死。项梁随即传令义军各部齐会薛城，商讨起义政权的未来，确切说是选择新的义军共主。

项梁本应是众望所归，他有最高的威望，最强的战力，又基本整合了除燕、赵、齐之外群龙无首的起义军各部。如果项梁运作自立，反对的声音肯定会有，但敢不敢很大声就另说，即便很大声也很难有用，逐鹿天下，实力到底还是第一位的。但居鄛人范增出了个馊主意，和朱元璋救回韩林儿一样馊。范增让项梁利用楚人的民心，从民间寻来了楚怀王的孙子，放羊娃熊心。随后，熊心被拥立为楚怀王，以陈婴为楚上柱国，而项梁自己则称武信君。

从此，楚怀王成为项氏头上挥之不去的阴影。刘邦后来讨伐项羽，其中一条就是项羽背约杀天下共主义帝。其实，哪里有什么天下共主？当时是项梁立的怀王，各路义军又有谁真的把楚怀王当回事。

但项梁还是同意了这个主意，这就是时代局限，或者当局者迷了。当时，能想到统一帝国是历史潮流、诸侯分封是复辟反动的，恐怕一个人都没有，所有人都沉浸在光复六国、封侯拜将的美梦里。此外，大概项梁自己的心中，对故国旧主也有几分深情吧。

暂时确立了以楚怀王为核心的领导后，起义军毕竟重新有了共同的领袖，形成了新的强大合力，对推翻秦帝国，这仍然是有积极影响的。而项梁作为新楚政权最高的军事领袖，抗击章邯带领的秦军主力自然当仁不让。

章邯最近在忙着打齐国。他长驱直入临淄城下，与齐王田儋展开大战，一战大败齐军，击杀田儋。田儋的弟弟田荣保着田儋的儿子田市退守与薛县毗邻的东阿，章邯又引兵进围东阿。这时候，只有楚能救田荣。

项梁带兵出征了，司马龙且成为他的副将。项梁军先攻破亢父，打通救援东阿的通道，随后进抵东阿城下，与田荣里应外合，击破章邯，救田荣于危亡。章邯向西撤退，项梁继续追击，在濮阳东，再次击破章邯军，章邯退入濮阳城固守。随后，项梁又派刘邦、项羽作为偏军，先攻破城阳，又向西攻击雍丘，斩杀了三川郡守李由，回军途中进围外黄县。而项梁主力又进抵定陶，再度击破秦军。

至此，章邯在荥阳以东、黄淮之间，被压缩在濮阳、定陶两个据点内，苦苦支撑。

但项梁的进击，到此为止了。

项梁注意到了僵持态势，向齐国田荣请兵救援，被田荣拒绝了。田荣为什么拒绝呢？因为当田荣被章邯围于东阿时，故齐王建的弟弟田假趁机自立为王，以田角为相、田闲为将。项梁解救了田荣，田荣回头带兵攻田假，田假逃往楚国，田角逃往赵国，田闲本来带兵去救赵，也不敢回来了。于是，田荣立田儋子田市为王，田荣自己为相，田横为将。

当项梁向田荣求援时，田荣提出条件：楚杀田假，赵杀田角。这自然被耿直的项梁拒绝了，赵国方面也没有答应田荣的要求，于是田荣就选择性忘记了项梁解围东阿之恩，一直在定陶之战中作壁上观。而秦军却增兵了，这一次来的人不是阿猫阿狗，极可能是王离带领的长城军团。章邯之所以胜项梁，是因为他能敌时则用强，不敌时则避其锋芒，章邯也用阴谋诡计，是为兵不厌诈。

定陶城下，某一天的夜里，秦军卒衔枚、马戴嚼，以优势兵力偷袭项梁军，项梁军惨败，项梁自己也死于此战。

项梁的失败，不仅仅是因为齐国拒绝支援。据说，宋义对此早就做出了预判：项梁骄兵必败。当看到项梁在全线压制章邯后有骄傲之色时，宋义就提醒项梁，注意别因将骄兵惰而导致失败，但项梁没在意。随后项梁又派宋义出使齐国，继续进行请援交涉。而宋义在出使途中，遇到了齐国使者高陵君显，宋义提醒高陵君显，让他慢点走，以免项梁战败殃及池鱼。高陵君显听从宋义的建议，推迟拜见项梁，因而幸免于难。

但我们注意以下事实：

第一，项梁骄傲是从宋义口中说出，由齐国高陵君显散播的。

第二，由于高陵君显的推荐，宋义在项梁死后，一跃成为联军最高军事长官。

第三，宋义成为卿子冠军之后，在安阳驻兵不进，却将儿子送去齐国，搞质子连横合纵。

第四，项梁对田荣有活命之恩，田荣却坐观项梁成败。

第五，项梁死后，义帝进行了一系列人事安排，项羽为次将，范增为末将，打压与分化项氏的意图明显。

当项梁听从了范增的建议，立熊心为楚怀王后，义军高层权力结构已然悄然变化——项梁或许把熊心当傀儡，但不被项梁重用的许多人却会自然而然地围绕熊心构建真正有实权的团体。

在定陶之战中，项梁背后一定没少人在后勤、外交上掣肘——尽管被偷袭，但义军最强军团的首席军事指挥官死于一场遭遇战，仍然过于匪夷所思。

而项梁死了，刚刚稳定下来的楚政权政局，又将陷入剧烈震荡。而凭借定陶之战进一步奠定名将地位的章邯，在击败强大对手后，在黄河南岸也失去了目标，转而把目光投向黄河北岸的赵国。

邯郸、巨鹿……

捌　战神项羽与巨鹿之战

项梁战死后，楚军进行了一次权力洗牌。

《史记·项羽本纪》讲：楚兵已破于定陶，怀王恐，从盱台之彭城，并项羽、吕臣军自将之。以吕臣为司徒，以其父吕青为令尹。以沛公为砀郡长，封为武安侯，将砀郡兵。

楚怀王熊心手下有高人自不待言，这实在是夺取军队指挥权的最佳时机。

项羽呢？《史记·高祖本纪》里讲：项羽封了长安侯，号鲁公。

基本上，投奔项梁时只有区区六千人且无根据地的刘邦，此时在地位上已经与具有六万项家兵合法继承权的项羽持平。注意，沛公得将砀郡兵，也就是说刘邦保留了私兵，而项家兵则尽归楚怀王熊心，项羽被剥夺了兵权。项氏被楚怀王打压至斯。此时，不知道熊心是否有一丝得意，如果有，那太早了。

章邯定陶之战大破项梁之后，觉得楚军威胁已解除，就渡过黄河北上攻赵，大破赵军，进围赵王歇于巨鹿城。章邯、王离重兵压境，赵国危在旦夕，再度向各路诸侯求救，而楚怀王作为义军盟主，自然得派兵救援。

楚怀王此时该怎么办呢？御驾亲征？多年的放羊生涯，没有接受贵族教育，不懂兵法，不会技击。没有真才实学，就露怯了，熊心放弃了御驾亲征。来自齐国的高陵君显跟熊心说，宋义曾经预判项梁骄兵必败，是个有才能的人。于是，熊心任命宋义为卿子冠军，项羽为次将，范增为末将，将兵救赵。

这是一步好棋。打仗还得靠项家军，但在必须把军队还给项羽的时候，给他派了个太上皇，按照刘邦著名的"功狗理论"，楚怀王熊心是把项羽当功狗用，狗链子的收放在宋义手中握着。但这只是名义上的好棋。

宋义有自己的想法。他带兵走到安阳这个地方，不走了。

注意这个安阳，不是现在的河南安阳市。安阳市在河北，当时楚军还未过河，所以，这里的安阳应当是今天的山东菏泽市曹县。他有整合部队的需要——名义的统帅不同于实质的统帅。据他自己说，他还想坐山观虎斗，希望在秦军与赵军两败俱伤时出面收拾残局。所以，他在安阳一停就停了四十六天。

项羽有不同意见。项羽觉得赵国根本不是章邯的对手，一旦章邯破赵，实力更加强大，将更难对付。故而，他向宋义建议尽快渡河，与赵内外夹攻秦军。宋义驳回了他的意见，出了一道军令："猛如虎，狠如羊，贪如狼，强不可使者，皆斩之。"这句话，理解起来有点困难，不必咬文嚼字，核心思想就是"刺头消停点，楚军我说了算"。

项羽一看，存心针对我是吧？那就再来一次斩首行动好了。恰好，宋义又送自己的儿子宋襄去齐国任国相，他亲自送儿子到无盐，饮酒高会，意气风发。另外，由于连续阴雨天气，底层士兵在饥寒交迫中怨气冲天。项羽在这一刻察觉到了宋义与士兵的割裂，当即召集了自己的亲信，发表了一番演说：

"本来要齐心协力伐秦，却逗留不进。如今兵荒马乱、士民流离、灾害连连、军中乏粮，却饮酒高会、不引兵渡河，借助赵地的粮食与赵人共同进攻秦人，却说要占秦赵相斗的便宜。"

"以秦国的强大，攻刚刚立国的赵，最终必然攻克。赵国攻克后秦军将更加强大，哪里有什么便宜可占？"

"而且，我们楚国刚刚吃了定陶败仗，楚王坐不安席，举全国之兵交给宋义将军，国家安危，在此一举。现在他不体恤士卒，却徇私为儿子谋前途，不是社稷之臣。"

第二天早上，项羽去朝见宋义，就在宋义帐中砍了宋义的头，暴力夺取了楚军指挥权。项羽给出的理由是：宋义与齐国勾结，意图谋反，而自己正是受楚怀王的私下命令诛杀宋义的。哈，霸王说啥就是啥，没有其他的反对者，因为项氏本来在军中就极有威望，而宋义的行径早已伤了下层士兵的心。

项羽当即被诸将拥立为代上将军，随后，项羽派桓楚向楚怀王汇报。这不是楚怀王熊心想看到的局面，但权衡利弊之后，他让桓楚复命项羽："以项羽为上将军，统领诸军。"

项羽掌控了楚军之后，立即着手救赵攻秦。他先派当阳军黥布和蒲将军带两万兵渡河。黥布、蒲将军奋勇争先，迅速在黄河北岸站稳了脚跟。随后在黥布、蒲将军的保护下，项羽率大军渡河。过了河，带足三天的干粮，破釜沉舟！要么战死，要么大破秦军，这是项羽想向楚军将士传达的态度！

当时秦军的布防是这样：王离率长城军团围着巨鹿城，章邯渡河攻下邯郸，毁坏邯郸城之后，把邯郸人都迁到了河内郡，随后在巨鹿城南的棘原驻扎修筑通往黄河的甬道，以保证从河内到王离军的粮道。

项羽接下来就向章邯和王离开战。他一方面围了王离军，一方面派出军队破坏章邯保护的甬道，并阻截章邯救援王离。就这样，单凭楚军之力，项羽逆转了秦军的豪壮攻势。这时候，救援赵国的其他十余路军队，比如陈余的几万人，张耳之子张敖的几万人都纷纷下场加入对被围的王离军队的落井下石中。最终，王离军被全歼，王离军的主要将领苏角被杀，王离被俘虏，涉间自焚。

战后，作为"专打精锐"的楚军的英勇形象也震惊了早期作壁上观的诸侯军。先前，所有的救援军队都只敢看着王离军，除了陈余被逼无奈派出五千兵试了试，没有人敢轻举妄动。项羽作为楚军最高统帅，也因此达到了个人威望的顶点。项羽召见诸侯将领，诸侯将领进入项羽的辕门都是跪着走，没有人敢抬头仰视项羽。自此一战，项羽不仅仅是楚军的上将军，他也成了各路诸侯军的上将军。

而此时，秦帝国内斗，职业官僚左右相李斯和冯去疾、将军冯劫都被处死，宦官赵高独揽大权。高层的权力变动，势必影响对前线的支持力度。司马欣被章邯派回去求救，却差点被赵高阴谋杀害。司马欣死里逃生后，马上就鼓动章邯投降。而此时节节败退的章邯也有向项羽投降的意向。陈余一封劝降信，项羽又两次大破章邯军，最终促成了章邯的投降。

随着王离的覆灭，章邯的投降，秦军在关东战场上的几十万精锐主力被消灭，秦帝国的灭亡指日可待。

项羽的下一个目标：西进，灭秦！这一次，没有谁能再阻挡他！

等等，什么？秦已经灭了？

玖　打野的刘邦灭了秦

项梁死后的权力洗牌中，宋义成为暂时的最大赢家，项羽通过暴力夺权与巨鹿之战逆天改命，而刘邦则从一开始就闷声发大财，切了最香软可口的一块蛋糕。

楚怀王政权在做出北上救援赵国决策的同时，灭秦方略还有一个支线计划——偏军挺进关中，直接威胁秦帝国腹心。刘邦争取到了这个支线任务。

楚军人才济济，为什么偏偏选中了刘邦？根据官方记载，是因为楚国老臣都说：沛公宽大长者；项羽则僄悍猾贼，派沛公有益于关中百姓。看这时候，楚人多为秦人着想，尽管楚人很仇恨秦人。但这种说法实际上是靠不住的，项羽有屠襄城的劣迹，《史记·高祖本纪》里也有这样的描述：项梁使沛公及项羽别攻城阳，屠之。注意，项梁派出的偏军沛公、项羽二将，沛公在前，沛公刘邦可能因为年长而占主导地位。退一步来说，屠城阳是项羽与沛公的共同责任，在沛公入关途中的"南攻颍阳，屠之"是谁决定的呢？说好的沛公宽大长者呢？

而且，刘邦屠城，不止这一处记录，《史记·高祖本纪》还有"汉王败固陵，乃使使者召大司马周殷举九江兵而迎武王，行屠城父"的描述。而《史记·项羽本纪》中，项羽兵败，楚地皆下，唯鲁不下，刘邦什么反应呢？"汉乃引天下兵欲屠之！"

至于汉功臣世家、列传里的屠城记录更是数不胜数。所以，当时对久攻不下的城池，攻下后屠城实在是一种常见的威慑手段，不独项王专有。至少在项梁刚死的这会儿，证明项王残暴的证据是不充分的。当然，再怎么威慑，这都是惨无人道的，项羽是，刘邦也是。

刘邦能够分兵入关，与援赵北路军的人事安排类似，楚怀王不允许项羽单独带兵。另外，从血气方刚的项羽本身来说，要为叔父复仇，他必须正面杠章邯。而刘邦的好人缘与刘邦的相对不残暴则锦上添花。

刘邦带着自己的嫡系部属西进了。刘邦西进途中，有两个关键人物，第一个是五世相韩的贵公子张良，第二个是高阳人郦食其。

西征不难，但刘邦的军队过于孱弱。刘邦军队先经由砀县进抵成阳，与杠里秦军相遇，一战破秦军两个营垒，还算顺利。但攻昌邑时，与大盗彭越合兵一处，仍然没能击破昌邑守军。刘邦只好还军栗县，夺取了刚武侯的四千军队，随后又与魏将皇欣、魏申徒武蒲的军队联合再攻昌邑，仍然没能攻下来。刘邦也气馁了，算了，不纠缠了。刘邦绕过昌邑，向西挺进，指望打下一些防守薄弱的地盘，扩充势力。

在高阳，一个叫郦食其的人求见。刘邦当时正坐在床上，让两个姑娘给他洗脚。郦食其礼貌性地弯了下腰，鞠了个浅浅的躬，然后对刘邦说："阁下如果要诛灭无道暴秦，不应该对长者无礼。"刘邦听了之后，当即让两个姑娘退下，起身拎着衣服向郦食其道歉，并请郦食其上座。

注意这点，先踞后恭是刘邦对属下心理控制的惯用手法，这不是第一次。先用傲慢的态度让人生气、羞愧或者什么的，再用非常的礼遇让人的自尊快速得到极大的满足，从泥里到云里，人就被他征服了。

郦食其给刘邦送了一份大礼——陈留城。陈留是一座坚城，四野通衢，兵多将广，而陈留令是郦食其的朋友。得到陈留后，刘邦的兵力粮储几乎倍增。以此为资本，刘邦继续西进围攻开封，在曲遇东大破秦将杨熊，杨熊退走荥阳，被秦二世的使者处斩。开封坚城，仓促未拔，刘邦折而南下，攻破颍阳。如此，战略上，郦食其的加入帮助刘邦打开了在魏地的局面。

张良则很早就与刘邦建立了亲密关系。

当初雍齿以丰县背叛刘邦向魏国投降，刘邦前去景驹处求援的时候，张良也带领了一支由一百多名年轻人组成的队伍要去投奔景驹。两支队伍在路上相遇了。刘邦拜张良为厩将，张良则向刘邦讲太公兵法。随后，张良宣称："我这太公兵法，跟很多人讲过，但都言之谆谆听之藐藐，只有沛公一听就懂，沛公真的是天生奇才、天命所归啊！"很显然，同样擅长自我包装的张良一下子就捕捉到了刘邦自我包装、神道设教的需求，这种心有灵犀，也让张良从此成为刘邦的首席智囊。而张良带来的不仅仅是智慧、光芒，他还给刘邦带来了实实在在的东西。

张良在故国韩地有相当大的号召力，当刘邦西征进入故韩国境内，几乎没有大规模的攻城战，就攻下了十余座城池。于是，刘邦留项梁所立的韩王成留守韩国故都阳翟，而自己则带着张良和大军南下至南阳，准备西入关中。

值得一提的是，这之前有一个小插曲，可以反映起义军内部的矛盾。汉军到达洛阳时，赵国别将司马卬意图南渡黄河、攻略关中，刘邦则迅速派人攻取黄河南岸的平阴，阻止了司马卬南渡。对于刘邦而言，西入关中灭秦，是他跻身诸侯之列的关键一步，不容他人染指。

刘邦大军继续南下，抵达犨县东，遇到了南阳郡守齮带领的军队的抵抗。不过，此时的刘邦，已不是一个小小的郡守所能抗衡，齮郡守一战而败，退守宛城，而刘邦则攻略南阳各属县，继续壮大实力。宛城是南阳郡治，是一座坚城，一时难以攻拔，刘邦不想在南阳多耽搁，当即引兵西向，就要挺进关中。但走了一段，张良劝住了刘邦："沛公您虽然急于入关，但南阳大郡，宛城坚城，如果不彻底攻破宛城控制南阳，这一西去，强秦在前，宛城堵截后路，咱可就成了风箱里的老鼠了。"

刘邦的毛病是容易上头，而刘邦的优点，则是能迅速听进正确的意见，并立即整改。听张良这么一说，刘邦当即下令大军停止前进，连夜回军，里三层外三层的大军把南阳围了个水泄不通。

南阳郡守齮急切地准备自杀殉国，但被舍人陈恢劝住了。陈恢请求出使刘邦，向刘邦说明了强攻的坏处、绕过的隐患，最后向刘邦提出："只要沛公您开出的条件优厚，宛城可以为沛公而守。"

刘邦又是一个从来不吝惜眼前利益的人，当即拍板："封郡守齮为殷侯，封陈恢千户。"宛城就此举城投降，南阳其他尚且坚守的属县也望风而降。

解除了后顾之忧，刘邦再度率大军西进，途中也几乎没有遇到什么抵抗，很快汉军进抵武关。这时，秦国派来了使者，带来了一个消息——赵高已经杀死秦二世，赵高希望能与沛公分关中而王。赵高的话，刘邦很难相信，但这个消息却可以利用。这意味着秦帝国腹心，在官僚与宦官分裂之后，宦官与皇室进一步分裂，而武关的将士搞不清楚到底为谁而守。

张良建议，诱降武关守将。刘邦随即派郦食其和陆贾两大王牌说客带着大量金钱求见武关守将，又许诺了投降后的大量好处。武关守将已经许诺和沛公连兵西向，但张良气定神闲地提出另一个建议："这是守将要投降，士卒不一定跟随，如果士卒不跟随，仍然有很大变数，干脆趁机进攻。"刘邦一听："这么奸诈哦，我喜欢！"随即布置攻关。秦国守将正在梦里数钱呢，防备自然松懈，顷刻间，武关被攻破，秦帝国基本盘关中西南的大门就此打开。

关中再度有消息传来：秦公子子婴反杀赵高，去帝号，称秦王。秦国朝堂越乱对刘邦越有利。刘邦攻破武关后，迅速推进，在蓝田县再度大破秦军，不做停留，长驱直入咸阳城下。

秦王子婴召集群臣，问："众爱卿，我们还有兵可调吗？"众臣缄默。为了应付关东战场，关中本就已经虚空，又经过宦官、官僚、皇室之间的火并虚耗，咸阳城虽大，已然只有城，没有防。

那，降了吧。

公元前207年十月，秦王子婴素车白马，用绳子系着脖子开了城门，带着皇帝符节，跪伏在咸阳驰道边上，向刘邦投降。秦灭！

六世余烈，终于一统，政令苛急，二世而亡，端的让人不胜唏嘘。

第三章

楚汉

壹 分果果

灭秦战争大抵可以分为三个阶段：

第一，陈胜、吴广大泽乡起义建立张楚政权，天下响应，周文西路军触碰秦帝国腹心，章邯反击，陈胜败亡。

第二，六国贵族成为抗秦的核心力量，项梁崛起遏制了章邯镇压反秦力量的态势，秦军增兵，项梁战死。

第三，楚国重新洗牌，一路救赵，一路西征。项羽夺取最高指挥权，与秦军主力对线，巨鹿之战威震天下，因而领袖群伦。刘邦西征打野，风骚走位捷足先登受降子婴，最终灭秦。

如果我们把投身灭秦运动中的每一股势力都比作一个投资组合，再以收益率衡量的话，那么刘邦这股势力绝对跑赢了大多数组合。至于项氏资本，鉴于他们的起点够高，虽然其中遭遇过项梁战死这种投资失败，但最终当秦灭时，在项羽的主持下，项氏的投资组合仍然有最大的绝对市值。而不同的投资历程，带来的是不同的心态变化。

刘邦一路走来，在张良、郦食其的辅佐下，逐渐成为顶级的军事家、政治家，张良提升了他的战略高度，郦食其则暗暗劝以儒家圣道。这种转变，在刘邦接受秦王子婴投降进入咸阳城后得到集中体现。不少将士基于对暴秦的仇恨与恐惧，劝说刘邦杀了子婴，但刘邦拒绝了。刘邦说："当初怀王看重我宽仁，才派我入关，子婴已经投降，杀降不祥。"

这当然只是一个托词。真正原因是，在进入咸阳后，刘邦已经有了主人翁思维。按照约定，他应当是汉中王，关中应该是他的封地，让子婴活着有助于争取关中民心。

不过，以刘邦好酒好色的本性，面对恢宏大气的咸阳宫，咸阳宫里肤白貌美的宫女，堆积如山的财货珍宝，刘邦还是要享受一下的。所以，刘邦决定入住咸阳宫。但樊哙、张良劝住了他，劝他要以天下为重，约束自己的私人欲望，不要学秦朝皇帝的荒淫奢靡。

刘邦自然从善如流。

但我们看这一出臣子直谏、君主纳谏戏的主演们。张良作为智囊不奇怪，樊哙就很违和了。樊哙是什么人？杀猪的。影视化后，他的扮演者，通常和莽张飞、糙李逵是一个人。此时，樊哙却能劝刘邦以大义。说明什么？说明经历西入关中的淬炼，由于张良、郦食其、陆贾这些博学大才的加入，整个刘邦集团已经发生了美妙的化学反应，也许统一天下的目标还很模糊，但上至刘邦，下至樊哙这些出身寒微的将领，多少已经意识到他们肩上的历史责任。

项羽、田荣、张耳、陈余、赵歇，我们和你们不一样。

更毋庸提本身出身地方官吏的萧何。一入咸阳，萧何就忙着收集秦丞相御史律令的图书并带走。从此，依据这些文献，萧何对天下的地理地形、人文户口、风俗习惯一目了然。

这些东西，从意识形态层面，让刘邦和他的追随者进一步了解了什么叫天下。在实际操作层面，则依托秦帝国已有的治理体系，刘邦集团瞬间拥有了当时天下最先进的治理体系、最强大的动员能力。

人间事，有多种不均衡，认知的碾压是最难以弥补的。刘邦集团当时的整体认知，碾压了所有对手。

项羽击灭王离军，逼降章邯军后，也迅速向咸阳赶来。项羽也许不知道刘邦已经攻下了咸阳，即便知道，他也要率大军赶赴咸阳，把大旗插到咸阳城头，他是诸侯上将军，他骨子里对咸阳恨之入骨。

在从崤函通道到咸阳的路上，没有什么抵抗，秦帝国中枢死亡，精锐损失殆尽，但还是出了麻烦。麻烦就出在章邯的二十万秦军降卒这儿。这些降卒大概都是正宗老秦人，而许多诸侯军当年都去骊山服过徭役，没少受这些老秦人欺负。而此时，当年欺负人的变成了被欺负者的阶下囚，那就反欺负没商量了。

但这一欺负，出了事儿。

秦降卒私下里谈论：章将军带着我们降了，一起去攻打关中，如果能打败秦国还好，打不过，诸侯军胁迫我们东归，我们的家人儿女都成了人质，哪还有活路。

秦降卒的谈论反映两点信息：诸侯军对当年东方六国合纵攻秦却求胜不得记忆犹新，这时候对攻破关中并无把握。我们现在也可以确定，诸侯联军并不知道刘邦已经打下了关中。

降卒的议论被各路诸侯得知，就报告给了项羽。项羽一合计，带着黥布、蒲将军趁着黑夜把二十万秦军降卒坑杀在了新安。新安在今天的洛阳市渑池县东郊，并非今天的洛阳市新安县。

到这里，项羽残暴的一面就彻底暴露出来了——二十万降卒在他心里，不是一个个鲜活的生命，而是旧贵族的奴隶，可以随意生杀予夺。当然，也有客观原因，因为诸侯军缺粮。

此外，在坑杀降卒过程中，没有提名字的各诸侯高层也起了推波助澜的作用。这不同于白起当年，白起或者还有来自秦廷高层的施压，但项羽此时，可以乾纲独断。他本可以凭借个人的威望给秦卒一条生路，但他却亲手埋葬了他们。

项羽只留下了三个人，章邯、司马欣、董翳，也就是说连长城军团统帅王离也被坑杀了！

新安坑卒至少导致了两个严重后果：第一，项羽凭空丧失了二十万能战之士——笔者觉得他被诸侯坑了，有这二十万大军坐镇关中，号令诸侯简直不要太香；第二，民心的天平或许就是从此时开始倾斜的。

新安坑卒后，诸侯军迤逦而西，很快到了函谷关下。

刘邦已经有不同于常人的认知，但架不住鱼龙混杂的手下。有人建议他把函谷关关起来，以防备关东诸侯军，刘邦接受了这一建议。

项羽率大军来到函谷关，本指望刘邦欢天喜地迎霸王，谁知却吃了闭门羹。项羽勃然大怒，率诸侯军攻破函谷关，进军戏西。而刘邦军则驻扎在霸上。

接下来就是众所周知的《鸿门宴》的故事，大部分都知道接下来发生的事情了。简单说就是，项羽准备就此灭了刘邦，但项伯向张良报信，刘邦意识到危险，马上伏低做小，躲过了灭顶之灾。

之后，诸侯军浩浩荡荡开进咸阳城，纵兵大肆抢掠屠杀，项羽还一把火烧了咸阳的宫殿楼阁，而投降了的子婴也被杀死。毫无疑问，项羽又一次失去了民心。尤其是有刘邦与关中父老约法三章在前，有刘邦军相对有约束不扰民在前。

不过，在这时候，最主要的问题并不是刘、项之争，而是包括刘邦在内的各路兵马，如何分享灭秦的胜利果实，而如何分，也关乎历史的走向。

项羽主持了分封。

项羽分了块儿最大的蛋糕，一共九郡，称西楚霸王，都彭城。灭秦，项氏功最大，这无可厚非。

楚国系，英布被封为九江王，都六；楚怀王上柱国共敖被封为临江王，都江陵。

英布老丈人吴芮，也带领百越攻秦，被封为衡山王，都长沙。吴芮手下的大将梅鋗功多，封为十万户侯。

刘邦被针对了。刘邦在灭秦战争中，虽然没有经历恶战，但西进攻下南阳、陈郡、颍川多个郡县，并最终率先攻占了关中，论功，第二毫无疑问。所谓的义帝"先入关中者王之"未必靠得住。但论功行赏，刘邦也该王关中，最后却只被封了汉中和巴蜀，以当时川蜀的开发程度，几近发配。刘邦无论如何不会满意的，何况刘邦还有大目标。

关中则让章邯、董翳和司马欣瓜分了。

章邯刚一投降就被封了"雍王"，这是"先入关中者王之"不靠谱的一个证据。假如真的有这个约定，在当时，项羽不至于自作主张，彼时，他并不知道刘邦攻下了汉中而且还要对抗他，两人在各路诸侯中都代表楚国利益，正该相互扶持。

董翳被封为翟王，地盘主要在陕北山区，都高奴。

司马欣被封为塞王。这个"塞"很传神，他的封地是咸阳以东到黄河，刚好塞住了崤函通道的西口。《史记》讲，因为司马欣是项梁故人所以得封，这就有点胡说八道了。司马欣还是秦军副帅，直接促使了章邯投降，功劳和劝降章邯的董翳相当，董翳若可封王，司马欣怎能不封？

魏王豹王河东，以平阳为首都。魏王豹只是魏国公子，实际上并没有大功，但六国都复封，魏国需要一个代表，魏豹就得了便宜。

瑕丘申阳被立为河南王，都洛阳。他本来是张耳的宠臣，带兵下河南迎楚军河上，亲楚，作战有功。

韩王成，还封在故地，都阳翟，地盘主要包括颍川郡，实际上他也没什么功劳。

再就是在灭秦战争中功勋显赫的赵国系：张耳被封为常山王，王赵地，都襄国；赵王歇则被迁到代地，为代王；赵将司马卬被封为殷王，王河内，都朝歌；陈余因为没有跟随诸侯军入关，但对赵国有功，封南皮周围三县。——陈余很是窝火。

齐国系：原齐王田市被徙封胶东；齐将田都跟随诸侯军攻秦，封为齐王，都临淄；故齐王建的孙子田安也跟随诸侯军攻秦，曾经攻下济北数城，封为济北王，王济北；至于田荣，因为当年坑项梁，项羽记了仇，就没封他。基本上相当于把齐国一分为三，田荣、田市自然是不满意的。

燕将臧荼被封为燕王，他是燕国攻秦的统帅。而留在燕国的原燕王韩广则被封为辽东王，王辽东。

从分封结果来看，分封大致遵循以下原则：

第一，以灭秦战功行赏。

第二，照顾旧贵族，但旧贵族各自又吐出一部分利益给下属。

第三，打压实力派，比如以三秦压制刘邦、以分齐为三来分化齐国。

整体上，可以说兼顾了公平。但单单兼顾公平是不够的。因为灭秦后，整个中国进入了一个极度不稳定的状态，那么新体系必须足够坚定，而非仅仅是建立在大家都安分守己上的微妙平衡。

至此，在中国历史的三岔口，霸王项羽选择了重回分封制，由一个霸主来维护秩序，但这分封注定昙花一现。虽在灭秦之时，分封看起来顺应民心，但那是对一统秦帝国严刑峻法的反弹。一旦有人跳反，列国兵连祸结，人民的力量会记起大一统的安定，民心就会向重新一统倾斜。

贰　掀桌子

公元前206年二月，项羽主持分发灭秦的蛋糕，很花了一番心思。

一、章邯、司马欣、董翳，分别被封为雍王、塞王和翟王，占据关中渭河平原和陕北、陇西，把天下第二刘邦家门给堵上了。

二、三分齐国，削弱了田荣一系。

三、二分赵国，让张耳和赵王歇相互牵制。

四、二分燕国，让臧荼和韩广相互牵制。

五、把楚国最能打的英布安排在自己身边，看管起来。

六、韩、魏、殷、河南，旧贵族与新势力犬牙交错，相对又是小势力，不足为惧。

七、衡山王吴芮忠厚老实。临江王共敖，这位虽是义帝熊心的柱国，但根据他后来在楚汉战争中的表现，恐怕却是项羽在义帝身边安插的眼线，绝对自己人，忠诚度比英布高得多。

乍一看，好像也挺靠谱。但事实证明，项王这一回也是地图开疆，虚拟到底不是现实。

刘邦当时就想掀桌子杠正面，但想了想，跟项羽杠正面没胜算，在萧何、灌婴、周勃、樊哙等人的劝说下忍了。而且立马装出一副非常满意的样子，去汉中平原上任了，他还听从张良的建议，烧绝了栈道：项王，你看，我是多么热爱汉中，我要把一生奉献在汉中。

你想要七分，刘邦想麻痹你，能一下给你十分。

田荣却是暴脾气。他在齐国，刚听说了分封的消息，就派兵拦截新齐王田都。田都打不过田荣，只好逃到楚国，请求项羽主持公道，这是公元前206年五月的事儿。

这蛋糕分的，田都还没来得及动刀叉，田荣就掀桌子了。济北王田安因为位置的关系，好歹到济北当了几天王，但也仅仅几天。

田荣打败田都后，跟新胶东王田市说，你安心当你的齐王，万事有我。但田市不如田荣有种，他害怕项羽，于是坚持要到胶东上任。胶东虽然地盘小，但好歹还是个王，得罪了项羽，立刻就要亡。田荣怒了，一刀把亲侄子田市砍了，自立为王。随后，田荣又找到了在巨野泽打游击的彭越，赐予彭越将军印，然后让彭越带兵去杀了济北王田安。项羽第一时间派了一个叫萧公角的人，带兵去教训彭越，却被彭越打败了。于是，齐国故土全是田荣的了。

陈余的脾气也不太好，而且一肚子被老油条耍了的窝火气。于是，陈余向田荣借兵，他准备去打张耳。

差不多在这时候，汉王刘邦拜韩信为大将，准备东出。

汉军也必须东出了，刘邦的手下，大部分是关东人，这时候没有不想家的：沛县的狗肉，丰县的婆娘，嘿！于是，就有许多人逃跑，韩信是逃跑者之一，萧何月下追韩信，韩信最后又被萧何追回来了。

韩信跟汉王说，三秦父老都恨透了秦国的卖国贼章邯、董翳和司马欣，而您与秦人约法三章，他们都想念你。

总之，必须立刻打了。

先北上！但怎么出去是个问题。从汉中到关中，一共就这么几条道。其中，傥骆道是东汉末年才得见于官方史书。那么，北上的选择，只有陈仓道、褒斜道和子午道。汉军是从褒斜道进入汉中的，张良建议烧绝的栈道，也是褒斜道上的栈道。

史料上关于汉军出陈仓的细节非常有限，结合曹参、樊哙、周勃这些人传记中的作战记载，可以推测，汉军的行动并非成语"明修栈道，暗度陈仓"所说的那么简单。实际上，汉军是多道并进，而且参差有序，因此擅长在运动中调动并歼灭敌人。如果只是褒斜道和陈仓道做选择题的话，章邯完全可以两处都设重兵防守。

《史记·高祖本纪》之所以概括这一战事，只提及出陈仓，是因为陈仓这个位置在关中平原西部，是陇山、关中平原的接合部，有一大片平地，但整体高出关中平原不少，在这里安营扎寨，背靠陇山东麓，面向千水、渭水，易守难攻。

那么，当汉军在陈仓大规模集结，就意味着已经完成了北上在关中平原开辟根据地的阶段性目标，章邯利用终南山、陇山阻隔汉军的企图落空了。

整个进军计划，总指挥无疑是刘邦，但幕后策划则主要是名为大将军实为总参谋的韩信的手笔。

汉军在陈仓站稳脚跟后，章邯急忙带兵迎战。兵力上，汉军未必有优势，但汉军战斗力则异常彪悍。或者说，时移势易，葬送了无数三秦子弟的章邯，已经很难让关中子弟为他死战，章邯的军队，战斗力弱了。

于是，章邯一败于陈仓下，二败于好畤，最后东奔困守废丘，他的大本营雍县也在关中平原的运动战中被汉军占领。有了关中平原的大半做根据地，汉国忽然成了庞然大物，周边的塞国、翟国、河南国、魏国几乎没有什么抵抗，就向刘邦投降了。

公元前205年初，刘邦就占有了整个关中、陕北、陇西，崤函通道成为自家的通道，河东平原名义上也受控制，且拥有了东出的前线纵深洛阳盆地及桥头堡荥阳、成皋、敖仓。

汉政权此时的地盘，与秦开启灭国战争之前的地盘相比，大概只是没有拿下江汉平原而已。秦始皇死后不到五年，比他小三岁的刘邦拿到了他的剧本。

就这样，项羽主持分封才不到一年，天下局势就发生了急剧的变化。项羽是名义上的霸主，公认的天下第一，但很可能在此刻，就综合国力而言，刘邦的汉政权已经跃居第一了。

新霸主与旧霸主终有一战。

叁　彭城大战

刘邦以汉中王的身份就国汉中。

烧绝栈道后，张良离开了刘邦，转而跟随韩王成。张良本来就还有一个身份，韩国贵公子，此前又被刘邦任命为韩申徒。而以张良的智谋卓绝和人脉圈，刘邦安排张良回到关东，也是在关东建立一个情报站，甚至是一个特务机构。

但项羽不讲规矩，回归彭城的时候，他以张良为刘邦效力为由，把韩王成也带去了彭城，废王爵后封为穰侯，后来又把韩王成杀了。此后不久，刘邦用韩信的部署，在项羽北上攻打齐国的当口，从汉中北出陈仓，横扫关中，同时北道出函谷，南道出武关，做出东向争霸的态势。

项羽的反应也很快。他封江东父老故吴县县令郑昌为韩王，占据故韩地，阻止刘邦从函谷关东出的渗透。同时，又发兵驻守阳夏，阻止替刘邦回沛县接取太公、吕雉的薛欧、王吸、王陵部队。

这时候，陈余已经凭借从齐王田荣那借到的兵击败张耳。张耳逃到了汉王刘邦那里——当初张耳在外黄时，刘邦曾经跟随他游学数月，是老熟人；陈余继续拥立赵王歇，自己则被赵歇封为代王；因为故燕王韩广不肯前往辽东，燕王臧荼就发兵攻杀韩广，最后据有整个燕地。

面对这个局面，项羽很头疼。西边的刘邦，东边的齐赵连兵，都在疯狂挑战项羽主持下的秩序。作为霸主，臧荼太远鞭长莫及先放下，刘邦和田荣、陈余等势力，项羽却必须予以沉重打击，但先打谁呢？

张良发挥了重要作用。张良代表汉王给项羽写了一封信，表示汉军无意东出，同时又向项羽展示了陈余、田荣勾结的信。那么，权衡之下，齐赵联合搅动关东，又离楚国更近，威胁也更大，于是项羽决定继续留在齐国，意图彻底平定齐国。

这里交代一下。因为齐国田荣掀桌子的时间更早，项羽第一时间就北上攻击田荣。正面死磕，项羽是无敌的，齐军一触即溃，田荣带着几个亲随败走平原，随后被平原人杀害。

正常情况下，齐国这就被平定了。从田荣被平原人杀害，可以看出，田荣在齐地并不得民心，那么如果项羽能对齐国人民施加恩惠，让他们得以稍事喘息，齐未必不能成为楚。

但项羽的问题，一直是破坏能力拉满，建设能力很弱。他也懒得建设，他把齐地的城池都烧毁推平，又纵兵屠杀劫掠无辜。而齐鲁大地多壮士，又岂能任人宰割？于是，田荣的弟弟田横收集齐国散兵，得到数万人，带着无边仇恨开始了对项羽的反击。项羽忽然就掉进了人民战争的泥潭中了。

而这么一耽搁，刘邦已经又击败了河南王申阳、殷王司马卬、韩王郑昌。韩信被立为新韩王——这里的韩信不是兵仙韩信，而是韩国公子韩信，下文我们统称韩王信。

由于此前项羽尊奉楚怀王熊心为义帝并将其安置在长沙郴县，随后却又安排临江王共敖、衡山王吴芮秘密杀害了他。刘邦就为义帝发丧，哭临三天，随后发书通告诸侯，打着为义帝复仇的名义讨伐项羽。

赵王歇也收到了檄文，但陈余提出要先杀了张耳才行。刘邦就用一个很像张耳的假人头暂时骗过了陈余，于是赵国、代国也纷纷加入响应。

于是，在刘邦的主持下，反项羽联盟很快就建立起来了。刘邦裹挟着河南王、殷王、魏王、韩王的军队，连同赵代的援军，一共五十六万人，趁着项羽深陷在齐地，浩浩荡荡地向彭城扑来。楚国境内，自然有常备武装，但这些武装，在反项羽联军的洪流中，像落叶一样被卷走了。联军很快占领了楚国的都城彭城。

对刘邦来说，一战而攻破项羽的都城，战果不可谓不大。很多时候，都城陷落约等于政权覆灭。在这一刻，刘邦有理由认为大局已定。因而，他就不再像在咸阳时那么谨慎，那么能克制欲望。项羽在彭城聚集的宝物、美女，刘邦照单全收，随后为了庆祝这一重大胜利，刘邦带着诸侯、功臣，日夜饮酒高会。

刘邦飘了。如果他曾经亲临巨鹿的话，大概他不会这么飘。正常情况下，做出大局已定的判断并不离谱，但当你的对手是项羽时，常规判断起不了作用。

项羽在齐国已经得到了消息。他当即命令诸将继续留在齐国作战，自己则挑选三万精骑日夜兼程回援彭城。而彭城的诸侯联军，在胜利的喜悦中，在酒精的麻醉中，在床笫之欢间，对此一无所知。刘邦大意到没有安排士兵巡逻，或许安排的巡逻兵也玩忽职守了。

项羽的三万精骑静悄悄地逼近了彭城。项羽下令，改变行军方向，向西挺进萧县。在萧县，项羽的部队吃饱喝足、养精蓄锐后，在某一天凌晨出发，在天刚蒙蒙亮的时候抵达彭城。

项羽的全部作战部署彻底完成。有两个关键点：第一，从萧县出发，也就是从彭城西北发动进攻，堵住了联军的退路——刘三儿，我看你往那儿跑；第二，在清晨四五点时分进攻，正是联军将士睡得深沉的时候。

又是一场屠杀！

项羽清晨发起进攻，正午时分，彻底击败诸侯联军。三万对五十六万，就是五十六万头猪半天也杀不完呢！

这就要讲到以少胜多的妙处了。只要能击溃对方的信心，五十六万人马上变成五十六万头猪，而且一大半是死猪。他们会相互践踏，相互倾轧，慌不择路。

诸侯联军败退后，在濄水、泗水中被杀的、淹死的十余万人；一部分汉军逃入彭城南部的山中，组织退却，又被楚军追上，在灵璧东的睢水，又有十余万人被逼入睢水，把睢水都堵塞了。

刘邦也在这里被楚军围了个水泄不通。但恰在此时，西北风起，飞沙走石，能见度急剧下降，楚军一时陷入混乱，刘邦趁此机会得以与十几名亲随脱逃。不光普通将士在逃命途中会相互倾轧，为了活命，刘邦也是什么都可以抛弃。

刘邦本来打算去沛县顺道接走吕太公和吕雉，但楚军追得紧，没有得逞。项羽此时也有安排，他派人去沛县俘获了吕太公和吕雉，而刘邦的其他家人则四散奔逃。

大汉车神夏侯婴驾着车带着刘邦继续向西北逃跑，路上倒是遇到了刘邦和吕雉的两个孩子，其中一个是后来的汉惠帝刘盈，另一个是鲁元公主。夏侯婴和刘邦把两个孩儿拉上车，一起跑。楚军一直紧追不舍，刘邦就急了，他多次把两个孩子推下车，只为了能跑得更快一点。幸好夏侯婴对自己的驾驶技术很自信，每次都停车把两个孩子重新捡回来，这才让刘邦老婆、孩子、老爹落了一样。

不过，下邑很快到了。刘邦在这里埋伏了一个关键人物。

谁呢？吕泽，吕雉的大哥。早在刘邦合诸侯之前，吕泽就先带领一支部队进入砀县。史书上由于某种原因，将吕泽的事迹大量抹杀。但通过蛛丝马迹，我们仍然可以推测，在彭城之战中，吕泽军被刘邦安排在下邑，脱离主战场，作为一个保险。而这个保险，让刘邦止住了颓势。下邑离彭城不足一百公里，但刘邦投奔吕泽后，在吕泽的庇护下，竟然得以在下邑、砀县一带收集残兵败将，从容回血。

随后，汉军从溃败进入了有秩序的退却，经虞县，穿越魏地，在荥阳、成皋一带重新建立了防线。萧何也从关中把老的、小的都征发来，补充到刘邦军中。

另外一个细节值得注意。项羽的精骑追亡逐北，最终渗透到了荥阳一带。但此时汉王刘邦已经从军中选拔出了擅长骑兵训练的故秦军骑士李必、骆甲二人为校尉，辅佐中大夫灌婴建立起了自己的骑兵大队。这支骑兵大队被派出去和项羽的骑兵作战，在荥阳东大破项羽骑兵。

这意味着，刘邦充分认识到了自己军队与项羽来去如风的精骑的兵种代差，开始着手建立自己的强机动部队。在后来，又有大量的楼兰射手补充进刘邦的骑兵队伍。因而，虽然在彭城大败，但基于稳固的关中后方与迅速地战略调整，刘邦相对项羽的综合国力优势在继续扩大。

但由于项羽的作战能力实在太过强大，刘邦仍然需要从全地图的角度进一步调整。

肆　相持

刘邦从彭城败退到下邑,有了吕泽预备军的支持,终于得以喘息。但他刚解辔下马,就向迎接和追随他的心腹问道:"我打算捐弃关东以求同盟,谁能够担当这个任务?"

张良迅速给出了自己的谋划:"九江王英布,楚国猛将,但新近与项羽起了嫌隙;彭越接受田荣的号召在梁地造反打游击;另外汉王您的大将里,韩信智略非常,可以独当一面。如果汉王您确定要与人瓜分关东,那就是这三个人。"

不愧是张良,一针见血,而刘邦接下来的行动,也基本上围绕这三点作为基本纲领。

他先派随何出使英布。

英布在灭秦战争中,作战勇猛,是项羽最得力的战将,但诸侯分封之后,英布有了厌战情绪,只想专心做个富贵王爷。因而,当项羽征伐齐国向他调兵时,他以生病为由只派了一个将领带着少量人马跟从,项羽、英布由此产生了嫌隙。

随何到达英布的大本营六县后,开门见山挑明了英布对项羽的不忠诚,说明了背楚联汉的利害关系。

英布深以为然,但仍然有所犹豫。恰好,西楚霸王项羽的使者又前来催促英布发兵。随何当机立断,对项羽使者说:"九江王已经背楚为汉,发什么兵?"

英布当即蒙了。楚使者看情形不对,先退走了。随何趁机劝英布杀了楚使者,于是英布与项羽彻底决裂。

不过,项羽在确认英布谋反之后,立即派大将项声和龙且前来攻打英布。英布战败,带领几千人绕道逃归刘邦。

所以,实际上,暂时只是略迟滞了项羽的进攻,并没有立刻起到重大作用。

至于彭越,在刘邦一合诸侯时,就被拜为魏相国,辅佐西魏王魏豹,攻下梁地十余城,加上早年两人合攻昌邑的交情,彭越实际上已经是刘邦的可靠盟友。

而彭城之败后,彭越又丢掉了梁地十余座城池,只能带着部下北居黄河两岸,远避项羽。

那么,在楚汉相持初期,彭越也不太帮得上忙。

最终刘邦还得靠自己,然后等待韩信在支线打出神装。

韩信的支线剧情容后再叙。在荥阳、成皋一带站稳脚跟后的刘邦有一些迫在眉睫的事情要做。

当初跟随他征伐彭城的诸侯:像司马欣、董翳,在混乱中向项羽投降;像魏豹,以探病为由回到故国,立即隔绝黄河要津,闭关自守,声明拥护项羽;像陈余,得知刘邦用假张耳的人头骗了他后,也宣布与汉决裂。

当彭城饮酒高会意气风发时,天下都是刘邦的朋友。当大败亏输,仓皇逃脱后,离开了酒肉,刘邦发现还是只有自己的基本盘,关中、丰沛功臣们可以信赖。

因而,在公元前205年五月,刘邦回到了栎阳。他要采取措施,进一步稳固基本盘,只要关中稳定,他就能立于不败之地。

刘盈被立为太子,趁着立太子普天同庆的机会,刘邦大赦辖区内的罪人,这些人或者被征发补充到前线的军队中,或者被打发回家种田。无论哪一种,都增加了刘邦集团的可动员人群。

同时坚守在废丘的章邯被汉军引水灌城,城破之时,章邯选择了自杀。身为大秦帝国最后一员名将,可一降不可再降。而攻破废丘,汉政权也扫清了关中最后一个军事隐患,可以专心对付项羽了。

不过,当年七月,关中又发生了旱灾,粮食歉收,谷价达到一斛万钱,饥民遍地,乃至于人相食。

而在这种艰难的条件下，刘邦在八月回到荥阳前线，留萧何辅佐太子，根据秦帝国留下的户口律令征兵征粮支援前线，未尝乏绝。

加上此前，萧何征发老人、少年补充前线，从中我们可以看到刘邦政权、萧何相国为了应对战争，对关中人民的残酷剥削。

但这是没有办法的事情，在关东，在荥阳前线，在项羽大军所到之处，人们甚至不配被饿死——战争如镰刀，人民如春韭。

结束这一切，只有汉彻底击败楚，或者楚彻底击败汉。

伍　韩信的支线剧情

刘邦回到荥阳前线，韩信的支线剧情也正式开启。

对魏王豹的反叛，刘邦做了一次外交努力，他派遣郦食其去说服魏豹重新跟他结盟。但魏豹拒绝了。魏豹拒绝的理由是刘邦不讲礼貌，他说："汉王傲慢无礼爱骂人，骂诸侯、诸将就像骂奴才，我实在受不了。"

郦食其回报后，刘邦有没有做自我检讨不得而知。即便有，战事紧急，也改变不了什么，不如打来得爽快。

魏豹的魏国辖区，主要在今天山西省汾河平原的下游，和今天的山西运城市辖区重合度很高。这里西渡黄河，可以威胁关中，南渡黄河，可以威胁函谷通道。从地缘安全考虑，刘邦必须迅速拿下这里，或者至少这里该是他的可靠盟友。

刘邦派出了全明星阵容。韩信为左丞相统揽大局，曹参、灌婴为主将，执行具体作战任务。开战前，刘邦进行了一番比大小的战棋推演。

他问郦食其，对方大将是谁？

郦食其回答："柏直。"

刘邦评价道："乳臭未干的小孩子，顶个啥用（看起来没有检讨），当不得韩信。"

刘邦又问："对方骑将是谁？"

郦食其回答："冯敬。"

刘邦说："哦，这是秦将冯无择的儿子，虽然有才能，但当不得灌婴。"

刘邦再问："对方步卒又是谁率领啊？"

郦食其回答："项佗。"

刘邦说："不能当曹参，我不担心了。"

从这段对话看，刘邦是把这当成一场硬碰硬的战争了。看起来，尽管韩信策划了平定关中，刘邦仍然没有总结出这位空头大将的作战风格。

魏豹聚集大军驻守在西渡黄河的要津蒲坂渡，而韩信呢，将计就计，在蒲坂对岸的临晋大张旗鼓，征集船只，做出要从临晋强攻渡河的样子。

实际上，却派出一支部队，悄悄地沿着黄河向北急行军到夏阳。这支部队，每个人都拿了一件特殊的东西——木罂，也就是木制的大肚小口瓶。这支部队就抱着这些木罂漂流过河。

声东击西！韩信才不愿意硬碰硬，兵不厌诈，能用奇就不击正兵堂堂。而一旦成功渡河，一切开始按照刘邦的推演进行。

战争在八月打响，九月，韩信军就俘虏了魏豹，攻下了魏国全境，设置为河东郡、上党郡、太原郡。而这只是开始，韩信的封神之路将继续。

韩信请求刘邦给自己三万军队继续进攻代国、赵国。刘邦答应了，同时做出了人事调整，灌婴被召回，张耳被派往韩信军中，和曹参一道继续向东北攻击代地。

代相夏说迎战，韩信派曹参击夏说于邬县东，击斩夏说。夏说的阻击失败后，韩信的兵锋就直指太行山东边的赵国了，而因为陈余的原因，代、赵一体。

陈余在太行山东的井陉口集结了一支庞大的军队，号称二十万。崇山峻岭之间，以优势兵力堵在敌军进攻必经的山口，这确实不失为防守的上策。

陈余的阵营中，有一个叫李左车人称广武君的人，有更绝的计策，他跟陈余说："堵一头固然不错，但是如果我们能绕到太行山的西边，在合适地带堵住井陉道的另一头，就有机会让韩信大军哭天天不应、叫地地不灵。"

但是陈余否决了这一建议，理由是："韩信兵少，又千里转战，我以优势兵力还要玩阴谋诡计，岂不让天下英雄耻笑？"

从陈余与张耳的决裂看，年轻的他，脸皮确实薄，跟张耳、刘邦这些老油条没法比，但在具体的军事指挥中，陈余是个很能审时度势的人，不至于在大争之世，学宋襄公玩什么仁义之师。

从陈余以赵王歇年幼，自己以代王身份留赵辅佐赵歇来看，很可能在赵国境内，有一股庞大的反陈余势力。而这种内部不和，反应在对外战争上，可能才是陈余不敢分兵的真正原因——他信不过李左车，也信不过他征集起来的二十万军队，他们也是乌合之众。

韩信一直在打胜仗，以韩信成军的能力，他理应有足够的精锐去与陈余决战。但由于刘邦在荥阳与项羽相持消耗很大，刘邦每每派将领从韩信这里调兵，因此当井陉之战时，韩信堪堪只有三万人，在陈余为了鼓舞己方士气藐视性的叙述里，甚至只有几千人。不过，根据多方面的信息判断，韩信应该确实有三万人的军队，这里边有一小部分老兵，也有一大部分新兵。总之，账面实力，韩信弱陈余强是无疑的。

所以，陈余是这样想的：来吧，井陉口，摆开阵势，二十万对三万，耗也耗死你。

但韩信的作风，实力明显占优势，尚且不愿意硬碰硬，何况此时，战力对比全面落入下风。于是，情报人员确认陈余没有听从李左车建议派出奇兵之后，韩信迅速通过井陉道，在接近井陉口三十里的地方驻军，随后，韩信开始了天才的部署。

三万人被韩信分成了三部。

其中一部是两千骑兵，每人带一面小红旗，翻山越岭绕过井陉口，靠近赵军大营。这一部分因为路途艰难，因此夜半就出发了。韩信对他们的交代是：一旦赵军倾巢而出，立即摸进赵军大营，把旗帜全换了。

当然，这支部队的将士们是丈二和尚——摸不着头脑地走了，他们不信赵军这么傻，看着韩信煞有介事，心里也只嘟囔：莫不成，你是神仙？

剩余的部队，被分成两部分。韩信先派一万人前行渡过战场上的一条河——这条河一种说法是今天冶河上游的绵河，水量并不很大，但仍然会对撤退造成麻烦。赵军望见，纷纷大笑：看你们等会儿往哪儿跑。

不过，韩信也没指望这一万人就把陈余骗出来。所以，天明后，他又和张耳亲率一万人，大张旗鼓地渡河直逼赵军阵前。

韩信料到陈馀不见兔子不撒鹰，所以抛出了自己与张耳两条大鱼作为诱饵。于是陈馀出击，战争打响。

陈馀依然很谨慎，只派出了一部分部队与韩信主力恶战。但尽管如此，陈馀依旧有兵力优势。

不过，韩信亲临战阵，拣选的也是久战老兵，于是也得以演戏演全套，韩信的一万人与陈馀大军血战良久，才终于"支持不住"。韩信军渐渐败退，战旗、战鼓丢得满地都是，退入背水结阵的一万预备队。

陈馀此刻做出了判断：敌军败象已露，全军出击。或者，在赵军营垒留守的各位，眼看大战即将决出胜负，都舍不得错过打扫战场的便宜。总之，奇迹的一幕出现，赵军倾巢而出，连伙夫都抄了一根烧火棍冲了出去。

但很遗憾，韩信布置在水边的一万军队是生力军，同时，大概也布置好了相当完备的防御工事，此刻在韩信的集中领导下，秩序井然地防守，端的悠闲。而此刻，那支两千人的偷家骑兵队，已经进入赵军大营，开始迅速却不慌乱地拔掉小蓝旗，插上小红旗。

韩信这边抵抗了一阵，得到信号，偷塔成功。于是韩信全军齐声对着赵军大喊：你家没了！

赵军回头一看，大惊失色，以为赵王已经被抓，遂仓皇逃命，韩信背后一追，严肃的战争忽然就变成了赶鸭子游戏。

以上两段是笔者的不严肃演绎。不过，无关紧要。此战的关键就在于偷家这一奇招。

至于两万人如何通过两层防线抵抗住二十万人的进攻，韩信自己的解释是"驱市人而战，置之死地而后生"。这是其中一个原因，另外，或许战场的地形也帮了很大忙。井陉口狭小的战场并不利于大军团铺开；相反，如果依托山头层层设防，一万对十万的被围殴战，可能变为一万对十个一万的车轮战。

当然了，对韩信而言，不管是什么战，这一天上午在绵蔓河东岸大概是他个人军事生涯中最艰苦的战斗，他亲自下场了，他的奇兵如期奏效了。而这之后，他就不必这么赌，他仍然会不停地耍花招，但只是为了减少损失、增厚收益，而不是像井陉之战这样，以小博大。

在韩信军的追亡逐北中，陈余被诛杀，赵王歇被俘虏，韩信攻入邯郸，威震天下。

而韩信的支线剧情并没有结束。

搞定了陈余与赵王歇，也就搞定了河北的最大势力。但北方还有臧荼的燕国，其据有今天的京津一带以及辽宁部分地区，是一股不可忽视的力量。

继续征战吗？韩信的答案是：不。

早在用奇计瓦解了赵军防线，发动对赵军的追歼之时，韩信就下令，不要杀广武君李左车。为了防止贪功的士兵杀红了眼，他还发布了一条补充命令："如果能活捉李左车，赏千金。"于是，李左车就被活捉了。韩信如获至宝，当即亲自解开捆绑李左车的绳索，恭恭敬敬地把李左车请到上位，以弟子的姿态向李左车请教接下来平燕伐齐的战略。

广武君李左车摸不清这位主帅的脾气，也不敢唐突，客气道："败军之将，不敢言勇；亡国之人，难与图存。我现在成了您的阶下囚，哪里能够妄言大事？"而韩信是真心请教的，苦战之余，他迫切需要一个了解燕赵的人帮助他做出行之有效的决策，因而一而再，再而三地诚恳请求。

李左车彻底被韩信征服了，他对韩信的境况做了深刻分析，得出：韩信的优势在于一路走来，俘虏魏王、擒获夏说、攻灭赵国，连战连胜，名闻海内，威震天下，足以震慑对手，吸引中立者；而韩信的劣势则是连续作战，士卒疲惫，粮储不继。随后李左车得出结论：在这种情况下，强行进攻燕齐，是以己之短攻彼之长。

韩信问："那具体该怎么办呢？"

李左车的回答给出了极其详尽的操作指南：

"按兵休甲，积蓄力量；镇抚赵地孤弱，争取民心——实际上就是稳定基本盘。

"派遣辩士前往燕国展现休兵养士、争取民心的成果，加上数月之间灭魏、灭代、灭燕的威势，迫降燕国。

韩信非常认可李左车的谋划，安定赵地之后，就派人前往燕国劝降，燕王臧荼望风而降。随后，韩信向刘邦汇报在河北取得的重大胜利，并请求立张耳为赵王，凭借张耳在赵国的声望镇抚赵地。

项羽的楚国政权对此也并非无动于衷，项羽曾多次派骑兵渡河意图阻挠韩信、张耳对河北的整合，但都被韩信、张耳打败。韩信很快就能腾出手来征发赵地的士兵送到刘邦与项羽对峙的荥阳前线了。显然，八个月前，刘邦抱着试试看的态度，派出的偏军韩信部已经彻底改变了楚汉相争的力量对比——天下三分，汉有其二。

项羽的败亡，不远了。

陆　战略反攻

在河北，韩信的表现是现象级的，韩信让一切变得简单，是为兵仙。

但在楚汉相争的前线，主战场荥阳、成皋，战斗力极其彪悍的刘邦坐拥汉国的主力，以及萧何、韩信两大运输队长源源不断的补给，却打得很辛苦，只因为刘邦的对面，站着"千古无二"的神勇项羽。

彭城大战后，项羽反推，楚汉在荥阳、成皋一带进入均势，双方实际上有一个短暂的休战期，大概有几个月。这几个月中，汉方面，刘邦回去安定了关中，又回到荥阳前线，韩信开启了支线剧情。

楚方面，并不是很清晰。项羽大概也要安定后方，他的基本盘因为彭城之战遭受的破坏极大。另外，英布反了，项羽派人平定了英布。根据接下来的一年中，齐楚和平相处来推测，项羽还与齐国达成了和解，撤回了在齐国的军队。

大体上，各有各自的事情要忙，因此，他们才顾不上正面死磕。

但到了汉王三年，也就是公元前204年初，项羽腾出手来，再度集结大军抵达荥阳前线。

项羽的到来，给刘邦带来巨大压力，以至于病急乱投医。郦食其一拍脑门儿，想出了一个重新复封六国后裔的建议，刘邦都准备好要刻大印送人了，被张良劝住了。

张良的理由是很充分的。当时的天下，实际上只剩下三大势力——汉、楚、齐，地盘也基本稳定，刘邦一下子要封几个王，恐怕要从自己的地盘里分，那等同于在汉内部搞分裂。何况汉政权内部，当时已经有了燕王臧荼、赵王张耳。

总之，在当时，列国分治的意识形态还没有被彻底扫进垃圾堆之前是极其危险的。所以，被张良劝住之后，刘邦忍不住又骂人了："竖儒，差点坏了我的大事。"

刘邦的另一个智囊，陈平倒是出了个好主意。什么主意呢？反间计——秦丞相李斯的拿手好戏。陈平金钱开路，散布谣言，让项羽动摇了对钟离眛等人的信任；又通过项羽来使营造范增与汉暗通款曲的氛围，导致项羽与范增之间起了嫌隙，范增一怒之下告老还乡，路上疽发于背而死。

项羽用人，本来就沿袭战国旧贵族的作风。他看重出身，看重与自己的亲近疏远，这样一来，手下的可用之人就更少，这在一定程度上进一步促进了项羽的孤立。

不过，这些缓慢瓦解项羽的远水解不了刘邦在荥阳的近渴，范增离开了，但他制订的强攻荥阳计划得到贯彻：项羽先是派兵阻断了从敖仓通往荥阳的运粮甬道，之后集中兵力合围荥阳，发动猛攻。

到了公元前204年五月，荥阳已经危在旦夕，项羽甚至堵死了刘邦突围的可能。

陈平又出了个很阴损的主意，用几千条人命换得了刘邦的脱逃。

某天夜里，荥阳东门大开，一支两千多人的队伍穿着盔甲突围而出，紧随其后的是一辆黄屋、左纛的车驾，车上的人大喊："没粮食吃了，汉王要投降了。"动静太大，以至于其他城门负责围城的楚兵都围过来观看。项羽听闻后，也带着亲随前来受降。结果却发现，所谓的汉王是将军纪信假扮的，而两千多名士兵全是女人——男人是战斗力的保证，同时也不容易摆布。

而刘邦却在这时候和陈平等人从荥阳西门趁夜逃脱，留周苛、枞公和魏王豹守城。得知真相的项羽勃然大怒，下令把纪信活活烧死。那两千名女人的结局不得而知，大概也很难活下去吧。

真不知该痛斥项羽的残暴，还是指责刘邦、陈平的卑鄙，或者说，这就是战争的代价？

刘邦逃脱后，退入关中，又从萧何那里得到了补给，准备再度出关与项羽对峙。这时候有一个人称辕生的书生向刘邦建议："楚汉在荥阳相持一年多了也没个头，汉王您试试从武关出，看看能不能把项羽引到南边来，好让荥阳松口气。"

刘邦最大的优点是从善如流，只要你有好点子，他都愿意试一试，搁现在绝对是个创业者热爱的风投家，而且他识别好点子的能力极强，即便偶尔错听，纠错能力又极强。

刘邦当即和英布率军从武关东出，活动在宛城、叶县一带。这里毗邻项羽铁杆盟友临江王共敖、衡山王吴芮的地盘，刘邦在这里征兵征粮，顺带挖墙脚，搞得项羽很焦虑，果然亲自带兵赶往宛城。而刘邦却坚壁不战——出武关的战略意图，本来就是让名为楚王实际已经化身救火队长的项羽疲于奔命。项羽无奈，只好重新回到成皋。

这时候，楚国腹地又传来战报，彭越由于没人管，带兵打游击逐渐南下，严重干扰楚军的粮道，不久前又渡过睢水，大破项佗、薛公军于下邳，击杀薛公。下邳到彭城仅一百里，也就是说彭越直接威胁到了项羽的腹心。项羽无法承受再一次失去彭城，当即留终公守成皋，自己回军进攻彭越。

到这里，我们揣摩彭越打游击打到下邳这件事，会发现当初项羽丢掉彭城的危害相当大。虽然项羽成功反杀创造了又一个以少胜多的奇迹，但实际上，说好听点，楚国政权变成了一个类似游牧民族匈奴的政权，说严重点，楚国政权已经成了一个流寇政权。

那反过来，对于刘邦来说，项羽不过是一股极难剿灭的流寇而已。项羽东征西讨，最终只能在汉军划定的范围内打转——黄淮之间，荥阳以东，广袤平原，纵横驰骋，糟蹋的基本是自家的地盘。

楚汉战争也许在公元前204年的某一个时间点，已经变成了一场刘邦溜项羽的游戏，或者是一场项羽打地鼠的游戏。

项羽前脚刚从成皋走开，刘邦后脚就从宛城北上，击破终公，夺取了成皋这一从荥阳西撤的要塞。

打游击的彭越不是项羽的对手,项羽出马,彭越当即遁走。但有刘邦这个头号敌人在,现在也不是项羽彻底剿清彭越匪患的时候。项羽赶跑了彭越,立即回军荥阳。连续赶路,口干舌燥,项羽很上火,后果很严重,荥阳城被盛怒的项羽攻破,周苛、枞公以及韩王信都被活捉。

项羽对周苛说:"向我投降,我封你为上将军,封三万户。"周苛破口大骂:"赶紧向汉王投降,你不是对手,迟早要被擒杀。"

如果想死,骂项羽就对了。周苛被项羽烹杀,成为汉国忠臣烈士。枞公随后也被杀害。韩王信因为封了王,拥有独立治权,项羽想争取一下,当时没杀他,后来这位健壮高大的帅哥找个机会又逃了出来,继续跟着刘邦干。

有人或许要问,魏豹上哪儿去了?魏豹早些时候就被周苛、枞公杀了。周苛和枞公觉得魏豹反复无常,和他在同一道战壕里很没有安全感。

攻破荥阳后,项羽并没有停下脚步,他继续调动兵力西进围攻成皋。成皋很快就像当初的荥阳一样招架不住了。刘邦一看情势不妙,习惯性地三十六计走为上。某天夜里,由大汉车神夏侯婴驾车,载着刘邦从成皋北门悄悄逃了。

夏侯婴驻车黄河岸边,刘邦四顾无计,有心再回关中调兵,但两个月前刚刚从关中调了一次兵,关中百姓好欺负,但是兔子被逼急了也咬人,逼反了关中基本盘,麻烦就大了。

刘邦想了想,还是上河北,河北韩信、张耳经营赵地快一年了,要粮有粮,要枪有枪。但刘邦低头一看自个儿,再看看一脸尘土的夏侯婴,觉得这副狼狈样可能要被张耳、韩信轻看,万一这两位推脱呢?

嘿,有了!

某日清晨,两个自称汉使的人进入了赵军大营,传令官把他们请到了将军帐里。这一天,曹参值班,铠甲鲜明,端坐如山,打量来使:"哎哟,这不是汉王和夏侯婴嘛!"

刘邦打了个"嘘"的手势,示意曹参不要声张,然后问:"韩丞相、赵王在哪里?"

曹参当即亲自带刘邦、夏侯婴前去寻韩信、张耳。这两位还睡着未起,在曹参的帮助下，刘邦没有惊动两位，只是进了他们的卧室，把兵符印信拿走了。之后，刘邦传令诸将升帐议事。在会议上，刘邦迅速调整了人事安排，让曹参这些老部下控制了军队。

韩信、张耳睡到自然醒，起来发现军中已经多出了个太上皇，当即大惊失色，但也无可奈何。他们本是刘邦的下属，他们的军队也是刘邦的军队。

好了，笔者又戏剧化演绎了。刘邦夺取韩信大军的指挥权，到底谁策应了他，不得而知，也许不止一个人，这里暂且就用曹参来代表了。

而刘邦夺取了赵国军队后，也安抚了张耳、韩信两位。张耳已经封王，不能再往上爬了，刘邦只安抚他：好好守护封国土地，本王许你千秋万代。而韩信则被封为相国，就职位而言，韩信跃居萧何之上，成为一人之下。同时，刘邦指令韩信重新征发赵国百姓成军，准备攻打齐国。

但是，这件事终究让韩信感觉不那么舒服，以至于他对刘邦的忠诚开始有了裂痕。

刘邦得到赵国大军的补充，又满血复活了。这是一个家里有矿的赌徒，家底仿佛永远败不完。不过，在刘邦回家拿钱的当口，成皋城里的其他守将，紧随刘邦之后，也渐渐逃出成皋，投奔项羽。将军都跑了，成皋自然守不住，最终，被项羽占领。汉军的防线西撤到巩县，也就是今天的河南省巩义市附近。在这里，楚汉再度陷入僵持。

八月，刘邦准备引兵渡河南下，再与项羽决战，但是郎中郑忠建议刘邦坚壁不战。经充分讨论后，刘邦在扩充坚壁不战的同时，派堂兄刘贾、发小卢绾率两万人从白马津悄悄渡河进入梁地，与彭越一道在楚地烧仓库、抢收稻谷，概括起来就是搞破坏。

这是一个里程碑事件，标志着刘邦集团已经彻底掌控了楚汉战争的战略主动，能够调动起多方资源，持续有效地消耗项羽。

不过，救火队长项羽的战斗力实在强悍，彭越、刘贾、卢绾加一起也不是项王的对手，所以，刘邦另有交代——项羽来了，就坚壁防守，守不住，就逃。而这种背后捣乱实在太恶心人，尤其是彭越，战斗力爆表，在刘贾、卢绾的牵制下，他一口气攻下了睢阳、外黄等十七座坚城。

项羽无奈，只好再度亲自回师救火。但这时候刘邦在河北坐拥大把筹码还没有下赌桌呢，项羽很不放心，走之前严肃交代留守成皋的大司马曹咎："我十五天就能击败彭越，平定梁地，汉军挑战，你一定要坚守不战等我回来。"

项羽如期在十五天内搞定了彭越，收复了被彭越攻取的十七座城池，但曹咎却没能撑够十五天。

刘邦因为在荥阳、成皋一带打得太辛苦，有心退一步，在巩县、洛阳重新布防，但被郦食其劝住了。

成皋就是后来三国时期闻名的虎牢关，是西进洛阳的东门户，是东出的要塞，荥阳在成皋东几十里，成皋北边黄河岸边山上是敖仓。

这种布局，可以让成皋、荥阳呈掎角之势，同时，敖仓的粮食可以源源不断补给两个要塞。旷日持久的话，敖仓的粮食当然是会吃完的，但通过黄河，从关中、河北运粮补充是极容易的。而且，洛阳是天下之中，这个防守三角则拱卫着洛阳的东大门，地位极其重要。因而，刘邦是退不得的，而且也没必要退，刘邦觉得心累，项羽更累。于是，刘邦部署重新夺取成皋。

楚大司马曹咎一开始能够按照项羽的计划，坚守不战。但后来汉军每天在成皋城下骂战，终于激得曹咎出兵决战。

双方战于汜水之上，汉军待曹咎半渡而击，大破曹咎军。曹咎与司马欣均兵败自杀。汉军趁势渡过汜水，夺取成皋，驻军敖仓山西边的广武，进一步图谋荥阳。

然后，项羽又回来了，十五天的时间差，只够拿回成皋，占据敖仓。项羽实在太可怕，汉军立即终止针对荥阳的军事行动，退守敖仓、广武一带的险峻地带坚守。项羽呢，也将军队开到广武，与汉军隔着广武涧对峙。

到这时候，项羽又不笨，也看出来汉军的战略意图了。但是，他也被折腾得没有力气再大举进攻了，楚汉双方就在广武涧再度进入相持。不过，这时的相持完全不同于当初彭城大战后的相持——彼时项羽占据战略主动，诸侯都又成了他的盟友；现时刘邦占据主动，坚壁不战只是大合围策略的一个战术动作。

因而，几个月后，项羽招架不住了。倒不是他打不过广武涧对面的汉军，而是，他的粮食快要吃完了，而他也没有能力再破坏汉军在敖仓的粮储，更毋庸说虎口夺食，引敖仓为己用。

项羽要寻求决战。他做了三次尝试，试图激刘邦与他野战。

第一次，他架起大锅，烧起大火，摆开案板，磨快屠刀，把刘邦的父亲刘太公拉了出来，向汉王喊话："赶紧滚出来决战，不然我杀了你老子做排骨汤。"刘邦不能不顾老子，但也不能因为老子就毁坏自己的战略部署，出去送人头。于是，刘邦灵机一动，说道："小老弟，当初咱俩都受命于义帝，一起扛过枪，亲如兄弟，我老子也是你老子，你真要这么干，到时候一定送我一碗排骨汤喝喝。"

项羽一看，刘邦把爹踢回来了，打算心一横，真把刘太公杀了。但老圣母项伯在边上劝住了他，项伯说："为天下的人，不会顾及家人，你杀了老刘头，徒增仇恨，犯不着。"项羽只好作罢。

一计不成，项羽又生一计。只见他打马来到两军阵前，唤出刘邦，喊话道："天下战乱不休多年，都因为我俩，来，咱俩来场单挑，输者称臣，不要再连累天下百姓。"

刘邦以为项羽要干吗，原来是这个，憋住笑说道："咱斗智，不斗力！"

项羽又让壮士们见日挑战，又连续被刘邦埋伏在暗处的楼烦射手射杀。项羽大怒，再次亲自披甲执戟挑战，楼烦射手又想射冷箭，被项羽看到，瞪眼大喝一声，吓得楼烦射手目不敢视，手不敢发，扭头就躲回大营。

要说个人英雄，秦汉之交，没有一个人比楚霸王更威风、更英雄！但英雄接下来干的事，却让人大跌眼镜，而且，竟然差点让刚刚明晰的楚汉局势陷入混乱。

项羽再一次叫出刘邦来聊天，刘邦这次在两军阵前发布了一番讨项羽檄文，列举了项羽的十宗罪：专擅；杀义帝；分封不均；盗挖始皇陵；坑降卒；杀子婴；等等。项羽竟然耐心地听完了。十宗罪里面，有些其实子虚乌有，起码盗挖始皇陵这事儿是假的，现在始皇陵都还没发掘呢。

项羽耐心，是因为他暗暗埋伏了弩手。正当刘邦吐沫横飞、感动自己、自我感觉最好的时候，不知从哪儿飞出一支羽箭，正中刘邦胸膛。

不过，刘邦反应很快，立即俯身，捂着脚指头："我的脚指头啊，疼死了，啊，啊！"

  随后，在卫士的护卫下，刘邦迅速退入中军大帐。当时，人心惶惶，张良劝刘邦强起巡视大营以安抚军心，但中途不支，草草结束，在近卫军簇拥下离开广武大营退入成皋养病。

  经历了与刘邦多年艰苦卓绝的战争，年轻的项羽也逐渐学会拉下脸皮，向实用主义迈进了。如果，他得以一箭射死刘邦，汉依然会是汉，但势必暂时要战略收缩，这样楚就能喘口气来，天下归属将重归于不可知。

  但很遗憾，天命有归，刘邦福大命大。

  而此时，汉集团的支线战场上，已经完成了大合围战略的最后一步。

柒　垓下悲歌

郦食其在提出重新夺取成皋、荥阳，因敖仓之粟与项羽相持这一战略的同时，也提出了说降齐国的计划。加之先前刘邦夺取赵国军队时，也给韩信下达了征赵国兵攻打齐国的指示，可以说，在公元前204年中，汉集团已经在着手完成大合围战略的最后一步。

郦食其自告奋勇，要凭三寸不烂之舌说降齐国，刘邦也乐得派他去。郦食其作为楚汉之际的顶级纵横家，果然并非浪得虚名，他一番说辞，忽悠得田横、田广当即答应奉汉王为盟主。随后郦食其在临淄城齐王宫里受到了最高规格的接待。

但在齐国大地上的每一个人，有一个算一个，都高兴得太早了。

郦食其入齐前，韩信的大军已经东渡黄河，进军至平原，进入齐国边境，随时准备发动对齐的灭国之战。而齐国也做了充分的防御部署，他们在今天山东省济南西的历下依托山地险峻集结了大量军队，构筑了防线。

但在与郦食其达成和平协议后，齐王田广以为不必签字就已经生效，就把这一消息传到了前线。前线的守将华无伤和田解随即解除了警备。这一情况，韩信多少也了解了，韩信打算暂时停止作战计划，等待汉王方面的正式通知。

但老朋友，另一个纵横家蒯通又出来说话了，他对韩信说："郦食其什么东西，靠一张嘴就能打下齐地七十多座城池，功劳岂不是比大将军你还大；反正汉王没有正式通知我们停止作战，不如趁齐人没有防备，一举攻破齐国。"

韩信想了想，同意了。

按韩信的用兵习惯，通常是能不打就不打的，他其实有一种仿佛脱离人间的大慈悲，但同时，他也有一颗建功立业的世俗之心。因而，在刘邦抢夺军权、双方战略互信出现问题之后，韩信的反应是："我再多立一番战功。"

而刘邦的态度也很微妙，他派郦食其游说齐国，却并未将这一动向通知韩信。这其中多少有"以战促和"的意图，但信息充分共享显然更有助于践行"以战促和"，以防发生战略误判。那么，诛心之论，或许此时，刘邦已经在考虑战后如何安置韩信的问题了，而这是一次忠诚度测试。

至于灭齐之战中两个关键的辩士、纵横家，到这里自然也分出了高下。郦食其和蒯通同样是辩士，但郦食其的辩才，一直致力于构建统一战线，在为减少杀伐努力，而蒯通在天下局势即将明朗而自己并未实现政治理想之际，让私欲战胜了公理，他挑动韩信开战，目的不外乎搞乱局势，好在继续的混乱中谋取更多的利益。

摇唇鼓舌的纵横家，有情怀，也能是政治家，没有情怀，只能是卑鄙的政客。

最讽刺的是，天道在这里表现了极大的不公平，政治家郦食其成为田广、田横发泄怒火的替罪羊，死了，政客蒯通却一直活得好好的。当然了，郦食其和蒯通交换处境，郦食其未必不会做同样的事，但历史没有如果，而我们评价历史人物"论迹不论心"。

齐国严阵以待，恐怕也不是韩信的对手，何况齐国单方面撤攻。韩信军队迅速挺进临淄，齐国高层四散奔命：齐王田广东走高密，齐相田横走博阳，守相田光走城阳，将军田既率所部驻守胶东。

偌大的齐国，韩信一时半会儿也吞不下。齐王田广得以喘息后，向楚国派出了求援使者，项羽安排龙且率兵前往救援。

龙且带的大概是楚国所剩不多的部分精锐，号称二十万，实际可能没那么多。但加上齐王田广能纠集的军队，韩信大抵又一次陷入了以少对多的局势。而且，加之齐地广大，齐人善战，韩信军说得上是疲惫之师了，起码龙且就是这么判断的。

有部将向龙且建议："韩信的军队连战连捷，锋锐不可当。我们在本土作战，士兵们熟悉地形，万一失败，各回各家，各找各妈，很麻烦，不如坚壁不战，同时串联各地，让韩信陷入齐国人民战争的海洋里，他自然不战自退。"

但龙且并不把韩信放在眼里。也容易理解，韩信当初在楚军做执戟郎时，龙且就是项羽的心腹大将了。实际上，龙且是项羽手下少有的能独当一面的大将。当项羽分身乏术时，他派出了能让自己放心的龙且，说明龙且必然是个狠人。

但狠人从来只是相对的。比如我们都知道刘邦是个狠人。但当刘邦正面对上项羽时，总是只有招架之功，没有还手之力。

龙且在那个时代，也许对上许多大人物，比如英布，比如彭越，比如曹参，甚至刘邦，都足以称为一个狠人，但韩信不在其中。

龙且决定决战，双方夹潍水列阵。

韩信当夜派人跑到潍水上游，用沙袋把潍水堵了，在上游建了个临时堰塞湖，而下游水流则变小，成为预设的战场。次日平明，韩信在潍水西岸下令进军。龙且在潍水东岸也下令进军——半渡而击，这点军事素养，龙且自然是有的。

双方在水流舒缓、河滩裸露的河床上煞有介事地打了一番，韩信军渐渐不支，稍稍败退到西岸来。龙且一看，哈哈一笑："我就说这个钻人裤裆的韩信没什么了不起吧！"于是下令全军追击。

好了，到此为止了。

龙且得意忘形，冲得靠前，韩信等龙且渡过了潍水，发出信号，上游的守军决堤放水。很快，河流上涨，渡河困难，龙且军过了河的不能退，没过河的不能进，就这样被分割成了两部分。

本身齐楚联军，龙且有兵力优势，但在此时的潍水西岸，全副武装的韩信军，对上一小半的龙且军，有兵力优势的一方就成了韩信。韩信的士兵大喊："大将军又算准了，必胜，必胜！"某种程度上，此时的韩信已经成为部下的信仰，而这种信仰会转变成战力的加成。

战斗结束，龙且被击杀，潍水西岸残余的楚军投降。韩信引军渡河，追击河东楚军，追至城阳，尽数俘虏楚军。齐王田广也被俘虏后击杀，守相田光被灌婴俘虏，胶东的田既被曹参击破。齐相田横听说田光死讯，自立为齐王，很快被灌婴的军队击败于嬴下，田横逃归彭越。灌婴又击杀齐将田吸于千乘，至此汉基本据有全齐。

至此，大合围战略的全部条件已经完成。

项羽想通过外交手段做最后一番挣扎了。

田横逃归彭越？彭越成为汉王死敌田氏的庇护？是的，当大合围战略接近完成时，天下的局势，汉强楚弱已经很明显，针对这一形势，各方政治势力也必须重新衡量自己的定位。

彭越就是在这种情况下，开始与汉变得若即若离，开始与楚眉来眼去。对彭越来说，楚汉一直维持均势，是最理想的。

同样的情况，也在韩信身上发生。韩信平定齐地后，派使者给刘邦写了一封信："齐人唯诈多变，齐国反复无常，南边又与楚国毗邻，如果没有一个代理齐王来镇抚，恐怕难以安定。希望能立我为代理齐王。"

刘邦这时候已经养好了箭伤，重新回到了广武前线，但战事依旧吃紧，看了来信，气不打一处来，当着韩信使者破口大骂："我在这进退不得，日夜期盼你来辅佐我，你竟然想趁火打劫，自立为王？"

张良、陈平一听，不约而同地踢了踢刘邦的脚，对刘邦说道："现在我军与项羽僵持，大王您能禁止韩信称王吗？不如送他个顺水人情，至少让他守护齐地保持中立，不然恐怕要生变。"

刘邦反应也很快，骂仍然是要接着骂的，不然表情的转折太僵硬，但骂出的话却变成了："大丈夫处世，要当就当真王，当什么假王！"随后，刘邦派遣张良亲自出马前往齐地立韩信为齐王。作为回报，韩信也调拨了手下一部分兵马给刘邦，助汉进攻楚国。这一安抚很及时。因为，项羽听到韩信大破龙且之后，立即派盱眙人武涉前来试图拉拢韩信。

尽管韩信坐地起价，但可以确定的是，韩信对刘邦基本的忠诚度依然存在，只是在新形势下，他需要在灭项之后给自己谋个出路，在战国思维下，韩信认为，称王就足以保护自己。当刘邦大方地满足了他的要求后，他没有理由背叛刘邦。因而，他拒绝了武涉的交涉。

在武涉走后，唯恐天下不乱的蒯通，又对韩信说他当今的地位可以决定天下走势，因而劝说韩信在楚汉之间搞平衡，从而三分天下。韩信也拒绝了。在韩信拒绝的说辞中，多次提到刘邦对他有知遇之恩，某种程度上，韩信仍是一个君子，过不了自己心底的那道坎儿。

总之，在刘邦的假大方与韩信的抹不开脸的综合作用下，汉军集团的大合围战略经受住了考验，终于要走到最后一步了。

大合围战略是怎么回事呢？这其实是一个事后总结，颇具偶然性。但其初步规划是刘邦的"捐关东以弃之"与张良的"彭越、英布、韩信可用"。偶然性则在于，韩信平定河北乃至荡平齐国，太过开挂。很难说，刘邦在派韩信攻打魏国时，就已经预测到韩信会快速平定河北。

而大合围战略得以实现，最重要的原因，就是韩信的支线剧情让刘邦的实控领土扩大了足足一倍。天降韩信，就是来帮助刘邦修复出轨的历史的。

公元前203年下半年，大合围战略正式实施。

刘邦继续与项羽在荥阳相持。刘邦分兵与英布，让他杀回故九江国封地，后来又让刘贾带兵帮他。彭越则继续干回老本行，带兵往楚地渗透，骚扰粮道。而韩信则从齐地和楚国东北方向攻进齐地。

这么一搞，在荥阳前线，旷日持久，士卒疲惫，粮援难继的楚军再也支持不住了。刘邦趁机提出议和，他要把老爹、老婆换回来，而且这是最后一次战略欺骗项羽的机会。

刘邦先派陆贾去跟项羽交涉，项羽嘴硬，没有同意。刘邦又派侯公去跟项羽交涉，这一次达成了和平协议：双方以鸿沟为界，中分天下，鸿沟以西是汉国，鸿沟以东是楚国；而刘太公和吕雉则被送回。

达成和平协议后，项羽当即罢兵东归。刘邦也做出了罢兵的姿态，但张良、陈平这两大智囊适时站了出来，强烈要求刘邦撕毁和平协议，趁着项羽强弩之末，一举歼灭项羽。

刘邦从善如流，汉军紧随项羽之后，追击到阳夏南，驻军休整。同时，派出使者知会韩信、彭越率军前来一起围攻项羽。

韩信、彭越不约而同地找借口拒绝了。彭越的借口是梁地初定，人心向楚。韩信的借口是……韩信没有借口,就是不去。这两位,都有安定内部从而建立与刘邦博弈的资本的需求。刘邦只好自己上,结果在固陵这里被项羽再次击败——也挺憋屈,单独跟项羽正面杠,刘邦就没赢过。

刘邦回头问张良:"智囊,怎么办?"

张良说:"彭越和韩信是看着楚国即将灭亡,而自己不能从楚国的灭亡中捞到好处,因而不来。如果大王你能分睢阳以北南至谷城给彭越,分陈以西至海边给韩信,他俩就来了。"

刘邦一下子就明白了:"这两位想壮大与自己博弈的资本,好说,给,收拾了项羽,回头再……"

彭越来了,韩信来了,刘贾来了。英布来了,被封为淮南王,得到了等同韩信、彭越的待遇。刘贾、英布策反的楚大司马周殷也来了。然后,就有了垓下会战。

这一批批的军队,东西南北都有,因此,就在垓下形成了对项羽的合围。

决战时,汉军的部署如下:韩信自将三十万大军当先,孔将军在左,费将军在右,刘邦又在韩信后边,周勃与柴武在刘邦后边。

战斗过程如下:双方接战,韩信中军稍稍退却,项羽追击,孔将军与费将军从楚军侧翼包抄,韩信中军回头再战,对项羽形成包围,随后全军出击,围殴项羽。

至此,项羽并没有一败涂地,然而到了夜里,项羽听见围着他的汉军里,有许多人唱起了楚地的歌谣,他产生了楚地已经全部被汉军占领的错觉,于是彻底崩溃。然后,项羽失眠夜起,在帐中摆酒苦饮,让宠爱的虞姬起舞,自己慷慨悲歌:"力拔山兮气盖世。时不利兮骓不逝。骓不逝兮可奈何!虞兮虞兮奈若何!"

歌声慷慨悲切,虞姬泣不成声,项羽的心腹死士也泣不成声。项羽决定突围,当天夜里,他召集了八百名精壮骑士,抛弃了楚军主力,溃围南逃。

天明,汉军才发现项羽逃脱,当即安排骑将灌婴带领五千骑兵追击。在逃脱过程中,项羽渡过淮河时,所带领的骑士只剩下一百来人。到阴陵这里,项羽又迷了路,向路旁老农问路,老农骗他走左边,最终陷入大泽中无路可走,只好退回。这一耽搁,被灌婴追上,到东城,项羽只剩二十八骑跟随他。

眼看逃不脱，项羽索性不逃了，他进行了最后一次英雄表演。

项羽对他手下的二十八名骑士说："我起兵以来，八年了，大小七十余战，所向披靡，没有败绩，才有了天下，想不到却落到如今地步，不是我不能打的缘故，是天要亡我。既然今天难逃一死，我愿与诸位再并肩大战一场，看我为诸军突围、斩将、砍旗，让你们知道，是天要亡我！"

随后，项羽把二十八人分成四队，从东南西北四个方向，打山上纵马疾驰而下，约定在山东分为三处会合。

这一番拼命，汉军无法阻挡，项羽杀一将，又瞪眼大骂吓走赤泉侯，如期在山东会为三处。汉军搞不清楚项羽在哪里，也分军为三处。项羽东奔西走，和部下又斩杀汉军一名都尉，杀近百人，最后全军集合，只损失两人。

满身鲜血的项羽，看着同样血染盔甲、杀红了眼的部下，问道："怎么样？"部下都跪伏下来，齐喊："大王说得是。"

这时候，项羽已经到了乌江边上。乌江亭长撑着一条渡船，要渡他过江，他讲无颜见江东父老，便把乌骓马送给亭长，跟部下一起，下马与汉军步战，又厮杀很久。在战斗中，项羽部下死伤殆尽，项羽又独自斩杀百余人，但也身受十余处伤。

没有以后了，这是最后的疯狂。项羽抬头看看天，又低头看向汉军，看到了熟人吕马童，他向吕马童问道："这不是故人吗？"

吕马童没敢接话，却向主将王翳指认："这位就是项王！"

项羽接着说："我听说汉用一千金、万户侯买我的人头，现在我把这份功劳给你。"

说完，项羽横剑自刎。项羽的尸体，被王翳、吕马童等五人各抢得一块，按照刘邦的悬赏，各被封为二千户侯——一个旧贵族的献祭，生出了五个新贵族。

结束了，全都结束了。全能自恋成就了项羽，也毁掉了他。他这一生，大概只有垓下被围的当夜，丢下主力逃跑，显得不够勇敢。最后，在溃逃的过程中，他又撑起了他的无所不能。

但，终于，历史车轮滚滚向前，千古无二如他，也不能阻挡。不是天要亡他，而是历史规律要亡他。那个故意给他指错路的田农，代表了人民的力量——分封带来的只是无休无止的战争，人民想结束战争，让项羽去死是最快的方式。

这么说，也许对项羽不敬，但真实情况确实是这样，世界一下子清静了。

汉王刘邦和诸侯军还军定陶，刘邦又对韩信搞了一次突然袭击，进入韩信的军营，夺取了韩信的兵权，随后把韩信徙封为楚王，建都下邳。

临江王共敖已死，儿子共尉接班，此时的他还坚持为项羽而战，不肯屈服，刘邦派刘贾、卢绾很快搞定了他。

彭越的梁王继续保持，定都定陶，当初为了让他参与会战的许诺貌似没有兑现。

衡山王吴芮被封为长沙王，跟随吴芮参与围剿项羽的故越王无诸被封为闽越王，王闽中。

燕王臧荼的王位也继续保持。韩王信的王位亦然，地盘主要在南阳颍川一带。赵王张耳表现得天然无公害，又跟刘邦是老朋友，利益也得到了充分保证。淮南王英布统治的地盘倒疑似扩大了，秦郡豫章、庐江都属于他的地盘，还有九江、衡山，也是他的辖区。

不是所有人都很满意，但不管是韩信，还是彭越，也都忍了。大家都想享受一下和平的时光，哪怕只是暂时的。而刘邦作为新的天下共主，不能还用汉王的称号。同时，刘邦政权是靠着秦朝的那一套治理体系才走到今天的，也犯不着去推翻。

于是，公元前202年二月，刘邦在各诸侯王和功臣的劝进下，在汜水北边设坛祭天，即皇帝位！

封国依然存在，并将持续存在，但大汉皇帝刘邦主持下的新秩序，不同于西楚霸王的分封，它的基础，是始皇帝的郡县制支撑下的大一统构想。

那么，历史车轮转动，帝国秩序终将向彻底的大一统演变。

第四章 铲除异姓王

壹　大汉皇帝

项羽死后，楚地尽皆投降，只有鲁县，因为是项羽被楚怀王封为鲁公时的封邑，仍在为项羽坚守。刘邦闻听，勃然大怒："项羽都死了，你们拧什么拧？"当即带领诸侯兵浩浩荡荡开往鲁县，准备强攻屠城，炫耀天下第一的兵威。

刘邦的预想中，兵锋所指，鲁人在死亡的阴影下，一定会向自己投降。但当他的大军开赴鲁县城下时，却听到了鲁县的书生们在从容地朗读圣贤之书，同时，还伴随着悠扬的琴瑟之声。整个鲁县笼罩在一种非常宁静祥和的氛围中，丝毫没有受到汉军黑云压城的困扰。

刘邦是否被征服了，无从得知，但显然，他也想有这样的臣子，这样的礼仪之邦。于是，他派人持着项羽的人头向鲁县父老展示，同时诚恳地劝降。鲁人这才开门向刘邦投降。

随后，在一股力量的驱使下，他安排以鲁公之礼把项羽安葬在曲阜附近的谷城，亲自为项羽发丧，哭泣而罢。项氏家族其他人都被赦免，项伯、项襄、项佗等四人被封为列侯，赐姓刘氏。

这是做给鲁人看的，也是做给天下人看的，刘邦的言外之意："我，刘邦，会是一个仁政爱民的好君主，我值得你们的效忠。"

而他对丁公、季布兄弟的处置尤其能反映击灭项羽后刘邦心态的变化。丁公、季布都是项羽的将军，且是一母同胞所生，是不是一个爹则不清楚，从两人异姓来看，可能不是。

在彭城之战中，丁公带领追兵一度与刘邦短兵相接，刘邦被逼急了，向丁公喊话："两个好汉一定要这样相互为难吗？"丁公竟然就饶了刘邦，带兵走了。所以说，丁公对刘邦是有饶命之恩的。

而季布呢，在楚汉战争中作战勇猛，多次暴揍刘邦。因此，刘邦对他恨得牙痒痒，项羽覆灭，季布逃匿，刘邦开出千金的悬赏，又明确下令敢藏匿季布的，诛灭三族。

而两人的结局却出乎意料。

季布卖身到鲁县豪强朱家，通过朱家走通了滕公夏侯婴的关系，不但被赦免，还被刘邦任命为郎中，后来成为汉初一代名臣。

丁公没有被通缉，但丁公觉得自己对刘邦有恩，就主动去求见刘邦。结果，被刘邦公开处斩，通令三军："这小子当初做项王的将，却不能忠于项王，导致项王失天下，今天杀了他，就是希望大家以后不要做丁公这样的人。"

显然，刘邦已经彻底站在最高统治者的立场上，开始像秦始皇一样思考怎么治理一个统一帝国的问题。

对鲁人的宽恕，对项羽的丧葬规格，对项氏的优待，对丁公、季布兄弟的差异化处理，都是刘邦有意对新帝国进行的利于社会秩序、政治秩序稳定的思想文化建设。

思想文化建设又只是建设新帝国千头万绪的一根线头，其他方面的顶层设计，在刘邦和股肱大臣的主持下，也在紧锣密鼓地进行。

刘邦把都城建立在了洛阳。洛阳是东周的都城，在西周时，周公为了控制东方诸侯，把这里修建成周王城。而周礼是儒家的基础，因而，洛阳是一座极具儒学气息的城市，居天下之中，行德政于四方兆民，是一个万众归心的王朝建都的好去处。

但刘邦的新政权万众归心了吗？显然没有。

韩信、彭越、英布、韩王信、张耳、臧荼、吴芮拥有着类似战国七雄一般的独立治权及广袤国土，某种程度上，刘邦不过是类似周天子的身份，暂时是天下共主而已。本质来说，他搞的是和项羽的分封一样的东西，区别是，作为共主，他控制的地盘比项羽大得多，综合国力也领先各诸侯王更多。

因而，汉与各诸侯之间的稳定关系，只能是暂时的。刘邦没办法保证他的汉不会步周天子的后尘。当汉衰落，所谓的天下共主就会沦为摆设。

当然了，在汉实控区，刘邦实行的是严格的郡县制，其动员能力远非封建的周王朝所能比。但由于大量功臣侯的存在，刘邦的实控区内又有一百多个侯国，这些侯国在挖着郡县制的墙脚——当中央政权衰落，难保这些侯国不会兼并扩张，诞生新的巨无霸诸侯。

总之，汉帝国初年，名义上是统一的，实际上是分裂的。尽管明眼人都知道全盘郡县制对加强中央集权、增强国家力量的好处，但有始皇帝前车之鉴，刘邦最终仍然选择了郡县制与郡国制并行的地方行政制度。

如果历史车轮注定不可阻挡，那就让这种现象成为过渡。而作为一个有远见的君主，负责任的做法，则是尽量规避天下共主可能面临的衰落风险。

齐人娄敬从陇西罢戍守而还，路过洛阳，穿着羊毛衣服，因老乡虞将军而求见刘邦。他向刘邦建议迁都关中，理由是："汉根基浅薄，不比周朝经过十余代经营得天下，因而应该据险地，控扼天下，关中沃野千里，四塞为固，控制诸侯最好不过。"

刘邦将娄敬这一建议传达给群臣讨论。

结果，众臣基本上都不同意。汉初功臣，关东人居多，因而不愿意去关西。但他们的说辞却冠冕堂皇："秦建都关中，二世而亡，周建都洛阳，称王数百年。洛阳这地，东有成皋，西有崤山、函谷关，背靠黄河，面向伊河、洛河，足以据守。"

总之，众功臣的意见，建都洛阳，挺好。但是，洛阳这地，建都并不理想。第一，洛阳盆地颇为狭小，远远比不上关中沃野千里，城市可以向周边近乎无限地扩张。第二，洛阳周边，细算来，有洛阳八关，是八处险要，但一则算不上天险，都得堆人头防守；二则东西南北八处设防，根本是四战之地。

因而，建都洛阳，光靠武德充沛不行，还得文德能安抚人心。比如东汉，就是高度儒化，比如北魏孝文帝迁都洛阳，又是为了全盘汉化。或者，像周、隋、唐，洛阳作为双都制的一极。

刘邦看这群臣攘攘，讨论不出个名堂，转头向自己的首席智囊张良求教。

张良没有让他失望，他强烈赞同迁都关中。不过，他的理由比娄敬实际得多。张良直接指出："关中北、西、南三面不用防守，只用专心对付东面，退可以阻绝诸侯的威胁，进可以沿渭河、黄河顺流直下，运兵运粮镇压剿灭叛乱的诸侯。"

刘邦真正所担心的，迫在眉睫要未雨绸缪的，正是东方诸如韩信、彭越、英布这些诸侯的威胁。

刘邦、张良清楚地知道，既然刘邦做了大汉皇帝，异姓王即是敌国。于是，刘邦立即拍板，当日即起驾洛阳，西都长安。而首倡此议的娄敬被拜为郎中，号奉春君，赐姓刘氏。

多提一句张良。当初博浪沙刺杀秦始皇时，他毅然决然站在历史车轮前，试图螳臂当车，显得多么短视。而十余年后，在另一个开国皇帝身边，他却彻底成为历史车轮的动力，又是多么富有远见卓识。

从个人生存的角度，松散的中央集权，尾大不掉的诸侯，实际上有利于张良这种巧舌如簧、长袖善舞的人生存。但张良站在了比蒯通更高的层次上：天下一统，才能彻底结束兄弟阋于墙带来的战乱不休，才能给人民带来长治久安，个人的功名荣耀不值一提。

正是这种远见卓识，让张良看到了韩信、彭越、英布这些异姓诸侯的必然覆灭，看到了包括自己在内的功臣诸侯都会是加强中央集权的阻碍。所以，给出这一建议后，张良基本上淡出了政治舞台。

刘邦要封张良为三万户侯，张良拒绝了，只接受了留县万户，少于曹参，论功甚至排到了开国功臣第六十二位。与萧何、曹参、夏侯婴、樊哙、周勃、陈平还热切地参与朝堂政治不同，张良在长安，大多数时候都闭门不出，他还常常辟谷不食，对外声称要学习赤松子修仙之道，明哲保身。

智哉，张良！

而对异姓王的铲除，也很快提上了日程。

贰　两韩信失国

燕王臧荼先跳反了。跳反的原因，史书语焉不详。反正从汉朝廷的角度，地方治权很难不与中央冲突，只要有冲突，就可以送上谋反的罪名。

而臧荼又是诸侯王中地盘较大、跟刘邦关系比较疏离却又相对孤立无援的，张耳、韩信跟他没多少交情，不太会替他说话。这大概是刘邦选择第一个消灭臧荼的原因。消灭臧荼可以充分壮大自己，同时又不会让其他诸侯王有兔死狐悲的感觉。

事实证明，消灭臧荼没有丝毫风险。公元前202年七月，臧荼谋反，刘邦御驾亲征，九月，就俘虏了臧荼。考虑到从长安到燕地的路程，可以说一触即溃、手到擒来。不过，刘邦并没有立即将燕地郡县化，而是立太尉卢绾为燕王镇抚燕地。交给自己人，刘邦更放心。

征燕王臧荼归来，萧何在长安修成了长乐宫，但刘邦没来得及享受。忙里偷闲刚平定了项羽故将利几的叛乱，就有人告发楚王韩信谋反。告发并非全无凭据，项羽灭亡后，大将钟离眜由于跟韩信的关系不错，就托庇于韩信的楚国之下。而刘邦听说钟离眜在楚，已经下诏令让韩信逮捕钟离眜，而韩信暂时没有表示。此外，韩信在楚国，出入都有军队戒严，这很容易让刘邦怀疑他在炫耀武力。

刘邦召集众将商议怎么对付韩信，众将仗着人多势众，纷纷说："赶紧发兵，活埋了这小子。"但刘邦知道韩信不是臧荼，韩信撒豆成兵的能力太强。正面死磕，从体量上来看，汉当然有赢的把握，但变数太大，一旦征韩信不利，彭越、英布就可能集体跳反，那样汉就会陷入当初项羽的处境。所以，刘邦沉默着没有说话。

陈平想了想，站出来问："韩信知不知道有人报告他谋反？"

刘邦说："不知。"

陈平又问："陛下的兵，与韩信的兵相比，能更英勇善战吗？"

刘邦回答："恐怕不能。"

陈平又问："陛下的将领，有没有哪位用兵比韩信还强的？"

刘邦这次回答得很肯定："没有！"

陈平接过来说："兵将都不如韩信，却要讨伐韩信，必然兵连祸结，对陛下不利。"

刘邦问："照这么说，该怎么办呢？"

陈平回答："好办。古代天子有巡狩、会诸侯的惯例。陛下也可以带兵东出，装作巡守云梦，召集诸侯陈县朝见。韩信必定会以为这只是例行回见，前来拜谒，陛下可以趁机擒拿他。"

陈平的主意是好主意，但他低估了韩信，又高估了韩信。

低估是因为，这种伎俩韩信轻易就识破了。只是，这其实是阳谋。既然尊刘邦为皇帝，天下共主，无缘无故，韩信没有理由不去参见刘邦。

高估是因为，即便称王，韩信归根到底对刘邦的忠诚一直都在一个较高的水平，做个富贵王爷，他很满足；而且，冒险跟刘邦翻脸，收益风险比也有限。因而，钟离眜投奔他，没少鼓动他造反，但他都不为所动。此时，他的第一反应，也是交出钟离眜，打消刘邦的疑虑。

于是，公元前202年十二月，韩信带着钟离眜的人头去陈县参见刘邦。然后就被逮捕，随后被带回长安，赦为淮阴侯。

六年后，陈豨谋反，刘邦带兵亲征。吕后在长安，以韩信意图勾结陈豨谋反为名，在萧何的帮助下，诱骗韩信入宫，在长乐钟室诛杀了韩信，并夷韩信三族。

狡兔死，走狗烹。成也萧何，败也萧何。一代兵仙，自此飘逝，而传奇永存。

楚王韩信的地盘，刘邦也只是暂时划入汉土。不久之后，他听从田肯的建议，分封宗室子弟为王，用同姓诸侯来控制帝国边缘区域。堂兄刘贾被封为荆王，小弟刘交被封为楚王，兄长刘喜被封为代王。而整个齐地七十二城，则被赐予刘邦在沛县出轨所生的长子刘肥，刘肥被封为齐王。

从异姓王到同姓王，刘邦依然没敢把封国制彻底扫进历史垃圾堆。但因为血缘关系，起码在汉初，汉帝国的统治更加稳定了。

另一个韩信，韩王信，在楚王韩信被带回长安贬为淮阴侯后不久，被刘邦强制搬家。

韩王信其人，高大帅气能打，而且也颇有谋略。而他的地盘在颍川一带，北接洛阳、巩县，南临宛城、叶县，东又结连淮阳郡，都是天下重要的兵源地。

刘邦担心一旦韩王信造反，牵连会过大，就用太原郡三十一个县来换取韩王信在韩地的封地。同时，这一举动还有另外一个目的。塞北的匈奴，已然由冒顿单于完成统一，时常侵犯边塞，刘邦让韩王信定都晋阳，靠近边塞，以防备匈奴。

而韩王信也端的好汉，他向刘邦上书，请求把都城从晋阳北迁到马邑，这样更接近前线，也更方便抗击匈奴。刘邦乐得同意。

刘邦生性多疑，处在皇帝位置上，更加强了这一点。但他同时也是一个感情丰富、真性情的人，所以对淮阴侯韩信之死会"且喜且悲之"。而韩王信在楚汉战争中不同于淮阴侯韩信时常在外，韩王信通常是和刘邦在同一战壕里并肩作战的。

这大概也是为什么一开始刘邦只是请韩王信搬家，而不是像对付韩信、臧荼一样，说他们谋反。

但感情归感情，理智上，让韩王信去戍边，已经说明，在铲除异姓王这个大战略下，迂回摇摆是允许的，但终止是不可能的。

而匈奴的入侵，加速了这一进程。公元前201年春，韩王信搬家到马邑。秋，冒顿单于发大军入侵，围困马邑。

韩作为一个独立王国，在汉朝廷援兵没有到来时，韩王信选择了对匈奴绥靖，他多次派使者前往冒顿单于军中求和。

客观地讲，韩王信有这样的外交自主权。但同时，这也是一个很敏感的动作。

汉朝廷第一拨援军的主将很快了解了这一情况，当即派遣使者进入马邑，要求韩王信交代问题。

这玩意儿，哪交代得清楚。充分战略互信，尚且可能理解。汉将军不分青红皂白指责的态度说明汉与韩之间已经失去了基本的信任。

那么，有臧荼死在前，韩信被擒在后，韩王信自然疑心生暗鬼："轮到我了……"于是，韩王信扭头以马邑向冒顿单于投降。这一举动，甚至让人怀疑他当初愿意迁都马邑抗击匈奴是假、形势不妙叛逃匈奴是真。

而冒顿单于夺取马邑之后，与韩王信合兵，率大军向南越过句注山，进攻太原郡，兵锋直指晋阳。

这一军事行动引发了著名的平城之围。

晋阳是河东重镇，一旦落入匈奴手中，将威胁整个汾河平原。消息传来，刘邦决意御驾亲征。

战事一开始进行得颇为顺利，刘邦亲自率领的部队，先在铜鞮击破韩王信的军队，斩杀韩王信的将军王喜，韩王信逃归匈奴。

白土人王黄、曼丘臣等人拥立赵氏子孙赵利为王，收集韩王信的败兵，与韩王信、匈奴勾结，合匈奴左、右贤王一万多骑兵，在广武阻击汉军，也被刘邦击破。

刘邦继续进军到晋阳，听说冒顿精锐在代谷活动，遂集合起三十二万的军队，准备前往代谷与冒顿决战。

这大概是一场包含多个战术动作，意图重创匈奴的军事行动。但在具体执行中出了偏差，刘邦的先头部队长驱直入，在平城东的白登山被冒顿三十万骑兵合围七天。

但战争突然又匪夷所思地结束了。正史的解释是，刘邦采纳了陈平的秘计，贿赂了单于阏氏，同时，汉朝大营每年向匈奴奉贡。

不过，新的汉史研究发现至少还有几个原因促使了冒顿退兵：第一，冒顿以优势兵力，七天没能吃掉刘邦，汉军身经百战的将士战斗力相当彪悍；第二，汉军的大部队已经赶上，冒顿有被反包围的风险；第三，匈奴并不想与汉死战，当时已经是冬天，冒顿出现在如此靠南的位置，且扶老携幼，本来的意图恐怕是南下躲避蒙古草原难熬的冬天。

但不管怎么说，刘邦在平城忍饥挨冻七天，滋味是极不好受的，而这也最终影响了汉对匈奴的策略，此时且放下不提，待后文再叙。

叁　殉道者

在革命胜利、汉高祖刘邦即皇帝位的这一年，张耳死了，大概也是寿终正寝，至少没有证据证明他是非正常死亡。赵王的位置由张耳的儿子张敖接任。而张敖娶了刘邦与吕雉的女儿鲁元公主，所以，刘邦是张敖的老丈人，张敖是刘邦的东床快婿。

刘邦结束白登之围回长安的途中，没有走汾河平原，而是从平城向东南越过太行山，前往赵国邯郸去看了看女婿张敖。

张敖对刘邦很尊敬，每天早晚去掉护臂，袒露着大半个胳膊，亲自为刘邦送食物，子婿的礼节很是完备。张敖还能投刘邦所好，把自己宠幸的一个美人奉献给刘邦，来解决刘邦在征伐平城中被压抑的生理需求——在汉唐我们民族的男女情事还是很开放包容的。刘邦很受用，但同时也觉得自己作为大汉皇帝，张敖的丈人爹，张敖父亲的故交，这是张敖应尽的义务。所以，刘邦丝毫不尊重张敖作为赵王的独立人格，动辄破口大骂，也从不对张敖还礼。

正常来说，尽管在这对翁婿的关系中，一个施虐一个受虐，变态意味十足，但一个愿打一个愿挨，汉与赵、翁与婿的关系显然在其中变得更牢靠了。另外，刘邦和张敖都是聪明人，翁婿的这一场戏，是刘邦的一次服从性测试，张敖用卑微到尘土的表现通过了测试。

但好死不死，张敖手下聚集了以赵相贯高、赵午为首的六十多位人物，都是张耳豢养的门客，是战国时代的遗老遗少，心里怀念的是蔺相如渑池会的英雄气概，是鲁仲连义不帝秦的正气凛然。

贯高、赵午把刘邦张敖翁婿游戏当成了家暴，报警了。他们相约对张敖说："皇帝傲慢无礼，我们一起做了他。"张敖大惊失色，坚决不同意，他打心底里服气刘邦，他认为当初父亲张耳迫于陈余的逼迫丢掉了赵国，是在刘邦的帮助下才得以复国。因此，张敖严肃地告诫贯高不要再说这些话。

大部分门客被张敖劝住了，但贯高、赵午等十来个人仍然不死心。既然赵王不执法，那就擅自行动，动用私刑。贯高在刘邦的必经之路，柏人的厕所里埋伏了人，准备暗杀刘邦。刘邦从邯郸回长安，过东垣县经柏人，本来打算留宿柏人，突然心动感觉不对劲，说了句"柏人者，迫于人也"，过柏人而去。

这样，贯高、赵午的计谋就落空了，但刘邦当时并不知道他们的图谋。

一年后，也就是汉高祖九年，公元前198年，贯高的仇家不知道怎么得知了贯高的阴谋，上长安告状，事情才败露。刘邦当即下令，逮捕赵王张敖和贯高等十余人。

参与谋杀的十几位，这时都想自杀了事。贯高却想得长远，这事儿是门客们咕哝的，赵王张敖全然不知，得向皇帝说明白，还张敖清白。于是，贯高劝住了寻死觅活的各位，和赵王一起做了阶下囚。

贯高的说辞，刘邦一开始根本不信，但贯高等人在严刑拷打之下仍然坚持赵王没有参与谋划的说法。刘邦欣赏硬气的人，就通过中大夫泄公进一步了解了贯高，并让泄公利用故人的身份对贯高打感情牌套贯高的话。

贯高的回答与前边的供词高度一致，而在故交泄公面前又凭空多了一份真诚。另外，吕后这边"丈母娘看女婿"，也不愿意看到张敖以谋反罪被杀。最终，在多方合力下，张敖被赦免，封为宣平侯。

贯高等人也被刘邦释放。不过贯高极为刚烈，他认为自己已经洗刷了张敖的冤屈，完成了使命，且先前密谋刺杀刘邦，现在也没有脸面在刘邦手下做事，就发狠自杀了。

站在历史潮流的角度，贯高是反动的、腐朽的，但从为人的角度，贯高是我们民族的凛然气节。

而贯高的其他战友则选择了另一条道路，他们转而拥抱新时代，成为刘邦手下的郡太守或者封国相，为西汉帝国初年的建设做出了卓越的贡献。其中，齐人田叔在《史记》中独自有列传，田叔的小儿子在汉武帝末年还牵扯进巫蛊之祸。

到这里，张家赵国失国的事情也交代清楚了，而我们提到气节，就不得不提田横五百士。

韩信横扫齐国时，田横躲到彭越处避难。刘邦称皇帝后，田横意识到彭越也无法保护自己，就和五百多名部下，逃入海中。

田氏兄弟先后三个人在齐国称王，田氏在齐地有很高的声望，田横的部下又大多是齐鲁大地的精英人才。因此，刘邦很担心田横会反攻齐地，就派使者前往海岛宣布赦免田横及部属，同时要召回他们。

田横接到赦令却好言谢绝，他说："我烹杀了郦食其，听说他的兄弟郦商是汉的将军，很有才能，我怕他，不敢奉诏，愿意做一平民，为陛下守海岛。"

刘邦先招来郦商，给郦商打预防针："田横及部下即将归降，你的部下敢轻举妄动，我夷你三族。"随后，刘邦再次派出使者，向田横说明自己对郦商的特别指示，表达诚意，同时也有威胁："田横你能来，大者封王，小者封侯；不来，朕就派大军征讨。"田横无奈，带着两个门客，乘着使者的车前来洛阳拜见——当时还未迁都长安。

但到了距洛阳只有三十里的尸乡厩，田横向使者提出要求："人臣见天子要洗澡沐浴。"田横因此得以在尸乡厩停留。

田横却向两个门客发表了一通演说："我和汉王当初都南面称孤，现在汉王称天子南面而坐，而我为降虏要北面称臣，已经是莫大的耻辱。我又烹杀了郦食其，纵然郦商畏惧天子的诏令不敢为难我，可我与郦商并肩为臣，又怎能无愧于心？陛下想要见我，不过是想看看我长什么样子。现在陛下在洛阳，把我的头斩下来，三十里的路程，快马疾驰，还不至于面色败坏。"

说完这些话，田横拔剑自杀了，他的门客拿着他的头前往洛阳觐见刘邦。刘邦又惊又叹，还流了几滴怜悯的眼泪，随后下令拜田横二门客为都尉，发卒两千人为田横治丧，以王者之礼埋葬田横，跟项羽的葬礼只差亲自哭临。

但让刘邦更加惊叹的还在后边。田横被厚葬之后，田横的两个门客在田横坟墓边上挖了个坑，钻进去，也拔剑自杀了。刘邦听闻后，对田横的部属更加高看，于是，他又派使者前往海岛召唤其余的五百名门客。然而，当这五百人听说了田横的死讯后，全部拔剑自杀！

大汉皇帝刘邦彻底震惊了。有谁能像田横这样让五百人为自己而死呢？同时，刘邦也应该对此感到庆幸：这群人真有反攻齐地的可能，而现在，随着殉道者的死去，旧秩序也渐渐死去。

肆　彭越死英布悲

《史记》某些篇章的丢失，或者被刻意删改，让汉初多位关键人物的履历显得支离破碎，陈豨就是其中一个。

陈豨是宛朐人。宛朐即今天山东曹县，是河南、山东、江苏三省交界，离安徽也不远，在刘邦起义初期活动区域丰县和沛县西边，离丰县、沛县不过一百公里。因此，陈豨极可能是很早就追随刘邦的一个部下。但正史里，在刘邦称帝前，没有任何关于陈豨的记录。

在平城之战后，陈豨被封为列侯，同时以赵相国的身份监赵国、代国兵，北边沿边的军队都由他指挥。也就是说，突然之间，没有任何战功记录的陈豨，成了汉帝国的北境边防司令。

陈豨的排场又是怎样的呢？据赵相周昌描述，陈豨过赵国时，宾客有千余辆车，基本上是王侯的排场。周昌把这一情况反映给刘邦，引起了刘邦的警惕。公元前197年七月，太上皇刘太公驾崩，刘邦趁机召陈豨朝见，陈豨装病拒绝了——又是王侯一般的骄慢。可以看到，从高祖七年，到高祖九年，陈豨实际上是帝国北境的无冕之王——他把自己当楚王韩信了。也怪不得吕后诛杀韩信时，给出的罪名是与陈豨勾结，意图谋反。

那是什么底气，让陈豨表现出一副十足的大佬做派呢？最可能的答案是，陈豨本来就是大佬。

公元前197年九月，陈豨与韩王信的部将王黄勾结，自立为代王，攻逼赵地，正式叛乱了。

当然，叛乱很快被平定——只要不面对项羽、韩信，刘邦有击败任何人的自信。公元前197年冬，汉军就在曲逆南打了一场大胜仗。逆转了战场局势后，刘邦打道回府，留周勃、樊哙渐次清除陈豨残部，至公元前195年就彻底平定。

彭越就是在刘邦征陈豨回长安途中被搞定的。

刘邦称帝后，梁王彭越与刘邦的关系一度颇为和谐。高祖六年，狩猎云梦泽，在陈大会诸侯，拘捕韩信，彭越规规矩矩来朝见刘邦。后来，在高祖九年和十年，彭越又按惯例连续两次来长安朝见。

但刘邦征陈豨时，对彭越也进行了一次服从性测试。

刘邦进兵至邯郸，陈豨军声势很大，刘邦就派使者征彭越带兵来助他。不过，彭越称病没来，只是派部将带兵前去。这种拖泥带水的回应让刘邦大为恼火，刘邦立即派人前往梁国责问彭越是怎么回事。彭越吓坏了，准备立刻亲自去拜见刘邦。但被部将扈辄劝住了。扈辄说："梁王您一开始不听令前往，现在受到斥责前往，一定被抓，不如发兵反了吧。"

彭越没有听扈辄的劝立刻起兵造反，但也打消了前往朝见刘邦的念头，继续称病龟缩在梁国。彭越的太仆不知道什么原因得罪了彭越，彭越要斩了太仆。太仆提前听到消息逃往刘邦处，把扈辄劝彭越造反的事抖了出来。

刘邦再一次派出了使者，悄悄地摸进了梁国，以迅雷不及掩耳之势抓捕了彭越，带回洛阳审问。审问结果是：彭越谋反行迹昭彰，按律要诛三族。但刘邦法外开恩，赦免彭越为庶人，发配到蜀地当差役。

起码讨条活命？很不幸，彭越西行的路上，遇到了从长安东去洛阳的吕雉。彭越哭哭啼啼地向吕雉说自己没罪，希望吕后能为自己求情，能让刘邦把自己送回昌邑安置。吕后倒也答应了，带着他回到洛阳。但吕后跟刘邦说的却是另一番话："彭越壮士，如今把他发配到蜀地，也是祸害，我又把他带了回来，杀了得了。"但天子一言九鼎，说赦免怎么能随便反悔呢？吕雉自有办法，她让舍人告彭越又图谋造反。

彭越再次被逮捕。很快，判决结果出来：廷尉王恬奏请诛彭越三族。刘邦批示：可。于是，彭越一大家子追随淮阴侯韩信一大家子去了。

至此，刘邦称帝时的七个王国中，韩信的楚国、韩王信的韩国、臧荼的燕国、彭越的梁国、张耳张敖的赵国，都被铲除了。幸存者只剩下英布的淮南国、吴芮的长沙国。

长沙国偏远狭小，尚且稳坐钓鱼台，英布却坐不住了——他战斗力彪悍，汉初诸侯王中除了楚王韩信，恐怕没人是他对手；他的地盘又有三四个郡那么大。

英布了解自己对刘邦的这种威胁。因此，公元前197年，当得知吕后诛杀淮阴侯韩信的消息时，英布就感觉到了危险。

公元前196年，彭越被诛杀后，尸体被剁成肉酱，遍赐诸侯，英布自然也分到了一份。这让英布感到恶心的同时，无边的恐惧也弥漫而起。英布不相信自己能安然无恙，于是，他开始暗自训练军队，同时注意周边郡县的布防，随时准备发生叛乱。

按英布的打算，有心要耗到刘邦病死再举兵造反。但就像韩信、彭越、韩王信、臧荼一般，告发者总能先走一步，仿佛他们都是刘邦安排来钓鱼执法似的。

英布有个宠幸的姬妾，经常到医家看病。而医家又与英布的中大夫贲赫对门而居。贲赫想进步，就经常趁这名宠姬就医的时候去贿赂她，没事儿还喝个小酒。

后来，宠姬就对英布说贲赫是个不简单的人物，本意是让英布重用贲赫。但英布生了疑心："我怎么感觉头上有点绿？"贲赫这算是拍马屁拍到马蹄子上了。而一个敢于行贿的人通常也没什么节操，他见势不妙，溜之大吉。

贲赫逃到了长安，一不做，二不休，求见皇帝，告发英布密谋造反。刘邦听说后，跟萧何商议。萧何认为这事儿是贲赫挟私报复，不一定真实，建议先派使者去考察一番。

但英布不同于其他人没有准备。他先看到贲赫逃奔长安，又看到汉使前来，就知道事情不妙，遂决定："不等了，直接反。"

刘邦此时已经疾病缠身，英布知道这一点，以为刘邦不会御驾亲征。刘邦也确实没打算御驾亲征，他本来打算派太子刘盈带人去打英布。但吕雉不同意："这不坑我儿吗？"当即上刘邦那哭求，让刘邦自己再去打一次。

于是，刘邦拖着病体御驾亲征。

英布果然是活着的最能打的诸侯王。他先发兵东击荆国，在楚汉战争中战功卓著的荆王刘贾被击杀。他又发兵西击楚国，楚国发三军抗拒，被英布击破一军，其他二军散走。就这样，英布基本上就占据了全楚之地，隐隐然项羽二号。

英布继续率军西进，到蕲西与刘邦大军相遇。刘邦一眼望去："嚯，这排兵布阵的架势，真有点项羽的样子。"但英布到底不是项羽。刘邦正面硬碰硬赢不了项羽，现在举全国之力，以正义之师，打谋反的英布，刘邦不打算用什么诈力。

双方纵兵大战时，汉军大破淮南军。英布率军败走，渡过淮河，多次试图整军再战，但均被汉军击败。最终英布放弃了抵抗，带着一百多人继续逃往江南。

天地茫茫，英布能往哪里去呢？

长沙王吴芮在两年前就去世了。吴芮的儿子吴臣继位，不久前也去世了。现在的长沙王是吴臣的儿子吴回。英布是吴芮的女婿，吴臣的妹夫或姐夫，是吴回的姑父。吴回打算帮英布一把，他向在长江沼泽中游荡的英布抛出了橄榄枝，告诉英布自己愿意和他一起流亡越国。

英布欣然前往。然而，不久之后，在长沙国境内，在鄱阳的一处民居里，英布被当地农民击杀。吴回听说后，装作完全不知道，在表示了一番哀痛后，就派人割了英布的头颅，送往长安。

英布就这样成了长沙王吴回的投名状。刘邦很满意，回复吴回同时也诏告天下："虽然说白马盟誓，异姓不王，但长沙王忠诚无比，允许例外，定著律令。"

吴芮泉下有知，一定会说："想不到啊，想不到，是我吴家，成了异姓王最后的荣耀！"

伍　发小与刘邦最后的日子

卢绾当上燕王，很让人费解。但如果理解了陈豨凭什么被赋予了帝国北境的军政大权，也就能理解卢绾为什么能当上燕王。

刘邦身边有许多近臣，是大汉建国乃至击败项羽过程中的隐形大佬。比如吕雉的兄长吕泽，比如刘邦的这位发小卢绾，比如刘邦的小兄弟刘交。

张良、陈平、郦食其是刘邦建立霸业过程中重要的内阁成员，这我们一想就能明白。但实际上，卢绾、刘交也时刻陪伴在刘邦身边，一方面负责处理刘邦的日常生活事务，另一方面必然对军政大事有建言权。

此外，卢绾不同于寻常功臣的地方，还在于他跟刘邦的关系。他的父母和刘邦的父母刘太公夫妇交好，而他和刘邦同年同月同日生，当时村里都带着羊和酒来两家祝贺。卢绾和刘邦一起长大，游学耍流氓都一起，关系非常亲密，典型的发小。所以，当刘邦在芒砀山落草的时候，卢绾就参与其中，可以说是最早的从龙功臣。

因此，当燕王臧荼被铲除之后，刘邦就暗示群臣支持卢绾接任燕王。卢绾也不负刘邦的期望，在后来的陈豨反叛中，军事上，给陈豨以极大的压力，外交上，卢绾又让属臣张胜出使匈奴，试图说服匈奴断绝对陈豨的支持，可谓军政外交都游刃有余。

然而最终，随着韩信、彭越的相继殄灭，卢绾保住自己燕王地位的愿望也与日俱增——刘邦或许还以为这是对发小的回报赏赐，卢绾却开始觉得燕王是自己应得的。

张胜出使匈奴，遇到了臧荼的儿子臧衍。臧衍跟张胜讲："阁下之所以对燕国很重要，是因为熟悉匈奴事务。而燕之所以长存，是因为诸侯动辄反叛，连兵不决。阁下现在急于替燕国歼灭陈豨，等陈豨灭亡，燕国必定不能长久，到时候阁下恐怕也要做汉皇帝的阶下囚。"

臧衍的意图不言自明，他要张胜劝说卢绾养寇自重。张胜当即同意了臧衍的建议，反而向匈奴提出，让匈奴帮助陈豨抗击燕国。

卢绾在家里得到匈奴与陈豨勾结的消息，立即做出判断——张胜背叛了自己。于是卢绾向刘邦上书，请求诛灭张胜宗族。而张胜回来后，跟卢绾讲了他这么做的意图。卢绾也反应过来，就用其他的囚犯搪塞汉朝廷，并想办法放出了张胜的家人，让张胜做自己与匈奴间的联络人。同时，卢绾还派范齐去找陈豨，让陈豨配合自己演戏，不要轻易被抓了。

但不仅仅是卢绾一方势力在打陈豨，卢绾要养寇自重，刘邦嫡系的两个大佬，樊哙和周勃却急着打完陈豨回京纵享人世繁华呢。

高祖十二年，刘邦打英布的当口，周勃、樊哙击杀了陈豨。陈豨一名归降的部将，告诉樊哙、周勃，卢绾派遣使者范齐去与陈豨眉来眼去。

刘邦一开始还不信，让使者召卢绾来问话，卢绾称病不敢来。那就只好派人查了。

卢绾哪经得起查呢？何况来的使者，一个是赵尧，曾经为刘邦出主意怎么保护戚姬的儿子赵王刘如意，一个是审食其，吕雉不公开的干老公，两位都不太可能刻意回护他，甚至从卢绾的反应来看，他干脆认定审食其是吕后派来置他于死地的。

最终，张胜流亡匈奴的事儿也被挖了出来。审食其汇报后，刘邦确定他的发小卢绾反了。

于是，刘邦命令樊哙进击卢绾。卢绾让丞相率兵在蓟县南抵御樊哙，被击败后，卢绾自己便带领家属及近卫骑兵数千人逃到长城下。

卢绾打算等刘邦病愈，再亲自入朝谢罪，最起码凭借他的交情讨个活命。但刘邦没有病愈的那一天了。

打英布的时候，刘邦就生病了。打英布之前，刘邦把大半的精力都用来跟宠爱的戚姬唱歌跳舞饮酒作乐了。

戚姬给他生了个大胖小子刘如意。由于刘如意很得父母的宠爱，所以长成了像刘邦一样无所顾忌、大大咧咧的样子，因此很得刘邦喜欢，尤其是相比那个因为缺乏父爱畏畏缩缩的太子刘盈。

刘邦动了换掉太子刘盈的心思。但很显然，刘邦遭到了功臣集团的集体反对。连修仙的张良也被二国舅吕释之请出来为太子刘盈出主意。当刘邦看到太子刘盈背后站着商山四皓时，他妥协了。他和戚姬抱头痛哭。他本没有这么多情，他是为戚姬而哭，作为一个顶级政治家，他对戚姬未来的命运洞若观火。

刘邦把正直的御史大夫周昌打发去做赵国的国相，试图让周昌保护赵王刘如意。

后来，英布反了。刘邦想让刘盈带兵去打，但最终在吕后的哭求下，自己带兵去了。

功臣集团大多数都开始琢磨刘邦身后的利益分配，只有留侯张良在送行刘邦出征到霸上时，温情脉脉地对刘邦说："我本来应该跟着陛下去的，但病体沉重。楚人骁勇善战，愿陛下不要轻易与他们争锋。"

但同时，张良还带着政治使命来，他劝说刘邦下诏令："让太子为将军，监关中兵。"刘邦同意了，同时交代张良："子房你虽然卧病在床，仍要勉强打起精神帮一帮太子。"随后，任命大儒叔孙通为太傅，以张良行少傅事。

蕲西之战后，刘邦安排别将追击英布，自己摆驾回长安，途经沛县，在沛县行宫大摆宴席，宴请沛县父老，又招募沛县年轻人一百二十人，教为歌舞。饮酒到酣处，刘邦亲自击筑，自谱一曲高歌："大风起兮云飞扬，威加海内兮归故乡，安得猛士兮守四方！"

一百二十名年轻人伴歌起舞。刘邦兴起，也加入舞阵中，和年轻人一起起舞，过往的种种泛上心头，刘邦不觉泣下数行：一切都仿佛昨日，一切又永远过去了。宴会行将结束，刘邦下令："以沛县为朕汤沐邑，世世代代不用交税赋。"十余天后，刘邦起驾离开沛县，沛县父老百姓都到沛县西边相送，沛县为之一空。

盛情难却，刘邦又在沛西留饮三天。沛县的父老乡亲趁机提出："让丰县也世代免除徭役吧。"

刘邦并不掩饰，他回答："朕在丰县长大，不敢忘记丰县父老，只是因为雍齿当初据县叛我，所以悁恨。"但终究在沛县父老的再三请求下，刘邦允诺了同样免除丰县的徭役、租赋。

公元前196年十一月，刘邦回到长安。刘邦接受了张良的建议，没有身先士卒，但仍然在蕲西大战中被流矢射中，路上大概因为伤口感染，病情加重。

吕雉为刘邦请了医生，但刘邦对医生破口大骂之后，赐金五十两，打发走了。他的理由既唯心，又唯物，他觉得自己得天下，是有天命在，而生死自有天命决定，不需要什么神医。吕雉无奈，但帝国未来有些事情却必须提前谈妥，于是发生了以下著名的对话。

吕雉问他："百岁后，萧何去世，谁接替相国？"

刘邦回答："曹参可以。"

吕雉又问："曹参之后呢？"

刘邦说："王陵可以，但王陵这人过于刚直，陈平可以帮他。陈平有智谋，但无法独任。周勃厚重少文，但能安定刘氏者必定是周勃，可以让他做太尉。"

这番对话，准确地预测了帝国未来的政治走向，准确得像是后来编的。不管是真的还是假的，刘邦都不可能站起来作证了。公元前195年四月，刘邦驾崩于长乐宫。

卢绾听说刘邦驾崩的消息后，带领家人逃入匈奴。

太子刘盈即位，因为新帝年幼，吕雉以太后身份临朝称制，大赦天下。一个新的时代开启。但在进入下一个时代前，我们需要对刘邦做一个简单的总结。

他自称起自布衣，不是谦虚，更多的是在夸耀自己起点低，显得自己更加非同寻常。

亭长不算是秦帝国的正式官员，但编外人员，也是由国家财政发工资的。而刘太公家，颇有产业，至少是沛县数得着的地主，这样才使刘邦得以跟随张耳游学而不是亲自躬耕陇亩。另外，刘邦的弟弟刘交师从大儒浮丘伯，受到的教育，也不是寻常人家能想象的。同时，刘邦的朋友，有萧何、曹参这些沛县高级公务员，也能说明问题。因此，刘邦的起点比开局一个碗的朱元璋还是高许多的。

但刘邦的起点，比之秦末汉初的其他诸侯，像项羽、田儋兄弟、张耳、陈余、魏豹等，就差得多了。诸侯中有旧贵族，也有新贵族，而刘邦不属于任何一个贵族群体。这么说，起自布衣，也并不夸张。而他却带着萧何、曹参这些帝国基层公务员，樊哙、夏侯婴、周勃、灌婴这些市井之徒，亲手从秦帝国手中接过了皇帝符玺，又击败了千古无二的楚霸王项羽，重建了发轫于秦始皇的统一帝国秩序。

最后，回到开篇的那个游戏比喻。刘邦这个统一外挂，从秦帝国二世而亡里，吸取到的最大的教训，大概是：不着急，慢慢来。

汉基本上沿袭了秦朝的制度，但允许妥协，比如封国与郡县并行，比如注重基本盘稳定，比如在平城吃了亏，却打掉牙齿和血吞，暂时用金钱和美女对匈奴绥靖。

因而，世界性的汉帝国并未在刘邦手里出现，但一代人做一代事，在他手里，他打掉了绝大多数的异姓王，奠定了休养生息的政策基础。最起码，当他驾崩时，统一的大趋势历经秦皇、汉祖两代雄主，已经彻底确立起来了。

第五章 诸吕之乱

壹　吕太公的谋划

吕太公是单父人，即今山东单县人。吕家不知什么缘故，在单县跟人结了仇，为了躲避仇家，就搬迁到沛县来住。

另有一层关系在里边，沛令是吕太公的朋友。为了欢迎吕太公家，沛令摆下宴席宴请沛县豪杰，顺便向大家介绍吕太公家，希望本地大户能看在自己面子上多多关照吕家。

对当地豪杰来说，这是一个很好的巴结沛令的机会，因此都前往贺喜。

萧何当时负责宴席的主办，来客的座席由他安排。萧何的规矩也很简单：按贺礼多少来，贺钱不满一千，就坐在堂下院子里。

泗水亭亭长刘邦也来了。刘邦不一定没有一千钱，但一个通常吃酒都要赊账的人，拿出一千钱也不会太容易，何况即便拿出一千钱来，也不过是堂上众客中的一员而已。

那怎么办呢？随便给点钱进去混个吃的，那太丢面。刘邦决定无视萧何的规矩，反正萧何是好哥们，也不能拿他怎么样。

只见刘邦来到门前，朗声喊道："刘季，贺万钱！"但实际上他口袋里一个子儿都没有。见过加杠杆的，没见过这么一分保证金没有就敢把杠杆加到天上的。

但事实证明，杠杆真香！刘邦此举，成功吸引到吕太公的注意。吕太公看向刘邦，大惊失色，当即站起，起身下阶出门相迎。

后来，吕太公解释道，是看到刘邦有大富大贵之貌。但这显然是和"斩蛇起义""云气寻夫"相互呼应的营销活动，更接近真实情况的恐怕是吕太公从刘邦的表现看到了他在沛县非同寻常的地位，当刘邦喊出"贺万钱"的那一刻，吕太公就知道结交这个人对他在沛县站稳脚跟有很大的帮助。而刘邦在宴席上的表现进一步加强了吕太公的判断。

吕太公当即请刘邦坐上座，萧何好心提醒吕太公："刘邦这小子，大话有余，成事不足。"

吕太公不为所动，他需要继续观察。只见刘邦和众宾客一一打招呼，打招呼的方式很特别，在座的诸位都被他损了个遍。随后，刘邦大大咧咧地坐了上座，在整个宴席期间谈笑风生，没有跟谁说过一句软话。

吕太公确定了：这是一个天生居中而坐的人。于是，他暗暗向刘邦使眼色，让刘邦晚点走。

待宾客散尽，吕太公把刘邦请到后堂，跟刘邦说："我年轻时喜欢给人看相，看的人很多，但没有人像你这样的相貌，希望你好自珍惜。我有一个女儿，已经成年，愿意嫁给您。"

于是，刘邦就娶了吕雉。杠杆加起来，娶妻不是梦。

不过吕老太太对这门婚事却不满意。她事后问吕太公："死老头子，你怎么回事，沛令多次求亲，你都不应允，却把女儿嫁这么个混混？"

吕太公的回答也很直接："你个老太婆懂啥！"

吕雉之外，吕太公还有二子一女。大儿子吕泽，次儿子吕释之，都在刘邦军中当将军，吕泽封周吕侯，吕释之封建成侯。而另一个女儿，取名吕媭，则嫁给樊哙。

吕太公的眼光无疑很毒，他显然是一个赌性很强、下赌注又极疯狂的人。他对子女的培养，对女婿的诱导，都指向他要在即将到来的乱世完成阶级的飞升。

那么，以此度之，在刘邦创业初期，刘邦这不安分的丈人家必然是刘邦的最有力支持者。如果以上市公司比喻，吕太公就是个顶级风投家，而刘邦是他重仓支持的一个创业项目。

甚至，有没有一种可能，吕太公理想的上市公司控制人本来是长子吕泽？只不过，刘邦成长的速度过于迅猛，让吕家最终只做了坐地分红的大股东，而控制权归了刘邦。

吕太公代表的吕家具体给了刘邦多大的帮助，已经被精心地掩藏起来了。但历史留下的蛛丝马迹仍然能给我们合理推理的广阔空间。

本书着重于汉朝四百年的宏观演变，所以笔者在这里并不想做侦探。但从因为绕不过去而细节记述颇多的吕雉身上，我们仍然可以看到，吕雉为刘邦起事活跃的身影。

先讲一个跟吕雉无关的故事吧。

刘邦有兄弟四人，老大称刘伯，早死，老二是刘仲，老三是刘邦自个儿，老四是后来的楚元王刘交。

刘邦早年，不务正业，游手好闲，惹是生非，大概没少吃官司，没少被官吏拘捕，没少过东躲西藏的日子，因而常常带着狐朋狗友跑到大嫂家蹭饭。

大嫂守寡，生计必然相对艰难，因此也不待见刘邦和他那些吃白食的朋友。有一次，刘邦和他的朋友们又来了，大嫂就用勺子刮锅刮得蹭蹭响。刘邦的朋友们一听，这是羹汤舀完了啊，起身就走了。

刘邦却没走，他跑到厨房，看了看锅里："嘿，羹汤还有！这大嫂，不像回事！"

后来刘邦当了皇帝，兄弟子侄都分封了，唯独不封大哥的儿子。刘太公为孙子说情，刘邦就提起这件事。但到底拗不过刘太公，还是封了大哥的儿子，给了两个县的封邑，不可谓不大方，但侯爵的名号却是羹颉侯，嘲讽开满。

说回吕雉。刘邦和吕雉大婚后，不可能一下子改掉不务正业、游手好闲、惹是生非的习惯，那自然不会少带人到家里来。那么，吕雉会怎样对待刘邦的狐朋狗友呢？吕雉绝对不会像刘邦的大嫂那样嫌弃刘邦的朋友们；相反，吕雉一定会竭力招待他们，让刘邦面上倍有光彩。这或许是樊哙、夏侯婴、周勃、灌婴这些沛县底层人士，一直围绕在刘邦身边的关键因素。

男人嘛，娶个不晓事的婆娘，婚后很难不遭遇社交危机，如果吕雉是个大嫂一样的寻常婆娘，一来二去，夏侯婴、周勃就不登门了，跟刘邦的关系，也就疏离了。但这些事情都没有发生，甚至，吕雉还成了这些人的大姐大。

至于刘邦起事的君权神授造势，前书讲过两个故事，一个是斩蛇起义，一个是云气寻夫。

斩蛇起义是谁的主意不得而知，云气寻夫却出自吕雉之口。除此之外，更早的时候，吕雉还有一个"我老公以后注定当皇帝"的故事。

刘邦做亭长时，曾经请假回家。吕后与两个孩子在田间除草，有一老人路过，讨些水喝，吕后却请他吃了饭——闲饭管多了，习惯成自然。老人为了回报吕后的慷慨，就提出给吕后相面，相了一番后，说："夫人是天下的贵人。"吕后又让他给两个孩子看相。老人看了小刘盈，说："夫人之所以显贵，就是因为这个孩子的缘故。"又看了小鲁元，也是贵相。随后，老人离开了。

不久，刘邦跟人唠完闲嗑也游荡到了田里。吕雉跟他讲了看相的事儿。刘邦听闻，二话不说，拔腿就追，追上老人之后，让老人给自己也算算。老人搞明白他就是吕雉的老公、俩孩子的爹之后，说道："怪不得我看夫人和两个孩子都是很尊贵的相貌，敢情是因为你啊，你的相貌贵不可言。"

这就是吕雉，她成为刘邦势力的一个关键结点，一头连着刘邦，也驯化着刘邦，一头连着吕家的支持，一头还帮助刘邦巩固着沛县人际圈。

虽然刻意经营，但有些事情也不是人力所能控制。在彭城大战、刘邦起事后，一直留在沛县的吕雉和公公刘太公被项羽抓了，从此，吕雉开始了敌营三年的生活。

这三年的生活，某种程度上，让老公刘邦失去了控制，也让吕雉自己的结点位置变得松动。于是，引发了地位危机。刘邦在定陶得到的能歌善舞的戚姬，看到了吕雉的虚弱与憔悴，开始了对吕雉的进攻。戚姬日夜对刘邦哭求，让刘邦立自己的儿子刘如意为太子。

刘邦晚年的某个时期，大概是吕雉最难受的时候。但她当年管的那些闲饭帮助了她，沛县功臣们基本都站在她的这一边，或者至少没有站在戚姬的一方。

最终，太子刘盈的地位保住了，吕雉的地位也就保住了，而戚姬的野心，注定将招致疯狂的报复。戚姬太不了解自己的对手了，吕雉之所以成为吕雉，靠的不是美色，而是手腕，美色易凋，手腕却必然老而弥辣。

贰　刘盈时代

刘盈即位了，成为汉帝国第二任皇帝。

这时，我们回头看一个问题：刘邦真的打算换掉刘盈，让刘如意当接班人吗？

笔者认为，这只是刘邦对戚姬的逢场作戏。身为顶级军事家、战略家、政治家的刘邦，不可能不知道利益基础决定上层建筑。他如果没有能力改变功臣、吕家的利益基础，强行扶刘如意上位，只会严重损害汉帝国的政治稳定。秦胡亥得位不正有多损害秦帝国的核心政治力量，就是前车之鉴。

最终，换太子风波除了让吕雉与功臣之间的联系更紧密了，并未最终改变什么。而功臣与外戚相互制衡，却斗而不破，是很理想的局面。刘邦驾崩前的一件事就很能说明功臣与外戚彼此恰到好处的分寸感。

功臣与外戚团结是好的，但如果功臣和外戚铁板一块，又能威胁皇权。功臣集体反对立刘如意为太子，从积极的层面看，功臣与外戚是团结的，从消极的层面，刘邦也看到了功臣与外戚的合流。

刘邦对此有一个顶级政治家本能的敏感。所以，当有人告发樊哙与吕氏结党，准备在刘邦驾崩后起兵尽灭戚姬、刘如意后，刘邦勃然大怒。他立即召陈平、周勃来见，让他们立即动身前往前线，在军中处斩樊哙，由周勃代替樊哙继续平定卢绾叛乱。

刘邦何以如此敏感呢？疑心病在重病之中进一步加强了是一个原因，另一个原因是樊哙的特殊地位。

樊哙是在芒砀山就跟着刘邦干的大汉合伙人，是超级功臣，同时樊哙又娶了吕雉的妹妹吕媭，具有功臣与外戚的双重身份。如果外戚与功臣注定合流，在吕泽死后，樊哙绝对是关键人物。所以，刘邦决定咽气前，先搞掉樊哙再说。

但陈平、周勃受诏后，却没有刻板地按照刘邦的要求行事。两人在路上就商量："樊哙地位非同寻常，就这么把樊哙杀了，万一皇帝反悔怎么办？不如把樊哙抓了，带回去给皇帝处理。"

实际上，刘邦时日无多，谁都看得出来。所谓的"万一皇帝反悔"是隐晦的说法，真正的含义是，万一皇帝死了，怎么跟吕雉交代？陈平、周勃的判断是没法交代，这将意味着功臣与外戚的彻底决裂。

于是，陈平、周勃在即将到达前线军中时停了下来，设坛，以皇帝节召樊哙前来。樊哙来后，一直表现得很配合。陈平宣读诏命完毕，把樊哙装入囚车载往长安。

陈平押着樊哙还没到长安，就得到消息，皇帝刘邦驾崩。陈平担心吕媭向吕后进谗言搞自己，就把樊哙留在后边慢慢走，自己先带领随从急速往长安赶。

路上，陈平又得到新诏令，让他和灌婴驻守荥阳待命。陈平接诏之后却依然坚持快马赶到长安宫廷奔丧。到了刘邦灵前，陈平先哭泣尽哀，随后趁机向吕雉禀奏处理樊哙的经过——这是陈平急于回到长安的真正意图，他要向吕后传达他的善意，他也希望能得到吕后的善意回馈。

吕后接受了陈平的善意，考虑到他旅途劳顿，就安排他回去休息，但陈平却坚持要留守宿卫宫中。事情还没到尘埃落定的时候，陈平不敢大意。

于是，吕后任命陈平为郎中令，让他好好辅佐新皇帝刘盈。这就算得到了新朝政治地位的保证了。至此，陈平才算真正上岸，吕媭的小姐妹体己话没起到作用。而樊哙被押解到长安后，毫无意外，立即被赦免并恢复了封邑爵位。

不过，陈平的危机解除了，并不代表所有功臣的危机解除。据说，吕雉曾经与男宠审食其商议过尽数诛杀功臣，但风声透露出来，被郦商知道了，郦商赶紧去劝审食其，然后又通过审食其让吕后打消了这一念头。

这大概率属于一系列抹黑吕后、吕氏事件其中的一件。史书想要告诉我们的逻辑是：因为吕后诛杀了彭越、韩信这些诸侯王级别的功臣，所以她有动机诛杀曹参、周勃、陈平这些功臣。但根本上，铲除异姓王是刘邦称帝后的基本国策之一，对于韩信、英布、彭越们的命运，真正的主宰者从来都是刘邦，吕后不过是作为刘邦的利益共同体，帮了一些忙。

所以，逻辑不成立。何况尽诛功臣是刘邦都办不到的事情，吕雉再手腕过人，也没有这样的能耐。最关键的一点，就像郦商的说辞"灌婴将兵在荥阳，周勃将兵在代，刘肥据有全齐，刘濞据有全吴"，这些实力派人物在外，吕后有多蠢，才会在刘邦停灵的时候就密谋诛杀功臣。

当然了，刘盈继位，吕后临朝，大汉帝国迎来了一个新时代，权力结构难免发生一些变化，吕后为了巩固统治，也必然要做一些事情。

戚姬是必须被复仇的。刘邦一死，没有人能再保护她，尤其是在她一直陪在刘邦身边的情况下，她并没有像薄姬一样跟随儿子到封国的机会。即便戚姬有机会回到赵王刘如意的封国安置，刘如意也是很难活命的。

戚姬先是被囚禁在宫廷监狱——永巷，随后被剃去头发，用铁圈套住脖颈，穿上囚犯的衣服去舂米。

对付刘如意，吕后则没有这么手到擒来。刘如意已经回到封国，吕太后派使者召刘如意到长安，但前后派了三波使者，都被赵相周昌挡了下来。

周昌作为以耿直著称的功臣，答复很直接："我听说太后您已经把戚姬囚禁了，现在召赵王去是要诛杀赵王，我受高皇帝嘱托，不敢放赵王回去。而且赵王病了，也去不了长安。"

吕后勃然大怒，但没有办法。派兵去攻打赵国？似乎没有必要大动干戈。处理周昌？也没有正当理由，周昌有口头遗诏。

有了，按规矩办。按汉朝制度，诸侯封国的相由中央任命。于是，吕雉一道诏令，把周昌调回长安。没有了周昌，赵国就没人能扛住吕后的压力，刘如意很快被召至长安，不久之后被毒杀。

善良的皇帝刘盈，一度想在说一不二的母亲面前保下刘如意，但没有起到作用。

刘如意死后，吕后对戚姬进行了更加惨无人道的报复，就是著名的"人彘"。但关于这一点，真实性颇为可疑。吕后对戚姬是饱含恨意的，就像每一个原配对小三的怨恨，但同时，吕后还是一个克制的政治家，很讲究步步为营。

诛杀戚姬与刘如意，彻底消除对刘盈皇帝位的威胁是她的最终目的。非人道虐待戚姬，让她自己显得残忍，对提高她自己的政治声望丝毫没有好处。

当然了，女人的心思最难猜。吕后完全有因为仇恨而疯狂的可能。所以，笔者只是表达一下个人的怀疑。

消灭了带给吕后恐惧的戚姬和刘如意后，吕后认为，一个新的政治平衡已经建立了。

刘盈已经接近成年了，有基本的政务处理能力。萧何去世了，曹参接任后继续奉行萧何的治国方略。后来，曹参也去世了，留侯张良也去世了。一个又一个大佬离去，天并没有塌下来，大汉帝国离了谁都一样转。

刘盈血气方刚，有心想做些事情，但被曹参遏止了。就这样，上有大母神一样的亲妈临朝，下有叔叔辈的功臣理政，刘盈也乐得清闲。

刘盈的日常生活，和曹参没什么两样，喝喝小酒，听听千篇一律的汇报。官方后来对此事的解释是，因为吕后对戚姬、刘如意的残暴，给刘盈留下了心理阴影，让刘盈自暴自弃。

但这不是真相。刘盈与曹参关于萧规曹随的对话，发生在刘如意死后的孝惠二年。不能说刘盈没有心理创伤，但有心理创伤的刘盈仍然想改变无为而治的政治生态。所以，真相是刘盈根本没什么事可干。

杀掉刘如意后，吕后还敲打了一番齐王刘肥。

事情是这样的。刘肥按惯例来朝见皇帝，刘盈不用朝礼，却用家礼，以兄长的名义让刘肥上座。刘肥竟然傻呵呵地接受了。吕后看了大怒，就安排人倒了一壶毒酒，赐给齐王，让齐王为自己上寿。齐王倒了杯酒，端起酒杯要敬吕后。谁知刘盈看到，也站起来端了一杯酒要和兄长一起敬吕后。吕后吓坏了，把自己儿子毒死怎么办？赶紧起来把刘盈的酒倒了。这样一来，刘肥也不敢喝酒了，装醉离开。后来一打听，才知道是毒酒。再后来，刘肥听了齐国内史的劝说，割了城阳郡献给鲁元公主做汤沐邑，取得了吕后的欢心，这才得以从长安脱身。

这是一个漏洞百出的故事。太史公、班固大才，但每每写到跟吕家有关的事情，都让人感觉是在一本正经地胡说八道。

如果吕后毒杀一个人都这么拖泥带水，很难让人不去想，她是怎么活到剧终的？关于这个故事，笔者认为有价值的信息是：为了巩固刘盈的地位，在杀掉刘如意之后，吕后找个由头敲打了封邑最肥的刘肥一番。刘肥献出城阳服软之后，就到此为止。

总之，刘盈活着的时候，除了对戚姬和刘如意比较残忍外，吕后的态度是很超然、很云淡风轻的——这天下，是刘邦的天下，也是我吕后的天下，还有什么不满足的呢？

但在功臣、皇帝、吕后、宗室都过了七八年清闲的好日子后，噩耗降临——公元前188年八月，汉孝惠帝刘盈驾崩于未央宫。

在刘盈时代的治理体系中，刘盈并不重要，但刘盈作为皇权至高无上的代表，在权力架构中，却至关重要。他英年早逝后，汉帝国政治权力在重构中将失衡、失速，最终酿成大祸。

叁　惨淡经营的吕太后

惠帝刘盈时期,吕后在构建权力关系中,有一个主线很清晰,那就是:吕刘联姻。

刘邦一共有八个儿子:长子刘肥,是和沛县的曹寡妇生的;刘盈应该是嫡长子;薄姬生代王刘恒;戚姬生赵王刘如意;张敖送给刘邦的那位人称赵姬的美女,生淮南王刘长;另有赵王刘友、梁王刘恢、燕王刘建,不知道生母何许人。

这其中,刘如意很早被吕后清除,其他的几位,刘友、刘恢、刘建都确切无疑地娶了诸吕的女儿为王后。

代王刘恒极可能也娶了诸吕的女儿,但没有明确的证据,但有一件事很清楚,在窦氏之前,刘恒有一个王后,且刘恒和这个王后生了四个儿子。而诡异的是,这个王后不知何许人,这四个儿子在刘恒即位后不久就全部相继死去。

刘肥没有娶诸吕女,是因为刘肥年纪大,子孙已经成群了,但刘肥其中的一个儿子刘章,后来被吕后封为朱虚侯,娶了吕后侄子吕禄的女儿。

至于淮南王刘长,他是吕后一手养大的,自来跟吕家走得近。如果继续发展下去,到了谈婚论嫁的年龄,八成也要娶诸吕女。

而孝惠皇帝刘盈,则被吕后做主娶了张敖与鲁元公主的女儿张氏为皇后,也就是说刘盈娶了自己的外甥女。

吕后显然想用这种盘根错节的婚姻关系,让大汉帝国尽可能长久地成为刘家与吕家的合资公司。这倒也不是很过分的操作，在惠帝时期，刘邦的儿孙们也都能理解吕后的这番心思。

但惠帝刘盈死后，事情起了变化。

张皇后没能给刘盈生一个儿子。于是，吕后找了一个刘盈其他姬妾生的儿子为太子，杀了这个姬妾，让张皇后养太子。刘盈死时，太子还是个小孩子，不到上小学的年纪。

留侯张良的小儿子张辟强当时只有十五岁，在吕后身边办事，他向丞相陈平透漏了一个重要信息：吕后哭而不泣，也就是干哭。

张辟强的解读是，吕后哭而不泣，是因为太子年幼，吕后担心驾驭不了功臣。陈平是聪明人，他立即接受了张辟强的建议，向吕后提出，立即拜周吕侯吕泽的儿子吕台和吕产，及建成侯吕释之的儿子吕禄为将军，让他们入宫宿卫。

显然，吕后很焦虑，而让吕氏子弟掌权，可以缓解吕后的焦虑。

吕太后的这几个侄子以将军身份宿卫之后，吕后失去儿子的悲伤开始压过对皇权真空期混乱的担忧，她泪下数行，哭泣尽哀。

但这只是暂时的。新年刚过，吕太后向右丞相王陵提出，要立诸吕为王。王陵的回答很直接，他说："当年高祖杀白马盟誓，非刘氏不王，非功臣不侯，所以不行。"

吕太后很不开心，又问左丞相陈平与太尉周勃。这两位揣摩吕太后的意思，回禀道："当初高帝定天下，封子弟为王；现在太后称制，封诸吕为王，没有什么不妥当。"

汉制，汉武帝之前，丞相可以驳回皇帝的指令，但皇帝可以换丞相。于是，王陵被任命为帝太傅，被剥夺了相权，陈平由左丞相升任右丞相。此外，吕太后的宠臣审食其则就任左丞相，同时，监察宫中，行使郎中令职责。

这样，吕后就扫清了封诸吕为王的道路。

但事情还是按照程序来。吕后先追封吕太公为宣王，又追封吕泽为悼武王。不久之后，鲁元公主去世，她和张敖的儿子张偃被封为鲁王，而鲁元公主则被追谥为鲁元太后。

接下来，吕太后又封孝惠帝刘盈其他的三个儿子为侯，分别是襄城侯刘山，轵侯刘朝，武关侯刘武。刘盈另外的两个儿子，则被封为王，分别是淮阳王刘强，恒山王刘不疑。

这里必须插播两条说明：第一，刘盈当皇帝时，没什么事儿干，净生孩子了；第二，刘盈的这些儿子，功臣们都不承认，他们认为这些孩子都是吕雉从宫外抱来的。

这一系列操作之后，吕后派谒者张释去串联大臣。

终于，在公元前186年四月，在群臣的请求下，活着的吕家人有了第一个王——吕泽的儿子郦侯吕台被封为吕王，割齐国的济南郡为吕国。

至此，吕后才真的消停。老太太还是很坚强的，刘盈早逝，吕太后打算再撑一撑，只要撑到孙子长大，一切都还能尽在掌控。

但是，四年后，小皇帝不知怎么知道了自己的亲妈被杀，童言无忌，在某一次发脾气时说道："张皇后怎么能把我妈杀了，自己冒充我妈。等我长大，哼哼！"

这话很快传到了吕太后的耳朵里，于是，小皇帝没有长大。小皇帝先是被囚禁在永巷，不久之后，就被杀掉了。

恒山王刘不疑被立为王之后不久夭折，孝惠帝刘盈的另一个儿子刘义被立为恒山王，现在，刘义又被吕太后立为新皇帝。当然，这个刘义，功臣们也是不承认的。

轵侯刘朝则成了新的恒山王，皇帝刘义被改名为刘弘，但没有年号，吕后继续临朝执政。年号也毫无必要，因为过去的四年，吕后才是真正的大汉皇帝。

到这里，吕后仍然保持了一个政治家应有的克制。她所要的吕氏封王，也不过只封了一个真正的王，与此同时，吕氏子弟并没有人位居三公九卿之列。吕台死后，由于继承王位的吕嘉胡作非为，还被剥夺了王爵，虽然很快由吕台的弟弟吕产接任吕王，但起码说明吕太后对吕家有主动约束。

行政权还保留在功臣手里，这是吕后与功臣们达成的新默契。但随着时间流逝，吕太后的精力也与日俱弛，岁月不饶人。同时，刘姓宗室子弟却像春韭一样疯狂生长。

刘盈作为嫡长子即皇帝位，尽管刘友、刘恢、刘恒们不一定服气，但不服气也得憋着。

刘盈死了，一个传言来路不明的孩子做皇帝，刘友叔叔们的不服气就不大憋得住，结果，这个小皇帝又不明不白地死了。以刘邦的亲生儿子们为代表的刘姓宗室开始蠢蠢欲动了，虽然看在大家都得喊吕后一声妈或者奶奶的面子上，没人敢跳出来，但一些沉不住气的，不耐烦已经写在脸上。

具体表现是，诸吕女在诸侯王国普遍被王爷们冷落。而诸吕女的冷落最终反馈到了吕后这里。

按说，床笫之间，吕太后管不了那么宽。但对感觉越来越抓握不牢局势的吕太后来说，这是失控加速的信号。吕后决定大开杀戒了。

赵王刘友，因为不爱诸吕女，被吕太后征召至长安，幽禁起来，断绝饮食，活活饿死。

刘友死后，梁王刘恢被徙封为赵王，吕王吕产则被改封为梁王。刘恢比较没出息，他宠幸的一个姬妾被王后诸吕女杀了，他感到很郁闷，又不能拿王后怎么样，一气之下，自杀了。这也让吕太后很来气，刘恢大概还有儿子，但吕太后剥夺了他儿子的继承权：你不是爱美人不爱江山吗？那孤家就把这江山收回来了！

燕王刘建倒活到自然死，跟美人有一个儿子。但吕太后此时已经铁了心铲除皇位潜在的竞争者，所以理由也懒得找，直接把刘建的儿子毒死了。燕王没有了继承人，自然也没有了燕国。

代王刘恒一直很低调，如果推测的没错，他与王后吕氏生了四个儿子，应该也让吕太后很满意。但吕太后仍然给刘恒出了一道测试题：公元前181年，吕太后遣使者通告代王刘恒，要把他改封到富庶的赵地。

刘恒委婉地拒绝了，他向使者答复："愿意在代地为国家守护边境。"刘恒很机警，从刘如意到刘友，再到刘恢，已经死了三个赵王，他不想成为第四个。

吕太后收到答复很满意，就让刘恒继续在代地静静地当他的代王。至于刘长，是吕后自己养大的，平素跟自己和吕家都很亲近，吕后对他很放心。而齐王刘肥一脉，两个儿子刘兴居与刘章，都被吕后封为侯，引入宫廷负责宿卫，刘章还跟吕禄的女儿结了亲,是吕后的重点拉拢对象,吕后没有理由不放心。

至此,吕太后认为自己基本消除了宗室的威胁。

对陈平、周勃这些很配合自己的功臣,吕太后还有一分信任。但这也仅局限于吕后还好好活着。

公元前180年三月,吕太后病了。

吕太后病得很蹊跷,据说是要去祭祀消灾祈福,走到驰道上,忽然看到一只像苍犬的东西向自己扑来,抓到了腋下,然后突然又不见了。请人来占卜,卜者解释是赵王刘如意的鬼魂在搞鬼。随后,吕太后就病了,病状是腋下伤痛。

到了七月,吕太后就支撑不住了。于是,她做了最后的安排,先令赵王吕禄为上将军,统领长安城的北军,吕王吕产统领南军,并谆谆告诫这两个侄子:"吕氏为王,大臣不服,我死后,皇帝年幼,大臣恐怕要作乱。一定要坐镇南北军保卫皇宫,不要来为我送葬,以免为人所制。"

七月三十,吕后驾崩,留下遗诏:大赦天下,以吕禄为相国,以吕禄女为皇后。

吕后过虑了,她的葬礼期间,风平浪静。下葬后,审食其被任命为帝太傅。吕后的安排,从战术上无可挑剔:抱定军权,皇帝在手,军政最高首脑都是自己人。

但从战略上,吕后败得一塌糊涂。

汉初立国,消灭异姓王后,老刘家、老吕家、功臣是权力架构的基础三角,一方太强,另外两方会不自觉走得近一些,来制约另一方,从而维持动态平衡,而强势的一方,从来没强大到可以碾压另外两方。

现在来路不明的小皇帝在位,就好像小孩子拿着百两黄金过闹市,引发了宗室们的集体垂涎。吕太后杀了几个王,但并没有杀绝。同时,吕太后的临终安排,又剥夺了一贯掌握在功臣手中的军政大权:吕禄、吕产坐镇南北军,动了太尉周勃的蛋糕;吕禄为相国,又动了陈平的蛋糕;周勃、陈平背后还有夏侯婴、灌婴等着接班呢!因而也就造就了一种态势,并不具有碾压实力的吕氏,却凭借着吕太后老母鸡护蛋似的强势,让吕家霸占了最多的政治资源。

在权力场,资源又不仅仅是资源,还是权力。假以时日,吕氏必定会对功臣与宗室全面碾压，而不仅仅是职位的碾压。

那陈平、周勃就得问了："我们有保命的能力吗？"答案显而易见，从陈平、周勃的角度来看，吕家现在就像个小孩子，拿着机关枪对着他们摆弄，不小心就会擦枪走火的，即便没有擦枪走火，将来这孩子长大了，更会控制机关枪了，依然是他们的噩梦。

那么，宗室们有野心，功臣们有恐惧，拿着机关枪的小孩子还没搞清楚机关枪是干啥用的，祸乱需要的一切必要条件都具备了。

干掉吕氏，满足野心。干掉吕氏，打消恐惧。

肆　大火并

刘肥的两个儿子，刘章和刘兴居先行动了，吕雉白拉拢了。

他们是有野心的——当时这两位都只是侯爷，如果换皇帝成功，他们裂土封王不是梦。而且，他们有清楚的目标。谁呢？齐王刘襄。刘襄是刘肥的继承者，说起来是高皇帝刘邦的长孙。如果否掉了高祖嫡长子刘盈一脉的继承合法性，在新皇帝选举中，刘襄有极大的竞争力。

刘章、刘兴居通知刘襄："哥，起兵来长安吧，我们做内应，保你做皇帝！"

刘襄做了一番准备：杀掉了反对起兵的齐相召平；诱骗琅琊王刘泽，兼并了琅琊国的军队。随后，就起兵了。

齐王起兵的消息传到长安。相国吕产作为帝国首席执政官，决定派颍阴侯灌婴带兵平定齐王的叛乱。

我们稍事停顿，琢磨下吕产派灌婴出战的做法。诸吕之乱，功臣系利用各种话术把作乱的锅往吕氏身上甩，但好多都经不起推敲。比如《资治通鉴》诸吕之乱部分开头，开宗明义就是"诸吕欲为乱，畏大臣绛（绛侯周勃）、灌（婴），未敢发"。而相国吕产在齐王叛乱的第一时刻就想到派灌婴去平乱，所谓的"畏大臣绛、灌"不攻自破。因为恐惧必然提防，提防必然不会允许功臣系代表人物灌婴有实际军权。

虽然，吕后谆谆告诫要提防功臣，但吕禄、吕产从心底里是很愿意跟功臣们和平相处的。

灌婴带兵走到了荥阳，不走了。虽然，灌婴从心底里厌烦刘襄这种蛋糕没做好就猴急下手抢的行为，但功臣和宗室此时是利益同盟。灌婴不想跟齐王开战。他派出使者，跟齐王重申了当前的主要矛盾是功臣宗室合力斗倒吕氏，先干要紧事儿。

刘襄也是年轻，他真就乖乖地回到齐国，陈兵齐国西界傻等着。而琅琊王刘泽跟刘襄说：''放我去长安，我劝大家奉你为帝！''于是，刘泽去了长安。

长安已经天下大乱了。

周勃、陈平早就急不可耐，但麻烦的是手中没有兵权，而长安城的南北军不是随便拉一支乌合之众就能抗衡的。陈平出了个主意——他们劫持了曲周侯郦商。提请注意：功臣集团其实并非铁板一块，主要是陈平和周勃抱得紧。

因为郦商的儿子郦寄跟相国吕禄很处得来，陈平、周勃打算让郦寄去忽悠吕禄。郦寄劝吕禄不要当什么上将军，把军权交给太尉周勃，自己回赵国去当个太平王爷，吕氏与功臣和平相处。吕禄是个实诚人，还真信了郦寄的鬼话，回去跟吕产和吕家的老人商量，但大家七嘴八舌没商量出个结果。但吕禄确实放松了警惕，他不再经常坐镇北军，而是时常跟郦寄出外游玩。这大概是公元前180年八月底的事儿。而吕禄离开北军，就足够陈平、周勃寻找到机会了。但老谋深算的陈平、周勃并没有急于动手，他们还要争取更多的人，多算求必胜。

时间来到九月初十早上，平阳侯曹窋，也就是曹参的儿子，去找相国吕产商量事情。恰好郎中令向寿出使齐国回来，跟吕产汇报：灌婴与齐国讲和罢兵，准备诛杀诸吕。随后，向寿向吕产建议，赶紧入宫勒兵戒备。

大约向寿与吕禄的谈话并未背着曹窋，反正曹窋知道了。而曹窋，作为前功臣集团领袖曹参的继承人，显然是功臣系的主要人物。而他接下来的行为，证明了他跟陈平、周勃是穿一条裤子的。曹窋当机立断，迅速将这一不利消息报告了陈平和周勃。但仍然是老问题，怎么夺取南北军的指挥权？

另一个功臣二代出现了。襄平侯纪通掌管着皇帝的符节，他持节假传诏命，传太尉周勃进入北军。

对周勃这种军中威望极高、亲信遍布的人来说，只要进入北军，至少已经意味着北军瓦解了。但没有官方印信，总归是不稳妥。所以，周勃还需要调动北军的将军印。郦寄又出动了，他和一个叫刘揭的人再次去忽悠吕禄："皇帝为了让你归封国，已经召太尉进入北军，赶紧把将印交出来，不然恐怕要惹祸上身。"

吕禄一则信任郦寄，二则作为一个政治小白也缺乏经验，真就把将印交了。这一交，就把吕氏宗族无数人命都交了出去。

周勃将印在手，直入军门，发出了十个字的命令：为吕氏右袒，为刘氏左袒。

绝对是陈平手笔！十个字就把吕氏和刘氏对立了起来，士兵们根本来不及思考这本质是在吕氏与功臣之间的站队。

我们试着换一换：为吕氏右袒，为功臣左袒。各位，想象一下效果。

而这十个字收到了奇效，在吕氏与功臣之间很难选，在吕氏与刘氏之间却很好选，"军中皆左袒"。

周勃彻底夺取了北军的指挥权。但是，还有南军，南军整体都在相国吕产的掌控之中。这时候，陈平派朱虚侯刘章也进入了北军辅佐周勃。于是周勃让刘章监军门，让平阳侯曹窋去南军通知卫尉阻止吕产进入殿门。

这里我们需要介绍一下南军。

南军在汉初守卫长乐宫和未央宫，下属应当有卫尉和长乐卫尉。卫尉掌管未央宫前殿护卫，另有军队掌握着未央宫守卫，长乐卫尉则护卫长乐宫。根据周勃的命令，则卫尉无疑早已与功臣系结成同盟。那么此时，吕产应当还能掌控未央宫除前殿护卫外的军队，而长乐宫的军队则由长乐卫尉吕更始掌控。而卫尉关闭殿门之后，吕产也进入了未央宫，带着从官与卫尉对峙了起来。

平阳侯曹窋觉得这种情况下，取胜把握不大，赶紧又跑回北军向太尉周勃报告——曹窋是诸吕之乱中的王牌通信员。

周勃这个人其实极为谨小慎微，而且他们做的事，必须干成了才能声明正义，所以也不敢明说起兵诛杀吕产，他就跟朱虚侯说："赶紧进宫保护皇上。"刘章就带了一千多兵进入了未央宫，与吕产在未央宫的广场上对峙。

对，没有立即厮杀。为什么？不知道，史料就这么记载的。

直到下午三点，刘章才纵兵攻击吕产，吕产逃走。天又刚好刮起了大风，吕产的随从官吏陷入混乱，无法组织起有序的战斗。最终吕产被追上，在郎中府的厕所中被杀。刘章杀了吕产后，就无所忌惮了。

这时候，小皇帝派了使者慰劳朱虚侯刘章。刘章甚至想抢夺皇帝节钺，但这个天子使者也不简单，硬是没让军头刘章把节钺抢走。于是，没奈何，刘章就和使者一起驾车领兵去了长乐宫，凭借节钺斩杀了长乐卫尉吕更始。

至此控制南军，局势大定！

大略过程就是这样，其中自然有不合理处，而我们缺乏必要的细节。但大体上，吕禄放弃北军是诸吕失败的关键。而权力倾轧，谈正义可笑，吕氏权倾天下不正义，功臣抢班夺权也不正义。但诸吕之乱，就事论事，实际上是诸吕不乱功臣乱，这应当是清晰可见的。

接下来没什么好说的了，"诸吕无少长皆斩之"。

刘盈的诸子，包括小皇帝和几个诸侯王，多活了几天，也不过活到刘恒进京登基。

至于娶了吕媭的樊哙一家也跟着遭了殃。樊哙已死，他和吕媭的儿子，继承樊哙侯位的樊伉也被诛杀。

诸吕血脉唯二苟延残喘的：第一，孝惠帝刘盈的张皇后；第二，鲁元王张偃，张敖与鲁元公主的儿子。诸吕之乱时，张偃王位被废，文帝继位后，复为南光侯。至于当年吕后费尽心机与刘氏联姻送出去的诸吕女，估计大多也都不明不白地死掉了。

吕雉啊，惨淡经营，到头来，梦一场，血流成河，为他人作嫁衣裳。有些东西，越用力反而越抓不住。

而老子有句话：夫唯不争，故天下莫能与之争。在汉初异姓王、外戚、功臣、宗室的纷纷扰扰中，一个不争的人，却成了大火并尘埃落定后最后的赢家。

伍　刘恒入主未央宫

公元前180年，九月初十晚，功臣与宗室对吕氏的争斗尘埃落定。

陈平、周勃、刘章们开始坐下来思考这场斗争的意义。首先需要解决一个问题：政变的正当性。

这很容易，大家一起讲故事，最终得出：诸吕欲为乱，大臣先下手；其志为安刘，大功盖宇宙。

既然诸吕为乱，那诸吕所支持的小皇帝的统治地位就不合法。何况目睹了这场血腥屠杀的小皇帝长大后，搞反攻倒算，那么陈平、周勃们就有被连根拔起的风险。所以，必须换皇帝。

至于颠覆刘姓江山，功臣系力所不能，毕竟刘邦当年分封的刘姓王侯树大根深，且平定诸吕之乱，刘姓宗室功不可没。

新皇帝有三个选择：高祖刘邦的两个亲儿子，恒山王刘恒，还没有被封为淮南王的淮南王刘长；高祖刘邦的长孙，齐悼惠王刘肥的儿子刘襄。

刘襄首先被否决掉了。大臣们首先考虑的是新皇帝舅家势力如何，他们不想再搞一个吕氏家族跟他们抢蛋糕。单这一项，刘襄就中招了。他起兵谋反，舅舅驷钧就是主要谋主，更毋庸说，刘襄手下有许多心腹大臣。

而琅琊王刘泽更要落井下石。

刘泽跟随刘襄起兵，本质上是被刘襄当猴耍了。所以，后来被灌婴挡在荥阳之后，刘泽跟刘襄说"让我替你去长安游说大家拥立你"。刘泽此时，准备也耍刘襄一次。根据《史记·齐悼惠王世家》，刘泽在渲染"刘襄舅舅家都是大坏蛋"这件事上起了重要作用。

所以，在讨伐诸吕中，刘襄跳出来的最早，却第一个被排除出皇位继承人。

再就是刘长。据说刘长母家也人丁兴旺。但这个存疑，我们知道，他妈是张敖的美人，送给刘邦后种下了刘邦的龙种，才生的刘长。而赵姬生产之后，却得不到名分，最后羞愧自杀。而刘长则被吕后抚养长大，依此推测，刘长很难再与母家发生联系。

所以，最关键的一点，刘长是吕雉抚养长大的。另外再开一下脑洞——这个赵姬生刘长，万一是张敖学了一出吕不韦，也很麻烦！

至于刘恒。他的母亲薄太后，是个低调的人，不低调也不成。

刘邦只临幸薄姬一次，还是因为薄姬跟两个闺蜜有"苟富贵，无相忘"的约定，这两个闺蜜向刘邦推荐的她。显然，刘邦对她没有多余的宠幸。因此，封王时，薄姬的儿子，刘恒也被封在代地这种老少边穷地区。但这却保护了他们，终吕后朝，代王唯一的危机来自吕后的那次测试：恒儿啊，到赵国去当赵王，怎么样？

而熬到了公元前180年，功臣们平定了诸吕之乱后，低调、根基浅薄的代王就在选皇大赛中胜出了。

十月，刚过完汉帝国的新年，代王府迎来了一位使者。使者是陈平、周勃派来的，带来了天大的好消息：请代王去长安即位当皇帝。刘恒暗暗掐了下自己的大腿，嘿，知道疼，这不是做梦。于是，他冷静地召集了王府属员商量。

郎中令张武说：不能去，周勃、陈平一肚子坏水，怕没安好心。

中尉宋昌说：可以去，民心在刘氏，宗室诸侯在外，陈平、周勃不敢再玩什么把戏。

好像都有道理？刘恒跟薄太后汇报了下，还是没商量出个结果来。

算一卦吧！卦象是大横，占词是"大横庚庚，余为天王，夏启以光"。天王，即王之王，就是皇帝。好兆头！于是，刘恒派舅舅薄昭去长安打探消息。很快，薄昭回报：陈平、周勃是真心的。那就去吧。刘恒只带了六个得力心腹，宋昌驾车，张武也在其中。

刘恒依然很谨慎，一行人走到渭水北岸的高陵，就停下了。刘恒再次派宋昌去长安观察形势并通知周勃、陈平们：代王来了。

陈平、周勃们是诚心的，他们已经得知了代王驾临高陵的消息，带着百官迎到了渭桥。

宋昌将这一消息回报代王，代王驾车疾驰来到渭桥。群臣看到代王，全体跪拜称臣，代王也很懂规矩，下车还礼，场面一片和谐。

这时候，太尉周勃打算跟代王说些悄悄话。宋昌在旁边拦住了。宋昌问周勃："你要说私事呢，还是公事？私事的话，王者没有私事；如果是公事的话，就直说。"

周勃还能有什么话说呢，于是跪下献上天子玺绶符节。周勃大概想跟新皇帝套套近乎，但宋昌传达了刘恒明确的意志：不要以为有拥立之功，就想随便摆布我。随后，群臣、宗室簇拥着代王进入代邸，在代邸，在群臣的再三请求下，刘恒不情愿地登上了天子之位。大汉有了新皇帝，是为汉文帝。

但这时候，有一件事，被功臣们刻意地忘记了。

什么事情呢？未央宫里还有个小皇帝刘弘！刘弘还活着，且在法理上没有被推翻。

陈平、周勃们真是老狐狸！在代王称帝之前，小皇帝并非不可废黜，甚至并非不可杀。但他们留着少帝刘弘，在刘恒即位后处置，明摆着：陛下，脏事，你也搭把手。

当然，刘恒不会亲自下场。

刘恒即天子位后，夏侯婴和刘兴居突然想起了什么，跟刘恒主动提出，要带兵去清宫。

"陛下，我们在你的指挥下干的哦！"

夏侯婴和刘兴居把少帝赶走后，准备天子法驾正式将新皇帝刘恒迎入未央宫。但周勃还留了个尾巴。汉帝众人走到了端门，有数十个持戟的卫士挡住了去路："这是天子的地方，你们什么人？"汉帝只好回头问周勃，周勃煞有其事地去跟卫士们解释：这位是大臣们拥立的新皇帝，卫士们才放下武器散开。就这样，刘恒终于正式进入前殿，"皇帝即日夕入未央宫"。

从代地到长安，走得并不难；在长安，从高陵走到未央宫前殿，却用了一整个白天。但汉文帝还不能休息，他立刻拜宋昌为卫尉，去镇抚南北军，拜张武为郎中令，守卫前殿。

一支对皇帝的保卫力量建立了。随后，刘恒连夜下诏书，确认了功臣和宗室诛杀诸吕的正当性，顺便昭告天下，大汉有新皇帝了。

至此，诸吕之乱正式由乱入定。

陆　拥立功臣们的结局

汉文帝刘恒即位后，第一件事就是肯定功臣、宗室诛吕安刘的功绩。

首席自然是周勃，政变总导演陈平次功，领兵在外妥善安抚齐国大军的灌婴和陈平同功。朱虚侯刘章亲自带兵诛杀了吕产、吕更始；东牟侯刘兴居参与清宫；襄平侯纪通用符节纳周勃入北军；典客刘揭从吕禄那里巧取豪夺得到将印。

这些都是直接参与的功臣，必须立刻封赏，以安慰这几位大臣的拥立之功。

封赏如下：益封太尉周勃万户，赐金五千斤；丞相陈平、灌将军婴邑各三千户，金二千斤；朱虚侯刘章、襄平侯纪通、东牟侯刘兴居邑各二千户，金千斤；封典客刘揭为阳信侯，邑两千户，赐金千斤。

其他的，像在诸吕之乱中露脸的阳平侯曹窋（通风报信）、汝阴侯夏侯婴、曲周侯郦商及其子郦寄，也颇有功，但史料里只查得到官职升降的记录，不见有增封邑与赐金的记录。

主要功臣就这么几位了，我们聊聊他们在汉朝的未来，顺便管窥汉朝王爷、侯爷们的生活。

周勃：功最高，震主，因此晚年有牢狱之灾，因为儿子周胜之跟文帝女儿有婚约，走了薄太后的关系，才得以出狱善终。周胜之后来因为杀人，被除国。文帝又选择周亚夫继封为绛侯。汉景帝时周亚夫大破七国兵，功勋卓著，最后以谋反之名，入狱绝食自杀。后来，再度续封，传至汉武帝年间断绝。平帝年间再续封功臣后代，周勃玄孙之子得以食邑千户。

陈平：灭诸吕后，周勃为右丞相，自己为左丞相，后来周勃免相归国，陈平曾独任丞相至去世。后代世袭至曾孙陈何，因为抢别人家老婆弃市。

终汉一代，豪门贵族爱人妻简直是一种潮流，曹丞相阿瞒不过是有样学样罢了。

陈何之后，再没有续封。关于这个，《史记》还讲了一段因果报应。陈平曾经说："我搞阴谋搞得多，为道家所不容。因此，如果我家侯爵被废，一定续不上，都因为我造了太多阴祸啊！"

灌婴：陈平死，周勃罢，他当上了丞相，最终老死在丞相任上。当年这个布贩子，洪福齐天呢！但他一个人享了太多福，留给子孙的就少了。大概在汉武帝时期，孙辈因罪除国。

提请各位注意，汉武帝时期动辄除国、封国，豪强地主在汉武帝治下，就像热锅上的烙饼，想怎么翻就怎么翻，后期我们细说。

襄平侯纪通：《史记》《汉书》均无传，《汉书·高惠高后文功臣表》记载，传至汉武帝元朔元年，嫡传无后，绝。汉宣帝元康四年，诏纪通玄孙纪万年免除徭役，但没有续封。

阳信侯刘揭无传，《汉书·高惠高后文功臣表》记载，传至子中意，在景帝六年，因有罪，免。

结合陈平，实际上什么因果报应说，都是唯心主义。根本上，陈平作为从项羽那投靠过来的人，与功臣的丰沛系、入关路上从龙系，交情浅薄。而且，陈平在刘邦手下当护军时，还跟大批从龙功臣发生过矛盾。能不能绍封继绝，关键看有没有来自相同利益阶层的人提携支持。因此，像刘揭这种，世家大族恐怕是脸上笑嘻嘻，心里却想：喝完汤，赶紧滚！

汝阴侯夏侯婴：这一次政治投机，让他重新回到了太仆的公卿大位上。但想一想，当年他带刘邦仓皇逃命，刘邦多次把刘盈、鲁元公主踹下车，他多次又把二人救回来。现在，他却亲自参与清除了刘盈的后代，真的不胜唏嘘！传至曾孙夏侯偃，因为谋反，被除国。

第五章 诸吕之乱

曲周侯郦寄：后来七国之乱，郦寄还带兵攻打过赵国，但打了七个月没打下来。这位大概是纨绔子弟，胆小怕事，也没多大用处。平定诸吕之后就有人评价"郦寄卖友"。

汉景帝后期，这老小子不知道发什么疯，迷上了平原君，一定要娶平原君为夫人。

平原君是谁呢？她有个女儿叫王娡，嫁给了汉景帝，生了三女一男，男孩儿叫刘彻，就是后来的汉武帝。

曲周侯郦寄要娶平原君是汉景帝中二年的事儿，这时候刘彻已经被立为太子，王夫人已经晋身皇后。唱出夕阳红，无可厚非，但郦寄这是要当景帝的后丈人爹。景帝这种因为下棋起争执就能拿棋盘把人砸死的主，二话不说，让人把郦寄抓了。一顿整治，倒也没要他的命，但侯爵被夺了。

但是这事儿吧，讲道理，不至于夺爵，毕竟真爱无罪。所以，景帝就把爵位给了郦寄的兄弟郦坚，传到汉武帝时，因为"巫蛊之祸"被除国。汉元帝时，续功臣后代，郦商又有子孙被封为关内侯。

至于东牟侯刘兴居和朱虚侯刘章，本来功臣私下商议是要封刘章为赵王、刘兴居为梁王，但汉文帝听说他们一开始是要扶植刘襄，就缓了缓。

最终，在汉文帝二年，封刘章为城阳王，刘兴居为济北王。实际上汉文帝玩了一出借花献佛。怎么回事呢？

城阳、琅琊、济北本身就是刘肥的封地，被高后吕雉割了城阳给鲁元公主做汤沐邑，割了琅琊郡立刘泽为琅琊王。汉文帝继位后，就把城阳、琅琊都还给了刘襄。至于济北本身就是齐国的地盘，从来没有分开过。

所以，文帝二年对刘章、刘兴居的封赏，本质上是打刘襄的秋风，汉并无任何损失。对此，刘章、刘兴居都不满意。但刘章识时务，而且大概身体不大好，封王第二年就死了。子孙后代一直传到王莽时期，封国才彻底断绝。而刘兴居却谋反了。

公元前177年，匈奴大军入侵，汉文帝亲入晋阳坐镇汉军御敌。刘兴居就趁着这个当口谋反了。

但匈奴掳掠一番很快退兵，大军罢归长安，文帝派棘蒲侯陈武出战，很快就镇压了刘兴居的叛乱。而文帝顺势埋伏了一手，除了齐王刘襄、城阳王刘章外，刘肥其他七个儿子全部封为列侯。

十三年后，齐文王刘襄薨，没有儿子，文帝顺理成章地把刘肥其他七个列侯儿子还活着的六位都封为王，于是，刘肥原来七十余城的齐国，被一分为七。

至此，拥立文帝的功臣就简单说完了。

除了不自量力的刘兴居，大体上都平平安安。文帝刘恒是个少见的宽厚皇帝，这一点基本没错！

第六章 七国之乱

壹　两个智囊的谋划

贾谊和晁错，两位都是汉帝国初期最顶尖的智库人才，但都没能人尽其才。

贾谊是因为在黄老之术治国的基本方略下，受功臣排挤，与文帝宠臣邓通又有龃龉，在汉文帝要用他为公卿时，反被贬为长沙太傅，后又转为梁王太傅，最终因梁王坠马死，贾谊也自责终日、郁郁而终。

晁错呢，倒是因为景帝首席智囊的关系，在景帝即位后迅速爬升到御史大夫之位，荣宠胜于丞相，但在七国之乱爆发后，却被景帝推出去当了替罪羊。他有作死的地方——火烧眉毛了，还想搞袁盎——但本质死于景帝对七国的绥靖，却也可惜。

尽管都英年早逝，这两位在他们相对短暂的人生中，都灿烂绽放，以文章佐国政，大手笔流芳千古！

在正式讲述七国之乱的故事前，我们先聊一聊贾谊与晁错，这一对汉初帝国双璧胸中的百万韬略，他们都预见了刘姓诸侯王的叛乱，也都为平定叛乱做了极为重要的未雨绸缪。

先看一下贾谊的简单履历。

贾谊（公元前200—前168年），汉族，洛阳（今河南省洛阳市东）人，因做过长沙王太傅，人称贾太傅。西汉初年著名的政论家、文学家。

十八岁（公元前182年）即有才名，年轻时由河南郡守吴公推荐，二十余岁

（公元前180年左右，文帝刚即位）被文帝召为博士。不到一年被破格提为太中大夫。

二十三岁时，因遭群臣忌恨，被贬为长沙王的太傅。

贾谊在文帝元年以博士进入帝国中枢之后，第一个建议就是改正朔，易服色，定官名，兴礼乐，以立汉制，更秦法。这事儿，简而言之，就是进行汉帝国完整的制度设计，不过，文帝以根基浅薄，再加上与民生息的需要，没做。

但各位看，二十岁的贾谊，一出手就是超一流政治家的大手笔——定制度，他是有志于成为管仲、吴起、商鞅和李斯这样的人物的。

到汉武帝时，汉帝国还是进行了改正朔，易服色，行礼乐，崇儒家，最终完成了影响中国两千年的制度设计。

当然了，如果仅仅是这种"键盘"政治家一般的皇皇大言，贾谊不足以为贾谊。

贾谊在明白文帝不准备大刀阔斧进行制度设计后，马上针对帝国的具体问题给出了具体建议。

在《论积粟疏》里，他针对匈奴威胁与天下饥旱频仍，提出了鼓励农桑、增加国家粮食储备的建议。

他最负盛名的是《治安策》。这篇文章，建议各位有机会去读一读，和《过秦论》一样，是一篇美文，也是一篇雄文。其中不乏圣王之道这些相对空泛的东西，但同样干货十足，在这里挑最重要的一件事跟大家讲一讲。

他一针见血地指出中央与诸侯王的矛盾会迅速上升为帝国统治阶级内部的主要矛盾。

这是预言性质的，文帝初，不少诸侯王还都是小孩子，有实力搞事的，就刘长、刘濞、刘襄这几位。而贾谊则预言，随着包括文帝诸子在内的诸侯王长大后，会加剧这一情形。而且，贾谊不像现在许多自媒体写东西，耍滑头，经常搞个"大概率怎样……"，贾谊斩钉截铁地讲：诸侯王必定会叛乱——"故疏者必危，亲者必乱"。

如果仅仅是提出问题，那贾谊也不过是知名智囊而已，贾谊厉害的是，他提出了解决问题的具体方案。他根据汉初异姓王的建立与铲除，得出"强者先反，弱者苟安"，因此预言吴、楚、齐、赵是最大隐患，而他给出的解决办法是"众建诸侯而少其力"。

什么意思呢？就是可以多封诸侯王，但是每个诸侯王能控制的地盘、调动的军队都必须少。

而后来，汉帝国五十余年的发展，充分验证了，"众建诸侯而少其力"是对待封国最为正确的方略。汉武帝时期，主父偃所建议的"推恩令"也是这一思想的进一步发展。

在贾谊的这一思想指导下，汉文帝在位期间做了两件事，这两件事直接决定了七国之乱的结局。

哪两件呢？

第一，分齐为七。前文提到的汉文帝十三年，齐王刘襄去世，齐国被分封给刘襄的六个弟弟，就是这个事儿，加上城阳王刘章，是为一分为七。

第二，封太子刘启的同母弟弟刘武为梁王，同时扩大梁国地盘，在睢阳（今河南商丘）建立坚城，广积粮草、兵器、军队。

分齐为七的后续影响是：在七国之乱时，齐地五国谋反，但齐国孝王突然反水，结果齐地五国先开始内斗，一直没能拧成一股绳。试想，如果没有分齐为七，天下第二大国齐与天下第一大国吴，各几十万大军，分别从东，从东南向关中进攻，战火必将更加猛烈。

刘武在梁地称王，在击败吴楚联军的过程中，梁国死死横亘在吴楚西进的路上，实际上是战争的另一关键。

表面上看，七国之乱，周亚夫是最大功臣，一战而跻身历史名将。但我们掰开揉碎了，往深处讲，分齐为七、梁国坚守、亚夫用兵，是平定七国之乱的三大关键，周亚夫不过是关键之一。

而早在二十年前，一个叫贾谊的书生，用智慧、博学习得的战略眼光埋伏了另外两个关键：分齐为七与加强梁国。一篇文章当百万雄兵，诚不虚言！

最后，再提一个事儿，我们看看贾谊的另一面。

贾谊还讲：匈奴在上，大汉在下，就好比壶倒悬，人倒立，这个问题必须解决。不过，他倒没有提出特别具体的方案，反倒说"陛下何不试以臣为属国之官以主匈奴"，颇有曹植在曹睿执政时期那种迫切为国效力的浪漫主义情怀。

贾谊还说"臣窃料匈奴之众不过汉一大县，以天下之大困于一县之众，甚为执事者羞之"，这却是显著的误判——匈奴控弦之士三十万，加上妇孺老人，人口怎么也在百万之上，汉没有那么大的县。

大才如贾太傅，缺乏调查，也会误判，以史为鉴，书要多读，路也要多走。

至于晁错，他在对诸侯国的看法上，与贾谊如出一辙，但他的手段过于激进，不如贾谊温水煮青蛙高明是显然的。不过，在对匈奴方略上，他在《言兵事疏》《守边劝农疏》《论贵粟》《募民实塞疏》中给出了增加边境军事储备、加大边境开发建设的具体策略，简言之，就是军屯或者建设兵团。

笔者认为，这些策略辅之以边境贸易，实在是同化瓦解匈奴的最佳策略，不过遗憾的是，汉武帝继位后采取了单纯军事打击的策略，直接拼国力把匈奴打残了，效果倒也不差，但代价大了点。

即便如此，汉武帝时期对北方的用兵，无疑也极大受益于晁错所建议的军屯遗产。

贰 七国之乱，各势力盘点

七国之乱，参与方包括：

一、汉，代表人物：汉景帝。

二、吴，代表人物：刘濞。

三、楚，代表人物：刘戊。

四、诸齐，代表人物：齐孝王刘将闾、济北王刘志、济南王刘辟光、菑川王刘贤、胶西王刘卬、胶东王刘雄渠。

五、梁，代表人物，梁王刘武。

六、赵，代表人物，刘遂。

他们之间的关系是这样的。

所以，本质上是老刘家的内斗，是地主阶级内

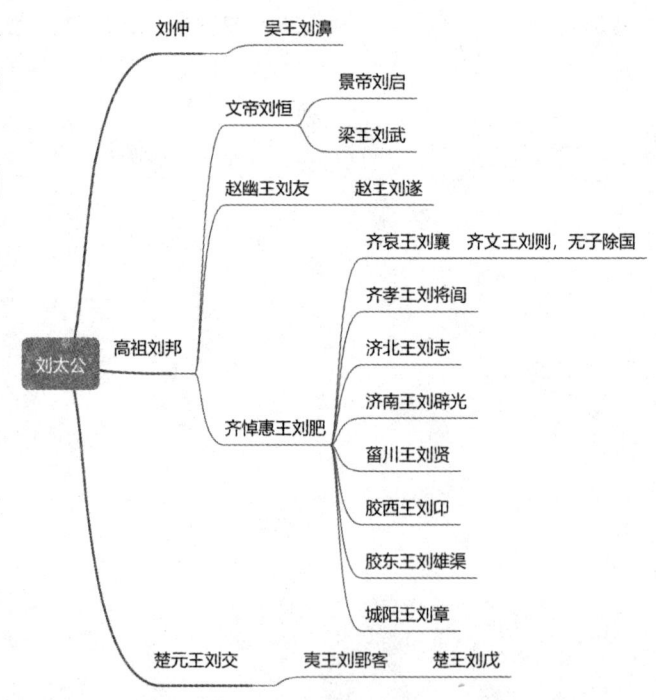

```
刘太公 ─┬─ 刘仲 ─── 吴王刘濞
        │
        ├─ 高祖刘邦 ─┬─ 文帝刘恒 ─┬─ 景帝刘启
        │            │            └─ 梁王刘武
        │            │
        │            ├─ 赵幽王刘友 ─── 赵王刘遂
        │            │
        │            │              ┌─ 齐哀王刘襄 ─ 齐文王刘则，无子除国
        │            │              ├─ 齐孝王刘将闾
        │            │              ├─ 济北王刘志
        │            └─ 齐悼惠王刘肥 ─┼─ 济南王刘辟光
        │                           ├─ 菑川王刘贤
        │                           ├─ 胶西王刘卬
        │                           ├─ 胶东王刘雄渠
        │                           └─ 城阳王刘章
        │
        └─ 楚元王刘交 ─── 夷王刘郢客 ─── 楚王刘戊
```

部的矛盾爆发。接下来，我们聊聊各参与方的实力，为大战做个热身。

刘邦，传至刘盈，再到高后，刘恒在诸吕之乱后登上最高权力舞台，传至景帝刘启。这是汉朝廷一脉，是最高皇权的守护者。

他们的实力，自不必说，诸侯封国之外，大量郡县都归他们直接统治。而诸侯封国法理上也必须奉他们为天下共主。除非天下如贾谊所说，陷于土崩之势，不然，汉朝廷对任一诸侯王封国都可以碾压。

刘濞则是诸侯王中实力最强大的。他的吴国，坐拥秦三十六郡中的吴、会稽、豫章完整三郡，实际上可能还包括秦东海郡的部分，也就是在长江以北（现在扬州这块）还有领土。

此外，古来吴人剽悍善战，项羽用之无往不胜，现在都可以作为吴王刘濞的优质兵源。文帝又下放了铸币权，吴国坐拥豫章郡的铜山，得以大量开采铜铸钱，文景时期，天下流通的货币，一半都是吴国铸造的，吴国也因此富甲天下。另外，吴郡基本跟现在的苏南重合，会稽则跟现在的浙江重合，在两广、福建没有充分开发之时，天下鱼盐之利，吴国占了一半。

刘濞不是要造反，实在是实力太强大，不允许低调。

齐国本来可以是诸侯王实力最强的。刘肥最初称王的地盘，据《史记》讲是全齐七十余城——刘濞才五十三城。

各位回想下乐毅伐齐，当时的齐国也是七十余城，也就是说，战国中期以前东方第一强国田齐有的，刘肥的齐国全都有。

齐鲁多壮士，又是孔孟之乡，文武兼备，同样有鱼盐之利，所不及吴国的仅仅是缺少铸币权。如果在七国之乱爆发时，齐国还是一个完整的齐国，那齐、吴两路大军对汉朝廷的威胁会增大许多。不过，文帝时期，已经把齐国一分为七。

城阳王刘章，在平定诸吕之乱中有功，文帝从齐国抢了一块地分封给刘章。而刘襄死后无后，齐国其他的土地被六个弟弟继承，分别是：齐孝王刘将闾，济北王刘志，济南王刘辟光，菑川王刘贤，胶西王刘卬，胶东王刘雄渠。

哥几个地盘接壤，平时没事儿争个地界啥的，参考二十世纪中国农村多子家庭普遍的兄弟关系可以推测，山东大地上这几个王爷，彼此之间的关系不会非常和谐。兄弟齐心，其利断金。兄弟齐心，才好造反。兄弟不齐心，那就……

本质上，山东半岛是一盘散沙，很难在对汉朝廷发难时，握成一个拳头打出去。

赵国和楚国的实力相近，都有较大的封国地盘。赵国大概四个县，主要继承了战国赵的南部疆域，都城在邯郸。楚国则基本上继承了秦国三十六郡中泗水郡的大部分，都城在彭城，也就是现在的徐州。

这两个诸侯王国，全部动员，基本上都组织得起一支十万人左右的军队。也因此，七国之乱中，吴国之外，数赵、楚给汉朝廷的压力最大。

说完了齐、赵、楚、吴这些反方势力，再回头看正方势力。

最要紧的就是梁王。这是汉文帝在继位第十一年时布下的一颗重要的棋子。还是听取了贾谊的建议。

贾谊本身提出的是两个构想：一是扩大梁国封地，建立一个大梁国；二是扩大淮阳王封地，建立一个大淮阳国；然后，封文帝的亲儿子为梁王和淮阳王。梁国在北，用来遏制防备齐、赵；淮阳国在南，用来遏制防备吴、楚。不过，文帝只采用了一半，也就搞出了个大梁国，封地包含了四十余城，把刘武迁到梁国为王。

这个微妙的安排，背后可能有窦太后的影响——窦氏只有两个亲生儿子：一个是刘启，封了太子，也就是汉景帝；另一个就是刘武。大梁国给刘武，窦太后没意见，大淮阳国给刘参或者刘揖，不是一个妈生的，关键时刻很难一条心。

或者，文帝在分齐为七之后，已经觉得齐地不足为虑，那么一个刘武就够了。而且，从长期来看，不管大淮阳国，还是大梁国，都是厕纸，用完就得扔。

刘武徙封为梁王，是文帝中期的事儿，等到景帝继位，已经经营梁国十余年，那么，当七国之乱前，梁国的真实实力如何呢？看《资治通鉴》的一段记载。

梁孝王以窦太后少子故，有宠，王四十余城，居天下膏腴地。赏赐不可胜道，府库金钱且百巨万，珠玉宝器多于京师。筑东苑，方三百余里，广睢阳城七十里，大治宫室，为复道，自宫连属于平台三十余里。招延四方豪俊之士，如吴人枚乘、严忌，齐人羊胜、公孙诡、邹阳，蜀人司马相如之属皆从之游。

司马光本意，是要展现梁王的奢侈、僭越，但从侧面为我们分析七国之乱前的形势提供了重要的信息：城坚、粮多、钱多、人才多。

梁国会让七国如鲠在喉！

叁　山雨欲来风满楼

性急的汉景帝刘启继位后，在性急的晁错的谋划下，大刀阔斧地削起了藩。不过，严格来说，削藩由来已久。

高祖刘邦称皇帝以来，渐次吞并韩信的楚国、彭越的梁国、臧荼的燕国、韩王信的韩国、英布的淮南国、张耳传至张敖的赵国，这也是削藩。

剪除异姓王之后，迫于形势，刘邦又封了多个刘姓王来弹压消化汉帝国的周边疆土。单单看封同姓王，无疑是逆潮流而动，是反动的，但从异姓王到刘姓王，却体现了进步——同姓王对汉朝廷的忠诚更值得信赖，是历史道路螺旋上升的体现。但终究，同姓王也是历史进程的权宜之计，也要被削弱乃至剪除，直到不能威胁中央政权为止。

吕雉先后搞死赵王刘如意、刘恢、刘遂，又从刘肥那里割下鲁郡给鲁元公主做汤沐邑。

文帝刘恒采用贾谊的建议，在刘肥传刘襄、刘襄再传刘则、无后国绝时，顺势封刘肥诸子为王，将齐国一分为七。骄横的淮南王刘长死于流放途中后，迫于舆论压力，文帝复封刘长一脉。但在贾谊"众建诸侯而少其力"的指导思想下，淮南国被一分为三。

从高皇帝到吕后，再到文帝，削藩实际上一直在以各种各样的方式进行着。

吕后是个女人，所以看起来任性些。汉文帝厚道，所以手段看起来也温和些。

但殊途同归。而到了暴脾气加上刻薄寡恩的汉景帝，就是雷霆手段、巧取豪夺。

景帝继位不到三年，以有过错为借口削了赵国的常山郡，以楚王刘戊在为薄太后服丧期间乱搞男女关系为由削了楚国的东海郡和薛郡，又以胶西王刘卬卖爵有猫腻为由削六个县。

汉景帝刘启：我准备摊牌了，你们有啥打算？

高祖十一年，淮南王黥布谋反，高祖刘邦御驾亲征，刘濞作为亲大侄子随驾出征。这一年刘濞二十岁，弓马娴熟，孔武有力，作战勇猛。

平定黥布后，刘邦觉得需要一个成年的子侄去镇抚吴地，就选中了刘濞，把吴郡、豫章郡和会稽郡都封了给他，然后说："五十年后，东南有人要造反，可别是你小子啊！天下同姓一家，不要干这种事！"

二十岁的刘濞在巨大的喜悦中，忽然又诚惶诚恐，赶紧说："不敢，不敢！"

就这么着，刘濞成了汉帝国实际上的东南王，煮海为盐，开山铸钱，富甲一方。

东南王很有钱，又有高度自治权，于是，天下的亡命之徒、不得意的读书人都渐渐汇聚到了他的麾下。但此时，刘濞大抵还只想做一个富贵王爷，妻妾成群，富甲天下，众星捧月，坐断东南。

文帝时，刘濞派太子入朝朝见。吴太子和汉太子因为下棋起了争执，汉太子在主场怒而出手，挥起棋盘把吴太子砸死了。

刘濞在江都富丽堂皇的王府里等来了自己儿子的棺椁。

刘恒是个厚道人，加上理屈，他给吴太子的棺材用的是上等木材，扶柩的队伍，是诸侯王规格。

但刘濞仍然很生气，就跟汉使者说："天下姓刘的，都是刘太公的种，死在长安就葬在长安，何必送到这里！"于是，就打发扶柩人又把儿子抬去了长安。

刘恒是个厚道人，但刘恒是皇帝，刘濞是王，他这样做，不管在刘恒还是在汉朝廷三公九卿眼里，这都是给脸不要脸，要搞事情。所以，有一段时间，吴国朝见天子的使者都被抓了起来，汉朝廷又连续派使者责问吴国："到底想干吗？"

刘濞派了个聪明的使者入朝，跟刘恒掏心窝子聊了聊："我儿子被杀了，我自己还被朝廷使者连番非难，老哥哥我怕啊，我一害怕就不知道会干出什么不受控制的事儿！"文帝刘恒琢磨了下，觉得还是以和为贵，于是释放了吴国的使者，派人赐给吴王几杖，允许他可以不用例行朝见天子。

当强者向弱者提出和解，弱者其实是没有选择的。于是，刘濞争一口气之后也就消停了。但最终，刘恒死在了刘濞前边，汉太子刘启继位，是为汉景帝。刘启对刘濞可没好颜色。杀子之仇，不可复解，刘启懂得，刘濞也不可能忘掉。

这一对堂叔侄很有默契：刘启在晁错的谋划下，紧锣密鼓地削藩，刘濞也紧锣密鼓地串联诸侯，准备起兵谋反。刘濞不白活六十多岁，很明白怎么把自己的朋友搞得多多的，把自己的敌人搞得少少的。

楚王刘戊是他首先要争取的对象，因为楚国与吴国毗邻，楚国加入，即可迅速形成对汉朝廷的巨大合力。

刘戊是刘邦异母小弟刘交的孙子。刘交又是刘邦兄弟们中间读书最多、学问最大的一个。按理说，刘戊家学渊源、人品学识应该都有保障，但在刘戊这，博士之家偏偏培养出个问题少年——刘交先前尊养着的大学者申公、白生、穆生，到了刘戊这，就都怠慢了。所以，刘戊听不进什么"坚决维护汉朝廷的伟大领导"这一套，在被削了薛郡和东海郡之后，早就一肚子火。

刘濞说："大侄子，反吗？"

刘戊："叔，你说咋，就咋！"

就这样，吴、楚私下结成了攻守同盟。

穆生见微知著，提前离开楚国走了，申生、白生尽本分劝刘戊，刘戊把这俩人抓了，剃掉头发，拴上链子，让这俩老先生去干苦役。

刘戊的亲叔叔，休侯刘富也劝刘戊，刘戊却扬言说："叔叔不支持我，一旦我起兵，先收拾他。"刘富吓坏了，背着老母亲，也就是刘戊的奶奶，在一个月黑风高的夜晚逃到了京师。

景帝三年，削楚国薛郡、东海郡的诏书刚到，楚王刘戊就正式宣布造反。

楚国相张尚、太傅赵夷吾进谏，刘戊当然不会听。因为这两位还是实权派，法理上可以直接阻止刘戊掌握兵权，于是，刘戊干脆就出其不意先把这两位杀了。

刘濞第二个争取的是胶西王刘卬。胶西王刘卬看起来是个狠角色：脾气大，很能打，又好研究兵法，齐鲁大地六郡七十二城，数他最横。

刘濞需要在齐鲁大地上有一支力量与吴楚联军形成掎角之势。一合计，很容易就选中了刘卬。于是，刘濞派中大夫应高去说服胶西王。

应高很有辩才，先是跟刘卬哭诉："我们吴王太不容易，汉朝廷杀了吴王的儿子不说，还不停地挤对吴王，吴王战战兢兢苟活了二十年，现在又要被削减封地。"然后又旁敲侧击："听说大王您新近因为点小事也被削了？"

这么一讲，马上就在吴王和胶西王之间制造了共情。随后，应高说出了真实意图："老这么憋屈地活着，不是个事儿，我们吴王打算反了，小老弟同去吧！"

刘卬一听，正在夹肉吃的筷子都吓掉了，赶紧说："哎哟，吓死我了，可不敢胡说！"

不过，这都在应高的意料之中。应高接下来告知了吴王的造反方略："以诛晁错为借口，引兵西向，据敖仓，进逼函谷关，打败汉朝廷，二分天下。"

这个饼画得不咋的，但如果确实能"据敖仓，进逼函谷关"，却也极其了不得。最关键的是，刘卬这种人，是地图开疆、键盘建国型的人物，唯恐天下不乱，有三分机会，就敢十分火中取栗。换句话说，刘卬根本就是自己想造反搞事情，不然习武练兵读兵法干啥？现在有人撺掇，那真是干柴烈火，一点就着！

应高跟刘濞汇报了这一重大外交成果。但是刘濞还是不放心，亲自跑到胶西和刘卬重新确认盟约后，才定下心来。胶西王刘卬这就派使者，与诸齐约定造反事宜。

别说，刘卬还真有威信，齐国、济北国、济南国、胶东国、菑川国全都一口应承：中！

不过，刘卬没有通知城阳国。城阳国，这时候刘章已死，继承王位的是刘喜。刘卬给出的理由是：城阳景王有义，攻诸吕，勿与，事定分之耳。

这个"有义"就很值得玩味。对谁有义？对刘恒！现在的皇帝是谁？刘恒的嫡长子刘启。笔者猜测刘卬不太信得过刘章这一支。再深入一层，刘章在诸吕之乱后大概想明白了一个道理——政治投机风险与收益通常不成正比，于是从此安心做太平王爷，并教育子孙也苟且着做太平王爷。刘章一系可能也得益于此，一直传到西汉灭亡，才断绝失国！

在刘卬的号召下，一瞬间，七齐中的六个都站在刘濞一边。革命形势一片大好！在黄河北边，还有人为大汉火上浇油，为刘濞锦上添花。

赵王刘遂也反了。

刘濞也派出人跟刘遂联络，但具体细节不明。

刘遂无疑是削藩的直接受害者，这个理由就够了。不过，他却忘了，他爹赵友被吕后杀了，赵国也被吕氏夺了去，现在的赵国是文帝继位后重新封给他的。那么站在汉朝廷的角度：你的一切都是我给的，现在我要拿回来。如此而已。但很可惜，极少有诸侯王能转过这个弯。当初你要给，我未必领情，现在你要拿走，我却必须恨你！

刘遂还里通外敌。他派人去跟匈奴君臣单于约定，在他起兵反汉时，匈奴也派大军入侵，一起搞乱汉帝国。

嘿，刘遂可真不是个玩意儿！

东南反了吴，梁国卧榻之侧反了楚，齐地一夜之间六个王国蠢蠢欲动，河北刘遂这小子兵多城坚又里通外敌。

这局势，眼看是燎原烈火！转瞬之间，崤函以东就要插满小红旗。

对于七国之乱，笔者倾向于认为汉景帝刘启从一开始就胸有成竹的，削藩是他促反的手段。他不怕有人跳出来，他甚至巴不得谁跳出来，跳出来一个灭一个，正趁他意。

但当七国之乱的消息纷沓而至，汉景帝刘启应该也感受到了一丝慌乱，一丝恐惧。他和晁错走得太急了点。而且，由他布局、由晁错亲自操刀的改革远远不止于削藩。

《史记·袁盎晁错列传》讲"错所更令三十章"，晁错又分别跟袁盎、窦婴不对付。

俗话说"领导一张嘴，小兵跑断腿"，讲的是，领导一个突然冒出来的想法，就能让下属不胜其扰。各位可以以此为基准感受一下汉帝国政策制定层面的"所更令三十章"所能带来的震动，《史记》讲："诸侯喧哗。"

这个诸侯，未必仅仅指诸侯王，功臣列侯也很难独善其身。而袁盎这个人，凭借个人见识才华，分别得到过周勃和申屠嘉的赏识，私交颇深。袁盎虽不是纯粹功臣系，但却与功臣系关系密切。

而窦婴，则代表了另一股实力，外戚实力。

实际上，在七国之乱前的汉帝国，不单单中央与地方是撕裂的，朝堂之上也是撕裂的。

山雨欲来风满楼呢！

肆　大战

在汉朝廷削吴郡、会稽郡的诏书抵达吴王宫的时候，吴王刘濞起兵了。

他征发了国内六十二岁以下十四岁以上的男丁，组成了一支二十余万人的军队。他还鼓动闽越、东越派兵和他一起出战。这是个好主意，一方面可以消除后顾之忧，另一方面在造反战车上也捆绑了更多势力。

吴军迅速地向西渡过淮水，扑向梁国。与此同时，楚国军队也在楚王刘戊的带领下向梁国进发。吴楚联军在进军梁国的途中会合，统一了指挥权，合兵三十余万，声势浩大。

不过梁王刘武不是吃素的，他在梁都南部的棘壁部署了数万军队，修筑了强大的防御工事，以求与梁都呈犄角之势。但是，吴楚联军此时，脑子里全是杀敌封侯的美梦，一个个奋勇冲杀、奋不顾身。一眨眼的工夫，棘壁城就被潮水一般的吴楚联军吞噬，睢阳城里的刘武甚至没来得及派出援军。

不过，刘武还想试一试。于是，在棘壁失守后，他又派出大将带领梁国军队尝试与吴楚联军野战。但最终证明，这不过是杯水车薪，两支梁国部队又迅速湮没在吴楚联军的如潮攻势中。

梁国还在城外的剩余士兵吓傻了，扭回头拔腿就向睢阳城里跑。而吴楚联军如秋风扫落叶，不大工夫，就把睢阳城围得水泄不通。就这样，梁王刘武十余年的经营，不到一天的工夫，就只剩下高大坚固的睢阳城和睢阳城里的战士、积蓄。

睢阳，孤城闭！

不过，刘濞计划中的另一支强大力量却出现了问题。

齐鲁大地上，七个封国，六个答应跟刘濞结盟搞事情，但齐孝王刘将闾突然反悔，并调集军队将临淄城的城防升级到最高级别。

临淄城，经刘肥、刘襄、刘则三代人集全齐之力修缮，现在由刘将闾继承了下来，可以说是当时齐鲁大地上最坚固的城。这意味着什么呢？意味着大齐国方面也碰到了像梁王刘武一样的超级钉子户！

济北王刘志那边也出了状况。说起来很搞笑。济北国的都城城墙坏了，正在由郎中令带着军民修城。这个郎中令居然趁势彻底夺取了军政指挥权，刘志连一根兵的毫毛都指挥不动！——平时不搞基础设施，关键时刻耽误事儿啊！

那么，大齐国就面临一个迫在眉睫的问题：整合齐国，让齐国真正大起来！于是，以胶西王刘卬为首，胶东王、菑川王和济南王一起去围殴齐王刘将闾，兵临临淄城下。这么一折腾，诸齐就被困在了临淄城下，无法将战火扩大。就这样，反叛的各诸侯国能直接给汉朝廷制造麻烦的，就只有赵国和赵国所勾结的匈奴。

但赵王刘遂也有麻烦。首先，内部有反对者。赵相建德和内史王悍都坚决反对他起兵谋反。所以，刘遂得先搞定这两位，最后赵相和内史都被刘遂杀了。但是，官职背后是权力，权力背后是实力，刘遂消化吸收这两位留下的权力真空，需要时间。其次，汉朝廷已经有动作了。而赵都邯郸，离汉都城长安最近，如果跳得欢，也就意味着会第一个挨打，第一个完蛋。因此，刘遂有所顾忌。

于是，刘遂宣布参与"清君侧"之后，只是发兵到邯郸西界，准备等吴、楚打下梁国后，再与吴、楚会合西进……

总之，赵王刘遂作壁上观了。

这时候，吴楚困于睢阳，诸齐困于临淄，赵做了缩头乌龟，七国各方的战略空间就被锁死，也就注定了败局。要破局，唯有吴楚迅速攻下睢阳，或者诸齐攻下临淄，但这很难，且按下不表，去看看汉朝廷的动作。

汉景帝刘启行动了。

晁错犯的第一个错误：他建议汉景帝御驾亲征，自己坐镇咸阳；晁错犯的第二个错误：他建议把徐、僮之间吴国没能攻下来的城池割让给吴国来做缓兵之计。这两个错误其实是告诉景帝：如何平定叛乱，我晁错一点用处没有！

晁错又犯了第三个错误：他打算趁着非常时刻，搞死政敌袁盎。他打算让御史大夫府的丞和史去干这事，不过被丞、史拒绝了，而消息也走漏给了袁盎。袁盎感觉到了危险，连夜叫上窦婴进宫，他支开晁错后，开门见山地提出："只要杀了晁错，吴、楚就不反！"

上一节讲了汉帝国在七国之乱前，因为削藩不单单中央与地方撕裂，朝廷内部也撕裂了。结合这个，再加上我们对"杀晁错能平息叛乱"根本是胡说八道的常识判断，袁盎与窦婴深夜入宫的这一表态，未必就没有威胁的意味：陛下，不杀晁错，朝廷内部就没法统一思想，您看着办吧！

在景帝刘启这，除了要背负一些心理压力，其实很好选择：对平定叛乱，活的晁错没用，死的晁错有用，以及袁盎、窦婴和他们背后代表的势力有用。

晁错被杀了，汉朝廷内部迅速统一了思想，以平叛为首要任务。

窦婴被拜为大将军，坐镇荥阳，背靠洛阳，控扼敖仓、成皋，拱卫长安，监视齐、赵。

郦寄被派去镇压赵国，赵王刘遂听说汉军前来，掉头回了邯郸固守——整个齐国之乱，这位就像蜗牛，探了一下头立即又缩回去了。

栾布被派去救援齐国。

中尉周亚夫被拜为太尉，选了三十六位将军带领帝国最精锐的部队去阻击吴楚联军，其中包括当时还是骁骑都尉的飞将军李广、韩王信的后代弓高侯韩颓当等。

至于信誓旦旦"只要杀了晁错，吴、楚就不反"的袁盎，则被汉景帝派去吴国出使，景帝顺着他的话，轻描淡写地给他穿了小鞋。

一切部署完毕，天下的形势又有了微小的新变化。

齐王刘将闾扛不住了，派路中大夫向汉朝廷求救。路中大夫汇报完成后，汉景帝又派路中大夫回去跟齐王讲，援军很快就到。当路中大夫马不停蹄地赶到临淄城下时，临淄城被围得水泄不通，路中大夫没法入城。但他想了个主意，他跑去跟诸齐联军讲："让我去劝降齐王。"于是，他成功地走到了临淄城下，与守军对接上了。但他却忽然大喊："兄弟们,再坚持坚持,拆迁补偿标准马上就提高了,千万富翁不是梦!(天子已经派周亚夫带百万大军打败了吴楚联军,很快就来救齐国,千万坚守!)"

路中大夫被诸齐联军杀了,但齐国也因此坚定了守城的信心。诸齐还得这么被困着!

周亚夫准备带亲兵出发去荥阳。一个叫赵涉的人在霸上这里拦住了他,建议他走武关道,以防吴楚在崤函通道搞刺杀。周亚夫听从了赵涉的建议,走武关,过南阳,北上洛阳,开武库,大发军兵东出准备与吴楚大决战。他还专门派了一支小部队去搜索崤函通道,居然真的搜出了刺客,因此,他就拜赵涉为护军中尉。

周亚夫的大军没有直扑梁国,他不打算在睢阳城下与吴楚决战,但他也不打算与锐气正盛的吴楚联军直接决战。他带大军快要到睢阳的时候,突然下令,折军东北,去了昌邑,这里在齐、梁、楚、赵的交会区,某种程度上可以起到阻绝齐与吴楚连成一片的作用。他在昌邑这里修筑了防线,然后耐心地坐山观虎斗。

梁国已经跟吴楚联军杀红了眼。吴楚联军围了睢阳城后,一次又一次发起攻击,一次又一次被击退。

梁国这边也到了极限。梁王刘武任命英勇善战的张羽和老成持重的韩安国分别为大将军,统领梁国将士坚守待援。他们派出候骑杀出重围,去向周亚夫求援,周亚夫无动于衷。早在离开长安之前,他就跟景帝请示过——拿梁国去喂吴楚是他的重要战略。

没有外援可以依靠,梁王只好倍加仰仗张羽和韩安国。张羽和韩安国也不负所托,使出了浑身解数。只见睢阳城下积尸如山,睢阳城却岿然不动。

周亚夫也不是什么都没做,他派出弓高侯韩颓当带领一支轻骑兵绕过吴楚联军的防线,直扑淮泗口,也就是泗水汇入淮水的入口。淮水转泗水,是中国古代相当长时期内南北水运的要道,吴楚联军这一次也利用淮泗水运送粮草。

周亚夫这是要韩颓当袭扰断绝吴楚联军的粮道!和当初刘邦用彭越、刘贾骚扰项羽后方一个路子!

在睢阳城里的张羽和韩安国渐渐发现,虽然吴楚联军仍然不分白天黑夜地攻城,但攻势却一日不如一日,到白天能见度好的时候,还能看清楚吴楚联军脸上的疲惫。吴楚联军已经师老兵疲!

刘濞在中军大帐里接到的坏消息越来越多。

栾布已经击败了诸齐联军,刘印们已经各回各家各找各妈,栾布正派兵分别打扫战场……

赵都邯郸被郦寄围得水泄不通,就像睢阳被吴楚联军围得水泄不通,但在更高层面上,攻守之势完全不同,郦寄是瓮中捉鳖,吴楚是最下攻城……

原来沿淮水入泗水源源不断运到前线的粮草,最近受到韩颓当的游击骚扰,已经越来越难以为继,而军中的粮草已经不多了,低级士兵已经削减了口粮配给……

刘濞打算找周亚夫决战,于是,他解了围,带大军向睢阳东边的下邑进发,在这里重新安营扎寨后,屡屡向周亚夫挑战。但周亚夫完全置之不理,只是告诫士兵严密坚守,名将都善于"先为不可胜"——周亚夫的营寨凛然不可侵犯。就这样又僵持了一段时间,终于在一天夜里,刘濞集结大军向周亚夫营寨的东南方向运动,真正的精锐却集结起来扑向周亚夫营寨的西北方向。

刘濞玩了一出声东击西!

但周亚夫是个剪刀、石头、布高手,多想了一步,他算着刘濞进攻东南是假,进攻西北是真,早就布置了重兵在西北方向严阵以待!

刘濞再一次碰壁!

吴楚联军坚持不下去了,粮道已经彻底断绝,军中的粮草也消耗殆尽,士兵已经陆续有饿死的,有逃亡的……

罢了,罢了!撤军吧!

周亚夫一直等待的机会来临,他下令:纵兵追击!

吴楚联军就此溃败,吴王刘濞带着亲兵千余人在夜里狼狈弃军逃窜,他没有通知楚王刘戊。等楚王刘戊回过神来,已经被汉军的洪流卷走,于是刘戊拔剑自杀,保留了最后的尊严。

栾布此时,已经收拾了诸齐的残局,胶西王自杀,胶东王、济南王、菑川王也都伏诛。齐王也没落着好,栾布听说他曾经参与诸齐缔约,就打算移兵攻打齐国,齐王吓得也赶紧喝药自杀了。于是，栾布回军去帮助郦寄。栾布军在邯郸城下与郦寄合兵一处，决开漳水灌邯郸城，邯郸城被冲坏。

赵王刘遂看大势已去，自杀！

刘濞的逃跑本领很了不得，一路逃到东越，收集败散兵卒，又拉起了一支万余人的队伍，准备组建流亡政府。但在汉的外交攻势下，东越人设计杀了刘濞，函首以献。

至此，齐、楚、赵、吴、胶西、胶东、济南、菑川等八个诸侯王全部授首，也就意味着，这一场地主阶级内部的大火并接近了尾声。

伍　尾声

战乱平定之后的中央地方格局：基本上，地方实力强大的潜在割据势力一战被打垮了。

吴国没有了。

在当时，封国制度不可能被完全废除，因此，景帝仍然打算复封吴国、楚国。

刘濞有个侄子叫刘通，七国之乱时，被临时封为汉朝廷的宗正，和袁盎一起去劝降刘濞。这时候，景帝刘启就打算封刘通为王，续刘仲之后。但是没成，窦太后不同意，窦太后觉得刘濞是宗室里的老人，本应该为天下诸侯王表率，结果却成了反面典型，太过分，不许续后。于是，景帝把自己的儿子，汝南王刘非封到了吴，号为江都王。是不是全吴很难说，根据《汉书·地理志上》，至少还包括了汉武帝后期的丹阳郡（鄣郡）、广陵郡、会稽郡，而豫章郡则可能收归国有。

有意思的是，刘非当时十五岁，很有勇气，在七国之乱爆发时，曾上书请求参军打仗，因此被任命为将军。也因此，战乱平定后，刘非被封为江都王。刘启这一安排的用意和爷爷刘邦当年封刘濞为吴王的用意很相似，区别是，这一次封的王是亲儿子。

刘启大概还想："这一次总不会再谋反了吧！"嘿，没想到，后来江都王刘非还真就谋反了！

楚国续上了。

汉景帝继位后，因为宗室近亲，封了楚元王刘交的几个儿子为侯，刘礼在其中，被封为平陆侯。同时，刘礼被任命为汉朝廷的宗正，位列九卿。此外，休侯刘富在楚王刘戊和吴国搞阴谋时，就巴巴地带着老妈逃到了长安，正确站队。于是，景帝复封刘礼为楚王，续刘交后。

楚的地盘究竟还有多大，也没有明确说法，但是，原来已经下令削夺的东海郡和薛郡无论如何不会再还给楚国。那么新楚国，最多不过秦时砀郡大小。

诸齐一大半没了。

胶西、胶东、菑川、济南这四个诸侯国死硬到底，最后王爷们自杀的自杀，被杀的被杀，死了之后，封地也都收归汉朝廷。

齐王刘将闾被栾布吓得自杀了。不过景帝念他死死拖住了胶西、胶东、菑川和济南国的军队，就当他与诸齐串谋是被胁迫的，于是，复封他的太子刘寿为齐王。

济北王刘志虽然因为特殊情况，仅参与了预谋，没参与实质谋反，但看齐王都自杀了，自己也吓得想自杀。不过，他手下一个叫公孙玃的人，建议并代表他向梁王刘武求情。这算是求对了人，梁王刘武在七国之乱中功勋显赫，这点面子，景帝还是给的。于是，济北王也保住了，还搬了个家，搬到菑川，成了菑川国王，和齐国紧邻，没事儿还能串个门。

就这样，齐地七个诸侯国，只剩下了齐、菑川和城阳三个。

刘遂的赵国也没了。刘遂这一支人丁单薄，又做出了罪无可恕的谋反，那就统统收归汉朝廷。

社会演变是渐进的，郡县制不可能一蹴而就，诸侯王还得封，中央与地方的斗争还得继续。

汉景帝刘启一生多子，有名有姓的，一共生了十四个儿子，刘彻继位为皇帝之外，其他十三个儿子都封了王。尽管这些王的地盘都远不如汉初刘肥、刘濞们的大，但加起来依然是一股不可小觑的势力。何况，文帝时封诸侯王的遗留问题也没完全解决，比如梁王刘武，比如淮南王刘长的三个儿子。

这都是后话了，接下来我们开个脑洞：刘濞怎么才能赢？

刘濞刚准备起兵时，有一个叫田禄伯的手下提出，给他一支五万人的军队，沿江淮而上，收淮南、长沙，入武关，作为奇兵。但吴太子对刘濞说："我们干的事，大逆不道，不能分兵给人，容易失去控制。"于是刘濞否决了田禄伯的提议。

还有一个人称桓将军的少年将军说："吴多步兵，利于在险地作战，汉多骑兵，利于平原作战。所以，我们应该放弃攻城，长驱直进，占据洛阳武库，取敖仓粮食，这样即便暂时不入关，也可以据险号令山东诸侯。"吴王就这一建议咨询老将们，老将们说"嘴上没毛，办事不牢"，于是这一决议也被否了。

吴国大军渡过淮河之后，有一个叫周丘的人，不知道什么原因，没有得到任何军职。但这位是个有抱负的，他就向吴王刘濞求得一副汉节，然后拿着这副汉节，趁夜回到老家下邳，矫诏召唤下邳令，然后出其不意把下邳令杀了，随后召集宗族兄弟、亲朋故旧拉起了一支军队，夺取了下邳，一夜之间得兵三万人。

——插个话，这位简直是韩信与项羽的结合体！

随后，周丘带着这三万人向北边攻城略地，走到城阳这里的时候，军队人数已经达到十万人，一度攻破阳城中尉带领的军队。

不过，也是在这时候，周丘听闻了吴楚联军溃败的消息。周丘想了想，觉得自己这点杂牌军根本不是汉朝正规军的对手，于是就带兵回下邳了，在路上，疽发背而死。

看了这三个人的故事，很遗憾地告诉各位：七国之乱，重复一百万次，刘濞可能一次都赢不了。

刘濞失败的最根本原因，不在于战术战略，而在于势。势就包含在吴太子劝阻刘濞的那番话里：王以反为名，此兵难以借人，人亦且反王，奈何？且擅兵而别，多它利害，徒自损耳！

刘濞不敢分兵，因为他是造反，这又不仅仅是造反，毕竟陈胜、吴广也是造反，贫民陈胜都敢分兵，堂堂吴王竟然不敢？

真相是，在秦帝国严刑峻法、徭役繁重之下，秦帝国有土崩之势，而汉帝国轻徭薄赋、与民生息之下，人心乐定，像周丘这种吃饱了还要造反搞事的毕竟是少数，用贾谊的话说，这是缓慢可控的瓦解，根本不可怕。

削藩损害的是贵族王爷们的根本利益，却符合最广大人民的根本利益，所以甭看袁盎、窦婴这些人都跳得欢，底层人民却会不假思索就站在汉朝廷一方。

有了这一基本认知之后，我们再讨论以刘濞为代表的七国的战术战略问题。

吴禄伯的分兵略地是个好主意，虽然整个汉帝国是湿柴，但尽力把战火烧得到处都是，才能分散汉朝廷的力量，才能有更大的机会。哪怕像周丘这样，多派出一些使节，也可能有意想不到的效果。而少年桓将军的计策却实实在在是条毒计。

当初英布谋反时，薛公给刘邦分析形势，讲英布有上、中、下三策可用。其中，上策是：东取吴，西取楚，并齐取鲁，传檄燕、赵，固守其所，山东非汉之有也。中策是：东取吴，西取楚，并韩取魏，据敖仓之粟，塞成皋之险，胜败之数未可知也。

刘濞本身联络赵、诸齐，与楚国合军，实际上在上策的范畴，刘濞的大串联搞得无可挑剔。而桓将军的建议，则兼取中策，极具可行性。吴楚二十万大军往洛阳一杵，诸齐反齐地，赵国在河北搞事情，没准淮南三王一看有利可图也就跳反了，只要吴楚联军能在洛阳坚持一年，绝对天下大乱。

但桓将军的建议，也有一个致命缺陷：怎么对付后方强大的梁国？

梁国最后是野战没扛住吴楚联军，但缩回城里后，却是生生扛住了吴楚三十万大军数月的攻击。若吴楚联军弃梁国西去，不用周亚夫绕大圈断粮道，梁国只要派出骑兵围绕梁国周边四处游击，吴楚的粮道就没得保证。

当然了，粮草问题嘛，只要占了敖仓，自然迎刃而解，但梁国以睢阳城为根据地，依托强大的军备与蓄积，完全可以制造出局部多打少的局面，组织起较大规模的会战，甚至可以轻骑直扑吴楚老巢。

总之，弃梁国不顾，是刘濞无论如何不敢冒的险。

那么，理想的局势当然是：诸齐联军西进围梁，吴楚联军占据洛阳力抗汉中央军，赵国在河北打野，煽动淮南三王加入谋反的队伍里，最后会兵与汉决战。

但这种理想的局势，需要像电子游戏一样精确的配合，还要各方都不能只为自己的利益打算，想要达成太困难了。

现实情况是，吴楚刚刚开拔，齐国反水了，诸齐被钉死在临淄城下。

刘卬咋就不能撇下齐国不管，直接率领诸齐联军西进呢？刘将闾看起来只是想自保而已，不至于在胜负未定时落井下石。这一点，很让人费解。但这都不重要了。

可惜了吕禄伯、桓将军、周丘，这些人若生在汉武帝时代，以武帝不拘一格用人的魄力，还怕不能建功立业裂土封侯？像桓将军，年龄应该不大，因此也尤其可惜。如果没有因谋反而死，他将有机会见识那个恢宏壮丽、义武奋扬的时代！

那个时代马上就要来了！

第七章 韬光养晦

壹　休养生息

秦亡于苛急，是汉初有识之士的共识。

事实也是如此，秦王朝的那一套治理体系，先进、高效，有一些不足之处，但大体上，对解放生产力、调控生产要素，有很大的促进作用。

制度并没有错，错的是执行。秦始皇想在自己活着的时候，就把所有事情办妥帖，让子孙万代坐享安乐。结局就是，秦帝国先进的治理体系，彻底成为秦帝国搜刮民力、物力、财力的工具，人民不堪重负。

尤其是，在战国纷扰数百年的混战之后，人民需要喘口气。而秦帝国还是像治理秦国一样，以耕战思维治理天下。于是，秦帝国以天下为燃料，燃料就把秦帝国烧毁了。

刘邦建立汉王朝后，充分吸取了这一教训。

击败项羽后，刘邦还没有被拥立为皇帝，就立即下了一道诏令："连兵八年，万民皆苦，如今天下事毕，赦天下殊死罪以外的犯人。"

暂时定都洛阳后，当年五月，刘邦又下令："士兵都解散回家。"这并非说是解除全国的武装，而是把为了应对楚汉相争临时征发的士兵都解散回家，一定数量的正规军是必然要保留的。

紧接着，刘邦又下诏令：

"诸侯子弟在关中的，免除十二年赋役，已经回到原籍的，免除六年徭役。

"百姓因战乱聚逃于山泽之中未列入户籍的,现在天下已定,鼓励都回到乡里,恢复原有的爵级、土地、住宅,各地官吏要按照律令来劝谕执行,不得强迫侮辱。

"百姓中因饥饿自卖为他人奴隶婢女的,都赦免其奴隶身份,恢复为平民身份。"

"前秦的军吏士卒一律免罪,其中没有助秦之罪而无爵级或原爵级不满大夫的,都赐爵为大夫,原有大夫爵级的各加一级。其中七大夫以上的都赐给可以收取赋税的食邑。爵级在七大夫以下的,都免除本人及家庭的赋税,不服徭役。

"爵级在七大夫、公乘以上,为高爵。诸侯子及从军归者,多为高爵。官吏应当首先安排他们的田宅,不得推诿。"

这一系列诏令,都着眼于安置灭秦之战、楚汉相争中规模庞大的将士。他们的战功要用爵级相应的待遇去回馈,他们复员回家又能成为新时期汉帝国经济建设的重要力量。

实际上,高祖刘邦在位时期,天下并不太平,打韩王信、打英布、打卢绾、打匈奴,依然是坐不安席、马不停蹄。所以,"与民休息"的贯彻是要打一些折扣的。

刘邦病逝,汉惠帝刘盈继位,吕后临朝听政。孤儿寡母,大部分的心思都用在与功臣的博弈中,这至少导致一部分被动的"无为而治",惠帝、吕后时期,存在一种"政令不出未央宫"的现象。

而实际处理行政事务的群体,萧规曹随打了一个样,之后的王陵、陈平大略也都延续了萧何时期定下的政策,核心思想也是"不折腾"。

年轻的刘盈觉得这样似乎哪里不对劲,他试图通过曹窋,让曹参主动有为,结果让曹窋挨了曹参一顿板子,而曹参的解释让刘盈也接受了"无为而治"。

轻徭薄赋,也是从刘盈这里开始的。他继位之时,在大赦天下的敕令里就包含了这么一条:减田租,复十五税一。而秦制,规定是十税一,实际征收时,汉初的一些政论家认为,最高可能达到百分之五十的税赋。

而减轻徭役方面,修筑长安城可以体现。

惠帝元年，计划修长安城。到了惠帝三年春，才第一次大规模征发长安城方圆六百里内男女十四万六千人，进行第一期工程，而且工期只有三十天。

此后，当年六月，又开展了第二期工程。参与者是诸侯王、列侯封国里因犯罪被罚作劳役的人。

第三期工程，是惠帝五年春，仍然是征发长安城方圆六百里内男女，这次是十四万五千人，工期仍然是三十天。

最后，到惠帝五年九月，历时五年，长安城才彻底修成。

在整个修长安城的工程中，我们可以看到，汉朝廷对征发徭役很谨慎。规模远不如秦帝国徭役规模大，工期也明显更短，而且选在农闲时节，局限在长安城周边，不至于扰动天下。

当然，笔者揣测，征发民工主要是为了关键节点的大土方工程。修长安城一定还有长期工匠，而长期工匠则主要由罪犯担任。

惠帝刘盈去世后，高后吕氏执政七年，除了将惠帝驾崩前准备废除的三族罪、妖言令落地外，就是一些例行的赏赐扶贫政策。所以，政令已经不是不出未央宫了，甚至不出"房闼"。而这恰好满足了战乱之后人民恢复生气的需要：遍地都是抛荒的土地，在人口膨胀之前，人民的主观勤劳就能带来国家财富的迅速增长。

吕后驾崩后，就到了历史评价极高的"文景之治"时代。

汉文帝刘恒即位后不久，就废除了秦法"一人犯法，全家连坐"的律令。而这只是小试牛刀，是汉初刑法宽弛的一个小例子而已。著名的淳于缇萦代父受刑的故事就发生在汉文帝的时代。

齐国太仓令淳于意被人告发，要被押解进京治罪。他的女儿淳于缇萦就跟随前往长安，向汉文帝上书。缇萦在书文中写道："人死不能复生，肢体被截断也不能复生。我愿意卖身给官府做奴隶，以求能替父亲赎罪。"

缇萦的上书，引发了废除肉刑的讨论，最终于公元前167年五月，下诏废除肉刑，改为笞刑。

不过，笞刑在之后的一段时间内，由于鞭笞次数过多，反而造成一些重伤致死的情况，到后来汉景帝年间，又下诏令减少了相应的鞭笞次数。

轻刑罚之外，汉文帝又是汉初最注重鼓励农桑的皇帝。皇帝亲自下田里扶犁耕种以做表率，就是从汉文帝开始的。

他听从晁错、贾谊的建议，在边境储备大量的粮食之后，在公元前168年，又在刘盈十五税一的基础上，下诏田租减半，变为三十税一。而在第二年，也就是公元前167年，干脆减免了全部田租。一免就是十余年，直到汉景帝继位，才又恢复了三十税一的制度。

不过，免税十余年这事存疑。根据景帝时恢复三十税一，免税十余年好像没问题，多位史学大家都赞成这一说法。但林剑鸣在《秦汉史》里有不同意见。他说，班固在写《汉书》时，只要没在税制改变之后标明持续几年的，都视为一年。也就是说，林剑鸣认为文帝只免了一年田亩租税。

这个问题很难有定论。但不管是免一年，还是免十年，都是了不起的善政。

有多了不起呢？奢靡无度的乾隆皇帝读《资治通鉴》读到这里，就曾经表示：怎么可能？了不起到十全老人都亲自下场表演桀犬吠尧了。何况，三十税一在古代也是极低的田租。

免田租之外，文帝后六年，因为天下大旱，他还下令开放山泽，免除诸侯的贡赋。这些事儿，包括上边的免田租，理论上都对保障民生很有利。

当然了，包括下放铸币权在内，汉文帝刘恒的很多政策从现在的眼光看都有值得商榷的地方。因为某种程度上，这是政府放弃了监管，而在一个以私有制为底色的帝国，政府放弃监管的一个严重后果就是：贵族、豪强、地主肆意兼并。而这最终将严重伤害帝国的经济活力。只不过，私有制之上还有集权皇权，后来因为汉武帝的强力，这反而让刘恒的政策最终起到了养肥了再杀的效果，倒也颇有黑色幽默的味道。

文帝刘恒还很节俭。

他曾经打算要建一个报时辰的露台，当听到工程预算说需要一百金后，他打消了主意，因为他算了一笔账：一百金是十户中产之家的资产。

他钟爱的慎夫人，常常穿着黑色粗丝的衣服，而且裙摆不拖地，住处的帷帐也不绣花。

他去世时，遗诏霸陵山川要维持原貌，不另外建造陵墓。而他活着的时候为自己修霸陵，用的都是瓦器，据说是没有金银铜锡这些贵金属的。

景帝刘启继位，情况稍微有些变化。

因为国家已经安定数十年，不论是国家还是民间都积累了相当的财富，人民的生活水平得到很大的提高。不过，也因此有了一些奢侈浮华的现象。但汉景帝依然延续了外和匈奴、内养民力的政策。扶贫年年有，赈济常不停。他恢复田租，但维持着三十税一的历史最低税率。

这样，经历了惠帝刘盈、高后吕氏、文帝刘恒、景帝刘启四位执政者五十余年轻徭薄赋、休养生息、刑法宽弛的积蓄，到公元前141年，汉景帝去世，汉帝国是这样的一个帝国：

各级别的粮仓、钱仓、货仓都满了。京师积钱巨万，穿钱的绳子都腐朽断掉；粮仓里的粮食一层一层地堆积，底层的都已经腐烂发霉。

战马储备不可胜数。一方面，官方有专门的养马场，《史记·孝景本纪》有记载"匈奴入上郡，取苑马"，上郡就建有规模宏大的养马场。另一方面，民间养马的也多，街巷之间、阡陌之中，马匹成群，以至于有人骑母马上街都要遭人笑话。

沿北边塞，有五年积粟。这在文帝采纳了晁错《论积粟疏》后，就很快完成积累。

普通老百姓日常都有肉吃。

总之，国家安宁，人民生活幸福。

不过，这样的描述，需要加一个定语——汉帝国非近边塞地区。边塞地区，尤其是帝国的北部边境，人民时刻在匈奴屠刀的威胁之下。

贰　匈奴这个对手

匈奴也是中华民族的一分子，他们的祖先是夏后氏的子孙，有名字，叫淳维。

最早的时候，匈奴并不叫匈奴。在传说中的尧舜之时，北方有山戎、猃狁、荤粥等游牧部族，进入周以后，常称戎狄、骑寇，他们逐水草而居，以骑射为常。儿童就能骑羊，拉弓射击鸟、鼠，长大些，射击狐兔，一旦成年，就是一名弓马娴熟的战士，披铠甲，骑战马，来去如风。

部族经济的结构相对单一，加上冬季来临，蒙古高原受寒冷气候影响，生存条件恶化。为了获得必需品，为了生存，匈奴就要南侵抢夺生存空间。

于是，匈奴就成了游牧与不时劫掠的战斗民族。

周王朝的祖先古公亶父，据说是最早见识到匈奴战斗力的。夏末动乱时，公刘率领部族迁到豳，在豳建立起聚落。

豳大概在现在陕北旬邑、郴州市一带，距离关中平原并不远。但游牧的戎狄部落迁徙劫掠竟能南侵到这一带。

到公刘的后代古公亶父时，因为受到戎狄的逼迫，被迫放弃豳，南迁到岐山下，进入关中平原。古籍每每称颂古公亶父礼让之风，真实情况是实在打不过战斗民族。

当周武王伐纣建立分封制王朝后，华夏文明核心区被充分组织起来，曾经发动过对戎狄的战争，俘虏了相当多的戎狄人，放逐在泾水、洛水北岸，也就是关中平原的东北部。

但当周衰弱时，烽火戏诸侯的周幽王被申侯与犬戎勾结杀死在骊山下，后来到周平王时，终于不堪犬戎侵逼，东迁雒邑。

后来，抵抗戎狄的任务分化。在关中，数代勇敢的秦人通过与犬戎的死战，驱逐了犬戎，占据了关中西部，成为一方诸侯。在山东，先有齐桓公伐山戎救燕国，后有晋文公伐戎狄平定子带之乱。

这之后的一段时期，中原文明得到进一步发展，列国的战备得到加强，散落在阴山以南的戎狄颇多被同化的。著名的有魏绛和戎、秦穆公征服西戎八国。到战国初期，赵襄子的兵锋都能越过句注山了。

不过，在战国列国开启兼并战争之际，沿北边境的戎狄也趋于整合壮大。所以，对战国的秦、赵、燕来说，经略北部边境都成了重大的国家战略之一：秦有伐义渠；赵有胡服骑射与李牧守代；燕有秦开攻破东胡、辟地千里。

秦、赵、燕三国还不约而同地在北部修筑了长城。但与此同时，因为列国的重心毕竟还在七国之间相互的攻伐，秦、赵、燕对北方游牧民族整体上还是处于守势。

当秦统一六国，秦始皇安排蒙恬驱逐了在河套平原上居住的游牧民族，在北方把秦、赵、燕三国长城连接起来，划定了农耕与游牧的边界。时不时地，蒙恬还越过长城，搞个蒙古高原一日游，炫耀兵威。

这是游牧民族第一次感受帝国铁拳的威力。

不过，秦二世而衰，长城以南，又陷入长达十年的分裂再统一战争。戍边的北境将士逃的逃，死的死，匈奴得以再度南侵，楼烦、白羊部落越过长城，重新占据河套平原。

这时候，匈奴还不是高原上最强的部族，最强的部族是燕国北部的东胡，次强的是河西走廊地区的月氏。

但匈奴出了个狠角色，冒顿。

冒顿是匈奴单于头曼的太子。但头曼后来有了小老婆，有了小儿子。头曼爱小老婆，爱屋及乌，也爱小儿子，于是就有了老掉牙的情节：头曼想换太子。冒顿因此被送到了月氏当人质。头曼要借刀杀人，带领匈奴向月氏凶猛进攻。月氏人要杀冒顿，但冒顿很机警，偷了月氏的汗血宝马，逃了回来。

匈奴人敬服强者，头曼因此很欣赏冒顿，就给他一万骑士，让他带领。

冒顿制作了鸣镝，就是会响的箭，他要求，鸣镝射向哪里，部下必须一起射向哪里，违者死。

冒顿去射猎，鸣镝所向，有迟疑的，都被他杀了。冒顿又去射猎，鸣镝射向自己钟爱的汗血宝马，将士有迟疑的，也都被他杀了。

冒顿没有去射猎，但在一次妻子要露面的聚会上，他把鸣镝射向了妻子。有的将士被吓到了，没有跟随，也都被他杀了。

冒顿又去射猎了，这一次他带着头曼单于钟爱的一匹马。他突然把鸣镝射向单于的爱马，鸣镝在前，万箭攒射在后，单于爱马被射成了刺猬，将士们没有一个犹豫的。

冒顿又去射猎了，这一次，他跟着父亲头曼单于。他把鸣镝指向了父亲，鸣镝在前，万箭攒射在后，头曼单于被射成了刺猬，将士们没有一个犹豫的。于是，冒顿自立成为新单于。后妈、异母兄弟、其他有异见的大臣都被冒顿诛杀。

冒顿单于自立后，强大的东胡趁着匈奴内乱，派使者向冒顿要头曼单于的千里马。

冒顿问群臣，群臣回答："千里马，是我匈奴的宝马，不能给。"

冒顿说："跟人互为邻国，何必吝惜一匹千里马。"

东胡得到了千里马。

东胡得寸进尺，不久之后，又派使者，让冒顿单于把老婆送东胡一个。

冒顿又问群臣，群臣回答："东胡太无礼，应该发兵打他们！"

冒顿说："跟人互为邻国，何必吝惜一个女人。"

东胡得到了冒顿最爱的女人。

东胡王彻底膨胀了，逐渐带兵西侵。不久之后，又派使者，让冒顿单于把匈奴与东胡之间一块瓯脱部族的弃地划归东胡。

冒顿又问群臣，群臣有人已经习惯了冒顿的绥靖，于是回答："这块没人要的地，给也可以，不给也可以。"

冒顿勃然大怒："土地，是国家的根本，怎么能割让给别人！"说错话的人，都被冒顿斩首示众。冒顿杀了人，一点不耽搁，披挂上马，传令国中："与东胡开战，来得晚的，斩！"

东胡还在家里坐等使者的好消息，没有防备，被匈奴彻底打败。东胡王战死，东胡的人民、牲畜、财产都被匈奴俘获。

消化了攻击东胡的战利品，匈奴瞬间成为蒙古高原上的最强势力。于是，匈奴向西击败了月氏，把月氏从河西走廊赶跑，向南吞并楼烦、白羊部落，基本上统一了蒙古高原，建立了部落联盟大匈奴。

自此之后，匈奴日益南侵，陕北黄土高原，山西代谷，北京市北部的崇山峻岭间，都有匈奴的踪迹。

一个统一的、充分整合的、动员能力大大加强的战斗民族，这就是匈奴，大汉帝国的对手。

叁　和亲

汉初立国伊始，匈奴就成为不胜其扰的对手。

高祖刘邦的后半生是战斗的一生。自公元前209年起兵反秦，至公元前195年驾崩于长乐宫，十五年间，灭秦、灭楚、剿灭异姓诸侯，征战无数。除了项羽，刘邦面对其他人，凭借匪夷所思的用人之明和从善如流，基本上都是碾压态势。

然而就是这么强大的刘邦，在平城附近的白登山吃了一次闷亏：他和他的先头部队被匈奴三十万大军包围在白登山足足七天，粮援断绝，又恰逢天寒，士卒手指冻掉的有十之二三。

最后，虽然在各方的努力下，匈奴接受了汉的条件，解围议和。但刘邦撤军到广武，立即下令杀了此前派出哨探侦查的十几波使者。

事情是怎么回事呢？

刘邦作为身经百战的军事统帅，面对一个全然陌生的对手，是很注重情报工作的，与匈奴大战前，他多次派使者进入匈奴聚居区，刺探情报。但使者汇报，都说：匈奴马瘦毛长，匈奴老弱居多，匈奴容易打。

刘邦仍然不放心，又派出了刘敬，也就是劝说刘邦定都长安的那位山东人娄敬。刘敬的调查叙述和前十几批使者没什么区别。但刘敬的结论完全不同，他对刘邦说："两军交战，应该夸耀武力震慑对方。现在匈奴只有病残老弱，一定是故意示弱，要伏奇兵阴我们。"

而此时，汉军部分已经越过句注山，大部队二十多万人也已经开拔。开弓没有回头箭，刘邦因此大怒："齐国佬！靠着一张嘴得的官，竟然胡说八道长敌人威风，灭我汉军士气！"

于是，刘敬就被逮捕了，丢在广武的监狱里。

事后证明，刘敬是对的。而刘邦毕竟是刘邦，不是袁绍，也不是秦昭襄王，面子对刘邦重要，但远见卓识的人才更重要。刘邦退兵至广武，大开杀戒的同时，赦免了刘敬，并当面向刘敬承认："我被困平城，都是因为没有采纳您的建议。"

刘邦还封刘敬为关内侯，号建信侯，食邑两千户。

而匈奴问题总要解决，白登之围证明打不是好办法，尤其是在国内并不安定的情况下，学秦帝国暴师在北境十余年是不明智的。

刘邦问计于刘敬，刘敬给出的建议是和亲。刘敬的图谋是，占辈分的便宜，指望冒顿和汉公主生的儿子继承单于位，那么作为外孙，按中国礼仪之邦的规矩，没有跟外祖父干仗的。

和亲无疑是屈辱的，但当时确实是有效的。不过有效的方式，并非因为刘敬所谓的"外孙不打外祖父"。匈奴冒顿单于，弑杀父亲，娶了父亲的其他阏氏，落后如斯，期待匈奴人"外孙不打外祖父"是很搞笑的。

真正有效的原因是：汉朝的钱币、高级丝织品、谷物、假公主，让匈奴单于等贵族很受用。原先需要流血牺牲才能得到的东西，现在打声招呼，汉朝廷就会送来，那何必打打杀杀？好好过日子不香吗？

相对和平就是这么来的。强汉初年对匈奴的妥协与弱宋对辽的妥协并无本质不同。区别是，强汉终究要打回来，那么和亲反而成了温柔一刀，让大汉得到温柔，让匈奴承受一刀。

匈奴强大的一个重要原因：抢是他们的生活方式。和亲让他们渐渐不愿意去抢，某种程度上改变了他们的生活方式。导致的深远影响是：当汉武帝决意消灭匈奴时，匈奴最擅长的骑射机动方式，竟然不如强汉——汉在学习，匈奴在腐化。

和亲，刘敬是倡议者——当然，笔者怀疑，白登之围时，刘邦、陈平已经与匈奴达成了耻辱意向——所以，刘敬又被派去出使匈奴。

刘敬出色地完成了使命——这使命也并不难完成。但刘敬作为大汉建国后新崛起的顶级战略家，总能有出人意料的建议。

刘敬出使回来后，向刘邦汇报："黄河以南河套地区的匈奴白羊、楼烦部落，离长安只有七百里，骑兵急行军一日一夜就可以侵逼关中。"

刘邦很敏锐，忙问刘敬："那怎么办？"

刘敬胸有成竹，不慌不忙地说："天下初定，关中人少，但土地肥沃，可以想法增加人口。"

刘邦问："那怎么才能增加人口呢？"

刘敬微微一笑，说出了一条让天下豪族恨不得揭他皮、抽他筋的主意："愿陛下迁徙齐诸田，楚昭、屈、景，及赵、韩、魏、燕的后代，及其他豪家大族来关中。"

这就是汉代著名的强干弱枝国家战略，一直到汉宣帝时，都得到了有力的执行，这一手对打击地方势力堪称釜底抽薪，自然也大大加强了中央集权，增强了汉帝国的国家力量。

不过，这是后话。在当时，并不能改善汉帝国面对匈奴的羞耻局面。

身经百战的刘邦在世时，奈何不了匈奴。刘邦去世后，孤儿寡母，更奈何不了匈奴。冒顿单于作为一代枭雄，享受汉朝廷贡献之余，在刘邦去世后不久，就遗书高皇后吕雉："我是生长在穷漠旷野沼泽中一个孤独无依的君主，有心到中原游览一番。听说陛下新近丧夫，也是孤独无依。我们两个君主，孤孤单单，伥伥惶惶，不如我们彼此以有易无。"

以有易无，是冒顿含蓄的说法。需要翻译一下，那就是：咱俩结婚吧。

这种言语，在匈奴，或许是一种常见调情手段，但在中原，就是莫大的冒犯与侮辱。而显然，冒顿并非无意，他不可能对不同国情下这份国书的不同解读一无所知。

高皇后吕雉的反应一猜便知。吕后勃然大怒，当即召集丞相陈平及樊哙、季布等人前来商议，准备斩杀匈奴来使，发兵进攻匈奴。当然了，作为一个克制的政治家，吕后的反应必然有政治表演的成分在内，真正的决策，则需要诉诸利益集团内部民主。

樊哙作为吕雉的妹夫，吕氏集团利益的实权派代表人物，首先表达立场："臣愿意领十万精兵，横行匈奴中。"

但是季布表示反对。季布直抒立场："樊哙可以绑到菜市场斩首示众了。先前高皇帝发众三十二万击匈奴，樊哙当时是上将军，当高皇帝被围于平城，而樊哙不能救，现在却妄言进攻匈奴，是当面欺瞒君主。匈奴是蛮夷，如同禽兽，他们说什么话不必在意。"

说个题外话，这一番朝议，可以帮助我们挖掘一下平城之围的一些信息：第一，樊哙、周勃率领的大部队在与匈奴外围及韩王信余众的作战中，占尽便宜，所以樊哙才有胆气说"横行匈奴中"；第二，刘邦在白登山七天打得着实辛苦，辛苦到说什么也不打了。

而高皇后吕雉的拍板，则体现了白登之围对国家政策的深远影响：军功派时刻想复仇，但基本国策却是以和为贵。

吕后命大谒者张泽回报冒顿单于："单于心里念着下国敝邑，赐予国书，让我诚惶诚恐。但我退而自思，年老气衰，头发脱落，牙齿松动，步履蹒跚，单于不要听人瞎说，我不值得让单于记挂。而敝国下邑无罪，请求单于宽恕。我有两辆马车，驾车的马四匹，贡献给单于，希望单于笑纳。"

忍气吞声、卑躬屈膝，于是汉匈再度缔结和亲盟约。

肆　练兵

汉文帝这个人表面沉静似水，内心其实很狂野。举例说明。

张释之是文帝朝的法制标杆，但比较讽刺的是，他最早是花钱买的骑郎。骑郎可以理解为皇帝的骑兵侍卫长。他在骑郎位置上干了许多年，一直得不到升迁，就打算辞官回家。

袁盎知道张释之有才能，就向文帝强烈推荐他。文帝找张释之聊了聊，觉得这人有料，就拜他为谒者仆射。

谒者仆射隶属九卿之一的郎中令。郎中令类似现在的中央直属参赞机构，像办公厅，或者书记处，是在皇帝身边直接为皇帝服务的。那么谒者仆射大概相当于中央办公厅主管礼仪、传达的副主任。

后来又因为上林虎圈问对事件，迁为公车令。公车令属卫尉，俸禄只有六百石，不比谒者仆射的一千石。但公车令掌管司马门，还负责夜间的宫中巡视，最重要的，上至王侯、下至吏民，想见皇帝，都得由他通报传达。

这就不但是皇帝近臣，而且是实权人物了。

掌管司马门期间，文帝两个儿子，梁王刘武、太子刘启过司马门不下车，张释之楞是不让进殿，回头还要治二位大不敬的罪。

文帝觉得，这老儿有点意思，就又升官了，迁为中大夫，很快又拜为中郎将。

中郎将相当于光禄勋的副手，秩为比二千石。

关于二千石这里简单科普一下。汉代俸禄主要有万石、中二千石、真二千石、二千石和比二千石。中二千石，月俸一百八十斛，一年实得两千一百六十石。真二千石，月俸一百五十斛，一年实得一千八百石。二千石，月俸一百二十斛，一年实得一千四百四十石。比二千石，月俸一百斛，一年实得一千二百石。一斛在汉朝，其实就是一石，十斗，约合现在的六十斤。

继续说回张释之。担任中郎将不久之后，张释之又晋升为廷尉，位列九卿，掌管汉朝刑罚。那接下来的事，自然跟刑罚有关。

有一次，文帝出行，走到中渭桥，突然有个人从桥下跑出来，惊到了马，吓到了文帝。文帝当即大怒，让手下把这个人抓了，送廷尉。

廷尉张释之很快呈上了判决结果：这个人看到圣驾来，来不及避让，赶紧往桥下躲，躲了一会儿，觉得圣驾应该过去了，就出来了，属于不小心，罚金了事。

文帝接到张释之的判决结果，大怒："此人惊到朕的马，幸好此马性情温顺，如果是匹烈马，朕岂不是要受伤？廷尉竟然只判了罚金？"

张释之不卑不亢地回答："法律，是天子和天下人共同拥有的。法律规定罚金，陛下如果坚持重判，则法律就不能取信于民。如果当初陛下就下令捕杀此人，我无话可说，但既然交给廷尉，就必须依法办事，让人民有法可依。"

还有一次，有人偷盗高祖庙里的玉环，张释之判决结果是弃市。文帝很生气，又不同意，他本意想让张释之判这个人灭族。结果，当然又是张释之坚持按律令胜出。

这两个事情，一则体现张释之依法治国、执法相对宽平，二则体现文帝能纳雅言、尊重法律、刑罚宽松。

但进一步想，还透露出两个信息：第一，文帝也是肉体凡胎，有七情六欲，脾气还有点暴躁。第二，所谓的文帝朝刑罚宽松，是相对秦皇、汉武，及后来的大多数皇权时代，本质上，对劳动人民，统治阶级还是很残酷的。

文帝类似的小暴躁、小狂野，张释之的贵人袁盎也有体验。

文帝有一次去霸陵考察，回来的时候，突发奇想，想玩一把生死时速、极限漂移、激情与速度，他打算从霸陵高处沿陡坡驾车飞奔而下。天子六驾，汉文帝的专车是六匹骏马拉的。骏马可不是人工智能，这么玩，考虑当时的情况，刺激和危险系数不啻翼装飞行！

袁盎赶紧拦在车前，拉住缰绳："陛下，不是这么个作死法啊！"

当然，袁盎这种顶级辩才，不会真的这么说，但这不是重点，重点是劝住了文帝，并没费很大工夫。

凡此种种。文帝刘恒给我们的固有印象是谦谦君子、忍者神龟。但实际上，这都是修身功夫。在文帝克制、稳重的政治素养背后，他有一颗躁动的、狂野的、尚武的心。那么，这样的文帝即位后，对匈奴的战略势必不会与高祖、高后时代完全相同。

刘恒想试一试，再寻求和匈奴来一次决战。

刘恒不是吃饱了没事干，实在是匈奴人不讲信誉。

当然，公道地说，匈奴人也未必是不讲信誉。一则，贵族们享用了大汉送去的丝绸、钱币、美酒、女人后，饱暖思淫欲，抢个劫，就当搞文体活动了。二则，大汉的奢华贡物，匈奴底层人民是无福消受的，但有些必需品，比如过冬的储粮，仍然要想办法去搞，必要时，劫掠是转移匈奴内部矛盾的好办法。

所以，尽管缔结了和亲之约，匈奴仍然是每年一小抢，三年一大抢，边境从来没有真正的宁静。这窝囊气，家底已经越攒越厚的大汉皇帝刘恒受够了。于是，当汉文帝三年，匈奴大规模入侵时，文帝刘恒决定反击。

汉文帝三年，匈奴右贤王南渡黄河，继续南侵，杀掠依附于汉帝国的北方少数民族聚落及边塞人民，兵锋直指陕北山区。

这里要简单交代一下，匈奴的组织结构。

匈奴单于之下设置了左右贤王，左右谷蠡王，左右大将，左右大都尉，左右大当户，左右骨都侯等。而匈奴以左为尊，太子一般任左屠耆王，也就是左贤王。从左右贤王以下，到左右当户，都有私兵，大的有万余骑，小的有几千人，一共有二十四长，称为"万骑"。万骑之下，还有千骑长、百长、什长、相、封都尉等，基本上靠实力说话，实力则靠统领部属多少说话，而部属的来源大多是部族成员。他们没有行政长官，军事长官就是行政长官，也不像中原王朝有大量的行政事务要处理。

匈奴法令极其简单，"拔刃尺者死，坐盗者没入其家；有罪，小者轧（以刀割脸），大者死"。很简单粗暴，但直接有效：禁止私斗、偷窃的没收他的家产，惩罚只有两种选择，奸人弄法的空间就很小。

我们看地图，是上北下南左西右东，但匈奴不一样，他们面向南边，所以左在东，右在西。因此单于的地盘在单于庭，而左贤王则在中国的东北地区，右贤王在中国的西北地区。左右贤王，在各自的地盘，具有极大自主权。

各大小部落每年会有三次聚会，一是正月间在单于庭的小祭祀，二是五月在茏城大祭祀，三是秋天的时候统计匈奴国的人口畜产情况。

那么，汉文帝三年，入侵汉帝国西北边境的右贤王，其部众主要就活动在阴山西北一带。

汉文帝接到战事的奏报后，立即命令灌婴带领车骑八万五千人向高奴进发，高奴也就是今天的陕西延安市。而同时，调遣中尉材官给卫将军张武，由他率领守卫长安。

灌婴一军的意图，主要在于主动防御，在陕北建立防线，御敌边境，同时也要寻机重创匈奴。张武军则属于被动防御，在京师腹心构筑第二道防御，也是最后一道防御。

但匈奴右贤王的战略意图，仅仅是吃饱了出来消消食，顺道打个劫，并无与汉军主力决战的打算。所以，听闻汉军主力出动的消息，右贤王一声令下："风紧，扯呼！"匈奴人一下子跑得干干净净。

在派灌婴带领大军前往高奴后不久，汉文帝自己也亲临高奴。现在匈奴人跑了，汉文帝无奈，也只好将军事行动转为组团旅游。他顺道前往太原故地重游了一番。

恰在这时候，发生了济北王刘兴居叛乱，于是罢兵撤军，掉头掐灭了刘兴居。汉文帝刘恒的第一次抗击匈奴就这么不了了之。

而匈奴的冒顿单于得了便宜还卖乖，不久之后，给汉文帝刘恒下了一封国书，开头寒暄了一番"天所立大单于敬问皇帝安康"，随后表示右贤王扰边这事儿是他自作主张，起因是汉边吏对右贤王不敬，然后很应付地道了个歉。

冒顿的逻辑：我先动手的，但过错在你，我现在意思意思道个歉，你原谅也得原谅，不原谅也得原谅。随后，话锋一转："我新近刚刚击败了月氏，占领了天山脚下的肥美水草，西域二十六部都成了我的小弟，整个北边我说了算。现在想讲和休战，保证边境世代安宁。不知道汉皇帝您的意思，如果您不想我们的人靠近边塞，您也把边塞的人民内迁，留出缓冲区。"

汉文帝大概真的想打，但公卿讨论之后，决定继续和亲。

另外一个原因是，国内不太平，灌婴去世了，绛侯周勃被人告谋反，被汉文帝趁机关进监狱敲打了一番。拥立功臣系的凋零，让文帝刘恒的皇帝权力得到加强，但与此同时，他也更加成熟，更加懂得克制、平衡、妥协与忍耐。

汉文帝六年，回书匈奴：

"皇帝敬问匈奴大单于无恙。前使传书说愿意复约修好，我很赞赏，这是古代贤明君主的行为。

"汉与匈奴约为兄弟，每年馈赠很多，而背约损害兄弟之亲的，常常是兄弟。不过，右贤王犯边之事，在大赦之前，大单于就不必穷究他的罪过了。

"如果今后，大单于能约束部下，遵守盟约，我们也会像大单于使书中的要求去为和平努力。

"听使者说，大单于作战辛苦，车马劳顿，特赠送御用绣夹绮衣、长袄、锦袍各一件，金发饰一件，黄金装饰的大腰带一条，黄金带钩一枚，彩绸十匹，锦缎二十匹，赤绨、绿缯各四十匹。"

相比吕雉时的答书，汉文帝刘恒更有打的底气，外交辞令上也显得更柔中带刚、不卑不亢一点。

不久之后，冒顿单于死了，子稽粥立，号称老上单于。

换了新单于，汉朝方面为了巩固和平条约，自然要送出新的"假公主"嫁给新单于。一个宗室女子被册封为公主，送往匈奴成为老上单于的阏氏。

陪嫁的队伍中，有一个叫中行说的宦官。这位宦官虽然没有了男根，但有非常强烈的自我意识，他表示不愿意去匈奴吃风喝雪。尽管汉初的专制皇权还没有到对所有子民说一不二的地步，但对中行说这种可能还是奴籍的刑余之人说一不二还是做得到的。汉朝廷的答复是：必须去。

中行说却也放话："如果一定要我去，我去了必定成为汉的祸害。"随后，到了匈奴，中行说就向老上单于投降，成为老上单于的智囊，深受单于宠幸。

史上第一个大汉奸就这么诞生了。

中行说破坏汉匈和平关系的方式，概括起来就是：去汉化。

和亲政策对汉是屈辱的，对匈奴却是温水煮青蛙，有从经济基础上瓦解、同化匈奴人的作用。中行说可谓对症下药、一针见血。但实际执行起来，也就那么回事。

中行说让匈奴贵族不要穿汉朝的丝绸衣服，不要吃汉朝的东西。但人的本性，对美好的东西，永远充满向往。中行说的思想是在和人性对抗，必然用力多而见功少。所以，直到汉文帝十四年，包括中行说在内的主战派最终占据了上风，匈奴才得以再度组织起大规模的入侵。

这次入侵，由匈奴老上单于亲自带领，自西北突入，突破朝那、萧关，攻杀北地郡都尉卬，掳掠了大量的人民畜产，随后大军在彭阳屯驻，派出小股部队哨探、骚扰，回中行宫被烧毁，匈奴候骑逼近关中平原边缘北部山区的甘泉宫。

汉文帝的应对和文帝三年那次应对入侵类似：

长安腹心必然要有重兵守护，由中尉周舍、郎中令张武为将军，发车千乘，骑十万，屯守长安周边。

进攻是最好的防守，是积极防御。汉文帝又拜昌侯卢卿为上郡将军，宁侯魏遬为北地将军，隆虑侯周灶为陇西将军，东阳侯张相如为大将军，成侯董赤为将军，大发车骑对匈奴积极反攻。

从动员规模上看，汉朝方面，中央政府的军备能力显著提升了。但从结果来看，和文帝三年那次入侵，并无不同。汉朝至少十几万积极防御的军队，与匈奴十四万入侵军队，在陕北、陇西山区玩了一个多月躲猫猫，最后匈奴出塞撤退，汉军欢送至塞上而还。

看起来，双方似乎很有默契，彼此亮一下肌肉，点到为止。

十年前，汉文帝很想打，这一次，他同样很想打，他甚至要御驾亲征，但最后被众臣及薄太后劝住。那么，实际上的默契，可能是汉军前线指挥官及后方主和派与匈奴的默契，不是汉文帝刘恒的，或者至少不全然是。

而汉军对匈奴的大规模入侵无可奈何，让匈奴人更加嚣张，接下来几年内，匈奴多次发动万人级别的入侵，汉朝沿边的云中、辽东都深受其害。于是，四年后，公元前162年，汉文帝再次下国书给匈奴，双方重新开启了和亲谈判。汉朝方面，再一次用妥协与让利换取了暂时的和平。

然后，老上单于死了，子军臣单于立，中行说继续受重用，那么匈奴的对汉关系就只能在敌对的主旋律中掺杂着贪婪前行。

公元前158年，军臣单于继位有几年了，坐稳了位置后，再次发动对汉朝的大规模入侵。

这里笔者注意到，匈奴在汉文帝十四年那次军事演习一般的入侵之后，调整了对汉边境骚扰的战略——不再集中兵力一点突破，而是利用匈奴骑兵的机动，沿边多点袭扰。这一调整，某种程度上，反映了汉匈战力对比的急剧变化，匈奴开始刻意避免可能的大兵团决战。

军臣单于在公元前158年组织的这次入侵也是在这一战略思想指导下进行的：匈奴人分兵两路，分别入侵北地郡和上郡，每一路各有骑兵三万人。

汉朝方面的防守，依然是老两样：内部守长安，护腹心，这一次是长安西细柳、渭北棘门、霸上三营；外部屯险要并逐渐集结寻求决战，由于匈奴战线扩大，除了北地郡三将军屯守之外，代地的句注山、赵地的飞狐口都有重兵把守。

结局也没有特别的事情发生——汉军完成集结后，匈奴就有序撤退，匈奴撤至塞外，汉军追至塞上结束。

以上，就是汉文帝时期，匈奴对汉的三次大规模入侵，分别发生在汉文帝三年、汉文帝十四年和汉文帝二十二年。

战争的过程堪称千篇一律：匈奴机动袭扰，汉军集结主力意图在主动防御中寻求决战，但最终都变成了匈奴人的观摩团。

汉军的防线，主要围绕秦长城展开，但无法阻止匈奴越过长城，对沿边人民烧杀劫掠。御敌于国门之外，面对机动灵活的匈奴人，汉军心有余而力不足。

根本原因是什么呢？在大战略上，汉只是被动防御。边境线，对匈奴仿佛不存在，对汉却是故步自封的结界，汉军从来不敢越境作战。匈奴几万人的入侵，就能调动起汉军主力的大规模动员。兵马未动，粮草先行，汉军被动防御的消耗是匈奴的数倍。如此下去，纵然汉帝国体量庞大，也经不住持续不断的放血。

所以，当汉文帝在公元前157年去世后，更加隐忍的汉景帝刘启，放弃了大规模集结，在对匈外交上身段更加柔软。

汉景帝的策略：既然无法越境作战，犁庭扫穴，那就干脆少动积蓄力量。

值得注意的是，汉文帝的皇后窦皇后，汉景帝时期的窦太后，钟爱黄老之道，是文景两朝政治的重大影响力量——她无法左右文帝的意志，但可以影响；对景帝，窦太后则可以举起孝的大棒，让景帝不敢在基本国策上随意出轨。

在这种情况下，景帝时期，汉匈边境长达十六年的相对安定，可以说，不无窦太后的影响。

对景帝刘启而言，专注于内部建设的他，也需要这种外部安定——他继位后第一时间，就与匈奴重申和亲的友好关系，平定七国之乱时，匈奴最终没有跟赵国实质搅在一起，汉朝廷的外交显然没少使力气。

最后，当时间来到公元前141年，汉景帝刘启驾崩时，汉帝国对匈奴的和亲政策已经延续了六十余年，汉帝国也和平发展了六十余年，帝国财富的积累到了惊人的地步。

是时候，对过去六十年所有的屈辱、血泪算一个总账了。

第八章 少年汉武帝

壹　汉景帝是个好爹

汉景帝这个人，出了名的刻薄寡恩。当然了，老刘家，刻薄寡恩是基因带来的：

刘邦铲除异姓王，心狠手辣。

汉文帝算是比较仁慈的，拥立首功的周勃仍被他关进了监狱狠狠敲打了一番。

到景帝这，能够制约他权力的人越来越少，就更刻薄寡恩得无所顾忌。汉景帝刘启的继位波澜不惊。文帝元年正月，刘启就被立为太子，而他的生母窦氏，也在两个月后，母以子贵立为皇后。

但我们看《史记·孝景本纪》开头：孝景皇帝者，孝文之中子也。母窦太后。孝文在代时，前后有三男，及窦太后得幸，前后死，及三子更死，故孝景得立。结合《史记·孝文本纪》与《汉书·外戚列传》，有理由怀疑，文帝刘恒不明不白死掉的三个孩子，跟窦氏有莫大关系，而景帝刘启作为窦氏的长子是直接受益者。

贾谊在文帝刚继位就得以成为近臣，晁错则是刘启为太子时的家臣。而贾谊、晁错这两位，都是中央集权的坚定支持者，都为削弱诸侯提出了高瞻远瞩的对策。那么，在景帝刘启只是太子的时候，恐怕对宗室诸侯王已攒下了足够的敌意。

刘启因为和吴王刘濞的太子下棋起争执，就拿起棋盘把吴太子砸死了。往好的方面想，年轻气盛，冲动失手；往坏的方面想，这未必不是刘启激化吴国与中央矛盾的一步棋。万一吴国被激反了，有老爹收拾残局呢。不过，最终因为文帝刘恒的克制与安抚，矛盾被暂时压制了。

晁错毫无疑问是刘启的心腹，刘启刚继位不久，他就坐上御史大夫的职位，贵为副相，而正相申屠嘉在景帝的帮助下被晁错气死了。但当吴楚起兵，景帝必须团结窦婴、袁盎等勋贵建立统一战线时，晁错立即就成了替罪羊。晁错以亚匹贾谊的大才，前一天还一人之下万人之上，书生意气挥斥方遒，第二天还穿着朝服，直接被骗到东市腰斩，父母、妻子、兄弟三族全部被诛夷！

当时，在盛怒的申屠嘉面前，景帝对晁错有多爱护，此时，他对晁错就有多残忍！晁错就像太子刘启当年手中的棋盘，都是刘启拿来逼反吴王刘濞的工具。

我们现在看史料关于七国之乱的记载，很容易觉得汉景帝是操之过急后的仓促应对。但拉长了视角，在历史大趋势下，统一是浩浩荡荡，割据势力是逆之者必亡。

那么，对有众多高参、本身又有极高政治水准的景帝刘启，他会看不到这种趋势吗？

如果，结局已经注定，那么，晁错、窦婴、袁盎、周亚夫就都是手段，都是工具。梁王刘武，景帝一母同胞的弟弟也是工具。

《史记·梁孝王世家》记载，景帝三年，梁王入朝，景帝对刘武尊崇无比。关键是景帝还给刘武画了一个大饼。当时，景帝还没立太子，他就在酒酣耳热时，跟刘武说："亲弟弟唉，我千秋万岁之后，就传位于你。"

刘武这时候倒也拎得清，连忙辞让，也没有真当回事。但皇帝哥哥这么推心置腹，上头有没有，想肝脑涂地有没有！

注意，这应该是景帝三年新年的事儿。汉以十月为岁首，准确时间应该在十一月前后。然后，各位猜怎么着？"其春，吴楚七国反"，刚过完年，七国之乱爆发，按《史记·孝景本纪》的记载，则是汉景三年正月。

刚刚吃了皇帝哥哥画的大饼的梁王刘武，自然是拿出梁国的全部战力拼命抵抗吴楚联军，死伤惨重，杀伤也惨重，七国之乱平定后，算人头，梁国军队杀伤与汉军差不多。

了解周亚夫破吴楚兵细节的各位都知道，周亚夫带领的汉军长期作壁上观，等到梁国与吴楚两败俱伤才出手捡晕鸡。而周亚夫的这一作战方略是得到景帝刘启坚定支持的。

而七国之乱一平定,景帝立马立了刘荣当太子。周亚夫作为汉军最高统帅,在平定七国之乱时,立下了赫赫战功,但因为不救梁国也得罪了梁王刘武和窦太后。

景帝赏有功,周亚夫增食邑,当太尉、丞相,倒也荣宠一时。最终,在景帝去世前,周亚夫还是因谋反之名被逼死。

而巧合的是,梁王刘武在前一年郁郁而终。电视剧《汉武大帝》里把周勃视为牵制刘武的重要棋子,刘武一死,周勃也就完成了历史使命。

甚至亲儿子刘荣也成了景帝的棋子。平定七国之乱后,刘荣被仓促立为太子,怎么看都像是针对梁王刘武。而在最后,景帝改变了自己的主意,刘荣被废为临江王。再后来,临江王刘荣因为侵占祖庙用地被逮捕,负责审讯的是郅都。刘荣想上书辩白,郅都不让。最终,刘荣无奈自杀。

表面上郅都是刽子手,但郅都再怎么也只是个酷吏,他能有多大的胆子,不让刘荣上书辩白,以至于逼死皇子。所以,根本上还是景帝刘启不让刘荣上书辩白,这事儿,不敢细想!

魏其侯窦婴,在七国之乱时,为大将军,坐镇荥阳,监攻齐、攻赵的军队,举足轻重。这位倒活到了武帝朝。但他后来死于与田蚡争权,却又与景帝有莫大关系。怎么回事呢?

景帝去世前,赐给窦婴一个遗诏"事有不便,以便宜论上",字面意思是"如果有麻烦,就直接找皇上"。但这么句话,掐头去尾的,讲的事,可以很小,也可以很大。小了,危急时刻,当免死金牌用。大了,像《汉武大帝》演义的,万一来个王氏专权,窦婴就是安汉的又一个周勃。

结果,危急时刻,窦婴拿出来当免死金牌用,尴尬的是这个遗诏宫里头没有备案。窦婴直接被判了个"矫诏弃市"!

这诏书的事情现在是说不清楚了,但窦婴被这个"遗诏"直接坑死了,却无疑问。

综上所述,吴太子、晁错、刘武、周亚夫、刘荣、窦婴,在只有理性没有情感的冷酷政治家景帝面前，都是一张张厕纸，需要时拿来用，用完就扔纸篓里，或者冲下水道去。

不过，汉景帝这一手刻薄寡恩，却为他的儿子，汉武帝刘彻扫清了大部分障碍：

——吴、楚、诸齐、赵等诸侯国，实力强大，严重威胁汉朝廷统治。刘启爸爸说："儿子，别担心，个头大的这几个，爸爸全给你放平了。"

——窦老太太一直支持汉景帝传位给弟弟刘武，考虑到刘彻后来与窦太皇太后的角力，如果刘武活着，窦老太太完全有可能废刘彻立刘武。刘启爸爸说："儿子，别担心，我会死在你叔叔后头。"

——周亚夫在汉景帝活着时就很跋扈，留给年轻的刘彻，显然会很棘手。但刘启爸爸说："儿子，别担心，我帮你把他做了！"

——刘荣作为前太子，背后有一股势力，他们时刻有拥护刘荣卷土重来的可能。刘启爸爸说："儿子，别担心，刘荣哥哥死了，他们就没了拥护的对象。"

——刘彻头上有个妈，姓王，舅家田氏是新兴外戚势力。刘彻头上还有个奶奶，就是窦太皇太后，舅家窦氏是老牌外戚势力。刘彻说："朝堂里净是舅舅，怎么办事？"刘启爸爸说："别担心，我埋伏了一手，让窦婴去和田家掐，你当裁判，还治不了他们？"

刘彻竖起大拇指："爹，真是好爹！"

贰　大富大贵是命

汉景帝生了十四个儿子，怎么就轮到排行老几都搞不清楚的刘彻了呢？

直接答案是刘彻有个厉害的妈！

刘彻的亲妈，是王皇后，名娡，在景帝为太子时就当上了太子妃。王娡很能生，一口气为刘启生了三个女儿——单凭这点，就打败了不能生或者是刘启不愿意跟她生的薄皇后。但在皇家里，生女儿不顶用。幸好，刘启宠爱她，那就继续生。在文帝二十二年，王娡又怀上了。而且，王娡梦见太阳钻进了自己怀里，暖烘烘的。王娡跟刘启讲了这事儿，刘启说了句"贵兆"，就没了下文——听编的故事，逢场作戏为好，认真就意味着有责任。

这个太阳还没来得及生下来，文帝驾崩了，景帝继位了。太阳终于生下来了，王娡一颗心落了地——蒙对了，是个儿子，能做太阳，不然还得跟景帝解释，可能自己迷迷糊糊，把十五的月亮看成了太阳。

刘启没当真，所以立了栗姬的儿子刘荣为太子。栗姬更肤白貌美，且能歌善舞。最关键的，刘荣是长子。但王娡的优势是，她比栗姬更有脑子。

长公主刘嫖是汉景帝的姐姐，窦太后的大女儿。人如其名，刘嫖每天的生活除了奢靡无度之外，就是给弟弟汉景帝物色美女，充当汉景帝的专用老鸨。在刘荣当上太子后，刘嫖为了保证自己顶级贵族身份的长期可持续发展，就托人找到栗姬，要把女儿陈阿娇嫁给刘荣当太子妃。

栗姬一口回绝了刘嫖："你天天整些狐狸精和我争老公，我恨死你了！"

当然，这只是栗姬心里想的，她没有无脑到这种地步，对刘嫖抛来的橄榄枝，她做到了婉言谢绝。但政治斗争中，格局决定命运。她推开了试图靠上来的刘嫖，就把刘嫖推到了王娡身边。

刘嫖转而向王娡提出，要把陈阿娇嫁给刘彻，王夫人毫不犹豫地同意了。她还拉出刘彻来接受刘嫖姑姑的盘问："彘儿（刘彻小时候曾用名彘）啊，姑姑把阿娇妹妹嫁给你好不好？"

小刘彻天生就是个调情高手，只听他清脆地回答："愿意，愿意，我还要盖个金屋子把阿娇藏里边。"

刘嫖高兴坏了。刘嫖决定，送刘彻一程，助他登上太子之位。这之后，刘嫖就见缝插针地在汉景帝面前说栗姬的坏话，说王夫人的好话。

恰好此时，汉景帝的原配薄皇后被废除。新皇后的竞争，在栗姬与王夫人之间展开。

汉景帝是个好色的皇帝，心理上仍然倾向于栗姬。但同时，他也是一个理性冷血的政治家，他要为身后的稳定考虑。他给栗姬出了一道题，他嘱托栗姬在他百年之后，善待其他姬妾生的儿子。醋坛子栗姬没有意识到，这是一道皇后面试题。她单纯地把景帝的嘱托理解为，景帝要分她的宠，于是先是作怒不答，后来还说了些气头上的话。景帝心里的天平自此开始倾斜。而王娡看准了这一点，打出了精准的绝杀。

王夫人的绝杀，取名欲擒故纵。她安排人游说大臣，让大臣提议立栗姬为皇后。

掌管帝国诸侯及藩属国事务的大行官向景帝上奏："子以母贵，母以子贵，太子母亲栗姬应当为皇后。"

这个可怜的大行官，被暴怒的景帝杀了头。太子刘荣也因此被废为临江王。栗姬则遭到冷遇，景帝不再召见她，不久后，栗姬羞愤而死。几个月后，王娡被立为皇后，几天后，刘彻被立为太子。

哪位要问，这不明明是王娡的个人奋斗之路，怎么扯到大富大贵是命了？这就要说到王娡的家世。

　　王娡她妈，名唤臧儿，先嫁给槐里人王仲，生了一个儿子，两个女儿。儿子取名王信，大女儿就是王娡。后来王仲死了，臧儿就又改嫁长陵田氏，给老田家生了俩儿子，一个叫田蚡，一个叫田胜。显然，臧儿是个基因非常强大的女人，漂亮，能生。而臧儿的强大又不止于此，她还很善于利用她强大的基因，来为自己换取诸如权力、富贵这些东西。

　　大女儿王娡本来已经嫁给金王孙，而且已经生了一个女儿。结果臧儿算了一卦，得出自己两个女儿是大富大贵的命格。臧儿因此决定赌一把，就向金王孙家提出离婚。金王孙家也是不好惹的，当然没有轻易答应离婚。但臧儿能量很大，不知走通了谁的关系——反正大汉从来不缺像刘嫖这样的皇帝专属老鸨——直接把王娡送进了太子宫里。

　　有这么一个有手腕的妈，王娡耳濡目染，自然不会弱。加上基因带来的美貌、生育能力，王娡很快俘获了刘启的心。同时，有了王娡这条线，王娡的妹妹也被臧儿献给了汉景帝。这位妹妹更能生，接连为汉景帝生了四个儿子。就这样，王氏姐妹为汉景帝生了一个加强班的儿女，催生了汉武帝朝最大的新兴贵族。

　　最不可思议的是，二婚的王娡，最后走上了皇后之位，生下了开疆拓土的一代雄主汉武帝刘彻。

　　说到这里，你肯定还有疑问："臧儿的奋斗历程多励志啊，这跟大富大贵有什么关系？"

　　别急，臧儿的来头，你可知道？

　　这位臧儿不是别人，正是刘邦称帝之时的七大异姓王之一臧荼的孙女。

　　臧荼呢，最早是燕王韩广的部将，跟随项羽入关，得封燕王，而原来的燕王韩广被项羽打发去做辽东王。臧荼又把韩广杀了，兼并了辽东，成为大号燕王。楚汉战争时，燕国由于远离战区，又向韩信投降，精确站队刘邦，最终在汉初封国得以保留。不过，铲除异姓王是百年大计，汉帝国建立后，臧荼苟且不下去了，被谋反了，于是燕国没了，臧荼也没了，臧家也凋零了。

　　这就是臧荼，刘邦和项羽打得死去活来的时候，他躲在燕地，做了几年的太平王爷，虽然最后被刘邦搞死了，但请问刘邦、项羽、韩信、彭越、英布、韩王信等群雄，谁像臧荼一样，享受了十年左右的人世繁华。更不用说陈余、田荣、魏豹这些第二档的英雄好汉了，早早就死于非命出了局。在乱世，享大福，臧荼才是两汉之交最大福大贵的那个。

按说刘邦当了皇帝，富贵至极，臧荼还是比不得刘邦的。但臧荼多年享福的同时，也没闲着，这不还埋伏了一个从荣华富贵跌落的臧儿吗？

一个曾经得到终于失去的臧儿，因为对王侯繁华的念念不忘，经过不择手段的不懈努力，她最终又带着臧荼的血脉返回了权力巅峰。

算来，汉武帝刘彻身上，有着刘邦八分之一的基因，也有着臧荼十六分之一的基因。

我们可以想象一幅画面：

——臧荼在九泉之下偶遇刘邦：老刘头，服不服？这大汉江山，到底，你还得分我一份！

不显山不露水的臧荼，生就大富大贵的命！

叁　少年皇帝

刘彻被立为太子时，大概只有六周岁。

六周岁前，他的生活环境可能有来自栗姬及太子集团的不友善，但大抵不会多。景帝喜欢他，母亲王娡也能保护他，四周岁说出"金屋藏娇"之后，姑姑刘嫖也对他倍加偏爱。总之，刘彻的学前生活应该是颇为愉快的。而被立为太子之后，在父母、姑妈的保护下，刘彻就更是集万千宠爱于一身。与此同时，大汉帝国国力蒸蒸日上，刘彻触目所及，是花不完的钱，吃不完的粮，是养兵六十年、战意汹涌的战士，是贵族斗富竞侈、国家财富被无谓消耗。

在这样的环境中长大的刘彻，感觉自己和自己的国家浑身都是力量，不可能再像父辈祖辈一样无为而治。

无为而治，实际上是政府放弃了许多不该放弃的监管，最容易助长野蛮生长，典型的比如豪强兼并小自耕农，比如商人地主独吞了山泽林薮开放的盈利。

对汉帝国来说，放养式管理了六十多年后，也到了大刀阔斧改革、进行大手笔制度建设的时候了，而对外，尤其是北方的匈奴，屈辱的外交也该改一改。

公元前141年正月二十七，汉景帝崩于未央宫，太子刘彻继位为大汉天子，这一年他十六岁，他迫不及待地要绚丽绽放。

十个月后，也就是汉武帝元年冬十月，汉武帝下诏举贤良方正科，由丞相、御史、列侯、中二千石、二千石、诸侯相从全国举荐贤良、方正、通文学的人才。汉武帝要延揽四方英才，闻"大道之要，制论之极"。意思是汉武帝要招揽各种各样的天下英才，听他们讲治理国家的大道理、总纲领。

汉武帝到底想要建立一个怎样的国家，他心中也有蓝图，他要恢复儒家所说的五帝三王圣道，要实现天人合一、人与自然和谐共存，要让人民风俗淳朴、生活安乐。

汉武帝元年岁首的这次诏令，一下子就从全国征召了一百多人。最后，由汉武帝刘彻出题，对策出色的，就可以留在中央或者去地方担任官职。

需要说明的是，贤良方正科不是汉武帝首创，高祖、惠帝高后、文景时期都有类似的诏令，但如此大规模的，却是第一次。

但这一百多人，确定无疑得到重用的只有庄助一个。

《资治通鉴》里讲，董仲舒也在其中，《史记·儒林列传》《汉书·董仲舒传》则语焉不详，似乎也在这一科。但同时，《汉书·孝武本纪》又有"元光元年（公元前134年，汉武帝继位六年后），五月，诏贤良曰……于是董仲舒、公孙弘等出焉"。这是确切的记载，应该更有说服力。

不过，这些细节就不纠结了。关键在于这件事的意义：年轻的汉武帝欲得天下贤才用之，也能不拘一格，同时心情迫切；另外，它还传达了刘彻的一种政治态度——一个崭新的时代来临，风向变了。

顺便，在贤良方正科策对结束后，丞相卫绾提出，治申（不害）、商（鞅）、韩（非）、苏秦、张仪之言，会扰乱国政，应当罢黜不用。

这件事也不同寻常。这是罢黜百家的最初构想，尤其妨害国家统一稳定的纵横学首当其冲。至于法家，则恐怕源于儒学家卫绾的私心，儒家素来看不起法家，但儒家坐而论道却常常需要实操无敌的法家裨补。

另外，罢黜百家，仅仅是罢黜不用而已，汉武帝并未毁灭百家的思想，百家在民间依然可以进行私下的学术交流，这一点提请注意。而且，高明的儒学家都懂得披上儒学的外衣，兼取诸家之长，解决实际问题，比如贾谊，比如公孙弘！

开贤良方正科之外，汉武帝刘彻还进行了一些人事调整。先是牛抵取代了以黄老为治的直不疑为御史大夫，很快儒生赵绾又取代牛抵被任命为御史大夫，另一个儒生王臧被任命为郎中令。

丞相卫绾不知因何事被免，魏其侯窦婴拜为丞相，国舅爷田蚡拜为太尉。窦婴与田蚡的任命，可能是两宫太后势力博弈的结果，不过这两位都披上了儒学的皮，以明经好学自夸。

所以，年轻武帝的朝堂，整个一儒生朝堂。

他们打算复建明堂——明堂这事儿，笔者也解释不清楚，大家就当是类似于丐帮君山总舵、日月神教黑木崖的标志性建筑吧，有宗教祭祀、颁布政令、会合诸侯多种作用，政治意义重大。

此时，对汉帝国，则意味着国策转向，从黄老无为之治，向汤武周孔的圣教王道转变。

刘彻继位后，文帝窦皇后又升级了，成了太皇太后。这位太皇太后，酷爱黄帝、老子的学说，在她的要求下，汉景帝刘启和诸窦子孙都不得不熟读《老子》五千言。

窦太后又不像高祖刘邦、文帝刘恒、景帝刘启一样，有兼收并蓄的思想，允许学术自由。这老太太还是个学术专制主义者。

景帝时，有一次，窦太后召见叫辕固生的齐国《诗经》专家，问他怎么看待《老子》。

辕固生也很耿直，不假思索地回答："那是家人之言。"

窦太后勃然大怒，命令手下人把辕固生丢到猪圈里，让他去杀猪。这个猪应该是野猪，或者至少是驯化程度比较低还充满野性的猪，窦老太太是打算让猪把辕固生撞死或咬死。

汉景帝在一旁赶紧劝老太太，说辕固生说句话也没什么大过错，顺手丢了一把利剑给辕固生。辕固生也端的好人物，六七十岁的人了，还是个书生，却拿起剑，一剑刺中猪心。猪应声而倒，辕固生死里逃生。窦老太太这边看辕固生得救了，也觉得自己做得过分，就没再追究他的罪责。

毫无疑问，窦老太太只容得下黄老学说，是极为狭隘的。但对于一个长时间待在深宫的女人来说，黄老学说是一种她亲眼看见、持续有效、对帝国繁荣稳定做出卓越贡献的学说，经验归纳之下，她笃信黄老学说未来也将持续有效，也无可厚非。

所以，面对少年汉武帝上台以后雷厉风行的改革，她觉得闹腾——安安稳稳地消停过日子不好吗？偏偏汉武帝和他的儒生改革小组也嫌老太太碍事。于是，御史大夫赵绾和郎中令王臧向汉武帝建议："以后不必什么事情都向太皇太后汇报。"

这话传到窦老太太耳朵里，彻底激怒了老太太。老太太虽然专制，但实际上，汉武帝想干的事情，都干成了。老太太如今的角色，最多是听听汇报、提提建议、把把关，在几十年保守主义治国的巨大惯性下，其实有利于行稳致远。

窦老太太心里说："孙子哎，你太着急了！"

于是，做了二十三年皇后、十六年皇太后，又做了一年太皇太后的窦老太太对汉武帝及其改革集团发出了雷霆一击。

赵绾、王臧被捕下狱，不久后自杀身亡。丞相窦婴、太尉田蚡都被免职。汉武帝提拔重用以打击豪强的酷吏宁成，此前已经在窦太皇太后的压力下被处以髡钳之罪。汉初功臣柏至侯许温的孙子许昌成为新任丞相，汉初功臣武强侯庄不识的孙子庄青翟被任命为御史大夫。

就这样，少年汉武帝的改革班底被一扫而空，手下又被换成了死气沉沉、崇尚无为的辅臣。庄青翟和许昌都是无为而治思想指导下，世袭利益得到充分保护的代表人物，都坚定拥护黄老学说，不会跟着刘彻瞎折腾。

刘彻一下子没事干了。但年轻人到底闲不住，刘彻开始常常带着亲信像富家子弟的做派，在三辅各地斗鸡走狗、纵马嬉戏。大约就在这个时候，他路过姐姐平阳公主家，和卫子夫一见钟情。卫子夫入了宫，卫子夫的弟弟卫青则被任命为太中大夫，成为近臣。

此事却又捅了娄子。

陈阿娇早早就当上了太子妃，刘彻继位后，顺理成章成为皇后。但陈阿娇仗着跟刘彻青梅竹马，又仗着母亲刘嫖对刘彻上位厥功至伟，任性骄横，没少跟汉武帝使性子耍脾气。

当刘彻还只是太子时，这关系不大。但当刘彻君临天下，陈阿娇这样就显得很没格局。皇帝的面子比天大，何况是汉武帝刘彻这样一个成长过程几无阻隔、自我充分延展的皇帝。

刘彻开始厌倦陈阿娇，并且表现在了脸上。

刘彻的改革小组被打掉后，刘彻本质上已经被架空，成了傀儡皇帝。那么，他对陈阿娇的冷遇就很危险，这会让姑姑长公主刘嫖站在反对他的立场上——汉景帝那么多儿子，皇帝不是非得他刘彻来当，比如栗姬的另一个儿子河间献王刘德，几乎人见人爱。

幸好这一切，皇太后王娡也看在眼里。她及时提醒了刘彻，要刘彻注意照顾陈阿娇的感受，这才改善了刘彻自身很微妙的处境。这大概也是为什么卫子夫入宫后的一段时间内，仿佛被汉武帝刘彻忘记了一样。

但刘彻毕竟是刘彻，卫子夫到底被封为了夫人。当窦老太太一股邪火撒完之后，刘彻依然是他最喜爱的孙子，祖孙二人在权力上的冲突，仍然要远远小于让大汉帝国长治久安的共同诉求。

而且，窦老太太并非是个不明事理的人，她明白什么叫皇帝，她也明白："帝国暂时在自己的掌控之下，但最终还是要彻底交到刘彻的手里。"那就不能允许刘彻一点都不折腾。

所以，当进入建元三年，窦老太太套在刘彻身上的缰绳、笼头都渐渐松动，刘彻又能做一些事情了。

肆　小试牛刀

公元前138年，汉朝廷接收到来自东南沿海东瓯的一封求救信，信中说闽越正在攻打他们，请求汉朝廷支援他们。

事情背景是这样的。

东瓯、闽越、南越，这些地方，在秦始皇统一六国后，就纳入秦帝国版图，设郡置县。之后呢，秦末农民起义，六国复国，刘项争霸，南越尉佗趁机独立，闽越、东瓯原住民则在部族首领的带领下也来凑热闹：灭秦，他们有份；楚汉争霸，他们站在了刘邦这一边。最后，汉帝国建立，刘邦先封了无诸为闽越王，后来刘盈又封了闽君摇为东瓯王。

到景帝时，七国之乱，刘濞要鼓动东越一起造反，闽越拒绝了，东瓯却又想搞投机。最后刘濞失败，东瓯眼看折了本，就把逃亡的刘濞杀了交了投名状，另外也由于山高皇帝远，东瓯得以存续。

就这样，在东南沿海，闽越与东瓯并存的格局一直保持到武帝继位。

刘濞死在东瓯，儿子刘驹却逃亡到了闽越，并在闽越保持相当的影响力。刘驹时刻不忘东瓯的杀父之仇，因而鼓动闽越去揍东瓯。在刘驹的不懈煽动下，公元前138年，闽越出兵围了东瓯——闽越治东冶，即今天的福州，东瓯，即今天的温州。所以是福州人和温州人打群架，温州人坚持不住，于是向汉朝廷求援。

太尉田蚡不同意救援，理由是外族互掐、关我们什么事儿。庄助同意救援，理由是，汉是天下共主，应当有共主的样子，该主持公道。田蚡没有大国思维，庄助有，汉武帝也有。于是汉武帝派庄助出兵。

蹊跷的是，汉武帝讲，自己刚继位，不想用虎符调兵，只让庄助持节发会稽的郡国兵。这里到底是不想用虎符，还是虎符把持在窦太后手里，不得而知。但读书就是这样，尽信书不如无书，合理怀疑，有怀疑，就在这里特别留心。

然后，庄助就去了。到了会稽，估摸这个持节发兵不完全合规制，会稽太守就打算拒不出兵。但庄助很果断，持节杀了一个郡司马立威，随后向太守晓以利害。节毕竟代表皇帝，因此才彻底取得会稽郡兵的指挥权。

不过，庄助的船队才到达半路，闽越听说后就撤兵解围了。

庄助的军队到达温州后，没有继续进军。东瓯这就急了，你们一走，闽越再来打我们，咋成！

得想个办法，庄助和东瓯一合计，决定搬家。于是，东瓯搬迁到内地，在江淮之间分散定居，从此从农奴部落一跃进入帝制时代，过上了幸福生活。

从东瓯移民及其后续发展看，只要移民规模不大，且充分接受同化，是安全可控的。

通过武力干预，最终完成对闽越、东瓯纠纷的调停后，闽越暂时消停了。但我们注意一下武力调停一事中，庄助这个人。

在对是否调停的朝议中，田蚡奇怪地站到了刘彻的对立面，其中或者有淮南王刘安的影响在，但史料中没有确切证据，我们重点也不在这里，重点是，庄助在朝议中扮演的角色。他是汉武帝建元元年开贤良方正科取得的人才，此时的职位是中大夫，具体职责就是跟汉武帝聊天，兼职一些秘书工作。

但在这一场关乎帝国军政的辩论中，庄助却被派出来，站在国舅田蚡的对立面，代表汉武帝的意志，与大佬博弈。这正是少年汉武帝熟稔的手腕，继位的三年里，他的身边已经提拔了一群像庄助这样的人，有名的还有朱买臣、吾丘寿王、司马相如、枚皋、东方朔、终军等。

这些人或文采飞扬，或机智多谋，或胸中韬略无数，平素就在汉武帝的身边，陪吃陪喝陪聊赔笑。当朝堂有大事论议，朝臣与汉武帝意见相左时，他们就被派出来跟大臣打擂台，而汉武帝自己居中做裁判，轻易拿到决策权。

实际上，汉武帝已经找到了一种绕过丞相代表的行政班子进而推行个人意志的方法雏形。这种玩法，最终还要制度化，成为加强君主集权的利器。

搞定闽越之后，汉武帝又干了几件事，都跟推进改革有关，也都是在窦老太太眼皮子底下做成的。

汉武帝有一次微服私行，被人家村里人当成三辅恶少抓了，闹得挺大。事后，汉武帝干脆划了更大的一块地以扩大上林苑，至于规划内的一些居民则被强制搬迁。

关于这事儿，正史的解读都认为这是汉武帝为了满足游玩的个人私欲。但对雄才大略的汉武帝，这也是他的练兵场——与匈奴作战，扩建的上林苑，就是他模拟的广漠草原。

此外，汉武帝又下诏停用三铢钱，改用半两钱。这是他第二次改革币制——继位之初，也是他推行的三铢钱。在铸币方面，汉武帝并不专业，后期还有反复的折腾。

汉武帝又设置了五经博士。五经当然是儒家五经。这标志着汉武帝恢复儒家圣教王道的改革重新启程。但这是在触碰窦老太太的底线，刘彻还没有吸取建元元年被窦老太太噼里啪啦暴打的教训吗？倒也不是。真实原因是，窦老太太病情加重，眼看时日无多了，而汉武帝又"一万年太久，只争朝夕"，急于在自己手里完成对帝国的伟大改造。

公元前135年五月，太皇太后窦氏驾崩，六月，丞相许昌、御史大夫庄青翟被汉武帝罢免，意味着再也没有什么人能阻止一个大时代的到来。

闽越消停了三年，又闹事了。

公元前137年，南越王尉佗死了——这老儿估摸活了有近百岁。孙子尉胡继位。

公元前135年，闽越王郢带兵攻打东瓯的边境聚落。

南越自高祖派陆贾出使以来，就奉汉为主，后来在高后时期短暂闹翻，文帝时陆贾再次出使，南越重归羁縻。基于尉佗的长寿，外交政策是很稳定的。公元前

135年，虽然尉佗已死，但继位的尉胡仍旧坚定奉汉为宗主国，所以也就没有出兵与闽越交战。

按道理，闽越很小，南越要大得多，国力也强盛得多，打闽越不在话下。但南越还是请出了天下共主，让汉朝廷来处理此事。

这一次，窦太皇太后已经仙逝，汉武帝彻底掌握了中央权力。他派出了以大行王恢和御史大夫韩安国这一对黄金双枪组合。

王恢从豫章出发，韩安国从会稽出发，都走陆路。

但这一仗也没打成。

闽越王郢听说汉军出发，派兵据险防守试图抵挡。

但汉军还没越过福建西北山区，闽越王的弟弟，一个叫馀善的，觉得哥哥这是自取灭亡，于是就联合部族长老把闽越王郢杀了，然后派人把他的人头送给王恢。

罪魁祸首被杀了，人家也表示投降了，这仗只要讲道理就没法打了。

王恢是个讲道理的人，也是个能权衡利弊的人，于是准许了馀善的投降，并派人通知韩安国，同时，派出使者向皇帝汇报。

刘彻得到汇报，就下令罢兵。刘彻也是一个讲道理的人。

不过，这事儿在汉看来，未尝不是闽越断尾自救之举，舍了闽越王郢，保全闽越。所以，汉最终并没有立馀善为闽越王，而是立了无诸的孙子繇君丑为越繇王。

但馀善依旧是一股庞大势力，很得闽越人的信任，馀善在汉罢兵之后自立为王，与繇王丑针锋相对。消息很快传到汉武帝这里，但汉武帝认为区区一个馀善不值得大动干戈，于是就立馀善为东越王。

在汉帝国的主持下，繇王丑跟东瓯王倒也能和睦相处。

就这样，汉武帝继位初期，两次对外用兵，都以不战而胜告终。并未从根本上改变诸越割据的局面，但对诸越的控制显著加强了：东瓯举部内迁；闽越一分为二；南越派太子入侍，甚至南越王尉胡一度打算进京朝见大汉皇帝。

不过，这两次用兵，终究未短兵相接。有一个原因值得重视：大汉帝国在北部边境日常被偷袭、求战而不得；七国之乱是神仙打架；多数郡国兵实际上已数十年不闻刀兵，自上而下都忘记了战争的味道。

战争是什么样子呢？在许多汉帝国内部的人民、郡国兵心中，也许是实实在在郡国爵级，也许是民族主义与爱国主义的简单叠加，很少会是残酷、血腥、暴力，没有哪个新兵上了战场，会觉得自己会吓尿裤子。

但不管心目中的战争是什么样子，真正的残酷的战争，终于要来了。

第九章 马邑阴谋

大约一百年前，李牧在雁门大败匈奴，用的套路是：坚壁清野、练兵养军、诱敌深入、聚而歼之。

公元前133年，汉武帝继位的第八年，终于要对悬于头顶、欺压侵夺汉帝国七十余年的匈奴动手了。

马邑之谋部分汲取了当年李牧抗击匈奴的经验……

壹　一辩，主和派赢了

公元前135年，太皇太后窦氏驾崩，不久，匈奴派使者来请求延续和亲。

无从得知匈奴是否预感到时代已经变了，或者，这只是例行公事。但在窦太后刚去世，就派出使节，匈奴未尝没有窥探汉帝国高层动向的意图。

而这一次，事情确实也变得不一样。

新皇帝没有马上答应匈奴使者的和亲提议，而是让使者等候答复。

汉武帝刘彻迅速召开了御前会议，讨论是否接受和亲。与会者不详，但意见分为清晰的两派。

王恢，燕地人，长期在边关任职，当时的职位是大行。大行负责藩属国与诸侯国相关事务，景帝中六年之前称为典客，武帝在后来又改为大鸿胪。王恢认为：匈奴喂不熟，不如直接开干。

韩安国，商丘人，当时是御史大夫。这位是老熟人了，显名于梁都保卫战，老成持重，又学韩非子、杂家，是个有学问的人。两年前，还参与了对闽越的远征。韩安国认为：匈奴是野蛮落后，但游击大漠，难以会战，劳师远征，消耗太大，不如和亲。

讨论结果是，大多数人支持韩安国的说法，于是再次答应匈奴和亲。事儿就是这么个事儿，即便事后诸葛亮看，王恢有道理，韩安国也有道理，而王恢此时解决不了怎么打，韩安国说的困难现实存在——汉军不是打不过匈奴，实在是匈奴属鸟的，一遇汉军主力就四散逃走，根本不给主力决战的机会。

此外，注意一点。汉武帝极喜欢开御前会议。在外朝官、中朝官、军事将领的充分辩论中，既兼听则明，又牢牢把握了决策权，不动声色就把决策权从以丞相为首的外朝官手里夺了过来。

贰 二辩，王恢有备而来

建元六年的和亲辩论，王恢说不过韩安国，但不代表王恢就没有办法扭转朝堂上的战和力量对比。尤其是，新皇帝显而易见是个强硬的主战派。

元光元年，也就是公元前134年，雁门土豪聂壹想了个可以毕其功于一役的主意，通过大行王恢向汉武帝汇报。

这主意未必是聂壹自己的，也许是王恢，甚至是武帝的自导自演，政治斗争的常见套路嘛！

聂壹的主意分三步走：

第一，匈奴刚和亲，对汉朝廷比较信任，可以因此诱敌深入。

第二，聂壹假装与匈奴勾通，斩杀马邑守，里应外合。

第三，在马邑周围埋伏大军，围歼匈奴。

主意是好主意，但要说服众大臣，王恢还得和韩安国辩论。于是汉武帝又召开了一次御前会议。

王恢先提出：当初赵国依托代地，悉心经营，人畜繁多，不误农时，匈奴不敢犯边（再次证明李牧、秦开当年经营北部边境的成功），现在汉背靠全中国之力，却天天受匈奴欺负，就是因为我们退让，匈奴才愈发猖狂。

韩安国则又搬出平城之围堵王恢——平城之围一直是汉帝国主和派的一把好枪。韩安国还讲和亲到现在已经有五世之利——这毋庸置疑，和亲政策牺牲局部成全大局，整体上得大于失，但过分强调五世之利，笔者觉得韩安国应该去北部边境体验一下边防生活。

后来，汉武帝还真就打发他去渔阳体验生活了，然后这位上一时代的优秀将领落了个抑郁而死——充分告诉我们，站着不腰疼的时候，也不要乱说话。

王恢则反驳：平城之围之后，汉并非报不了仇，只是当时天下需要休养生息，高皇帝有慈悲之心；现在国内安定，但边境军民日常遭荼毒，非常有痛击匈奴一次的必要。

韩安国总不能说，边境的军民就该死，于是又搬出建元六年的那套说辞：深入大漠打匈奴，劳师远征不划算。

王恢一看，韩安国这是词穷了，赶紧穷追猛打："副相阁下，咱这次在马邑打！"

汉武帝刘彻拍板："按大行令说的办！"

叁　纸上谈兵

细节我们无从得知，但确定方向之后，这一定是一个充分论证的计划。

资格最老、战斗经验最丰富的韩安国以御史大夫统领诸军。卫尉李广为骁骑将军，太仆公孙贺为轻车将军，大行王恢为将屯将军，太中大夫李息为材官将军。

这几乎是大汉帝国当时的全明星阵容，只少了行事果断的庄助。

韩安国统领李广、公孙贺、李息等诸军共近三十万军队潜藏在马邑周围山谷中，准备对匈奴合围。而王恢则带领三万军队屯驻在代郡附近，准备在适当的时机切断匈奴归路，邀击匈奴的辎重。

详细部署，我们已无从知晓。但毕竟三十万大军，需要在较大范围铺开，则必然以马邑及周围盆地为会战战场。

我们可以做一种合理假设，善于奔袭突击的李广埋伏在洪涛山西南麓，第一时间掐断匈奴的北归之路，部署在管涔山的公孙贺则以车骑加入巩固防御。韩安国率领大军埋伏在洪涛山东南麓，在李广们截断归路之后，与在恒山山脉隐蔽的李息两翼合围堵上马邑东边。这样，就可能将匈奴大军围困在上述圈内，进而以绝对优势兵力歼灭之。

当然，也有一种可能，直接埋伏在马邑周围林木密集的河谷里，布置得好，也未必藏不住。

而王恢则在洪涛山的东北方向，现在大同市附近截断归路，不管匈奴从洪涛山东南麓突围，还是沿洪涛山西北的原路返回，都得以残破之兵面对以逸待劳的王恢。

很理想是不是？

肆　致命漏洞

聂壹是个一等一的人才：有谋有勇有家国情怀。当然，这背后不否认，作为马邑土豪，他有保护自己私产的动机，也有加杠杆博一把的动机。

聂壹完美完成了任务。他亲自去了匈奴单于庭，见到了单于，跟单于说，他能想办法杀了马邑的令和丞，带领马邑投降，这样马邑的蓄积就全是匈奴的了。

马邑是边关重镇，当初韩王信曾经以此为韩国国都，军臣单于也垂涎已久，于是双方达成约定。

随后，聂壹带着匈奴使者回到马邑，演了一出戏：他杀了两个死囚犯，斩了囚犯的头，挂在了马邑城头，伪装成马邑令、丞的首级。然后跟匈奴使者说："赶紧回去报告单于，快点派大军来，要不汉朝廷知道了，我小命就没了！"

匈奴使者汇报，军臣单于大喜，立即点起十余万大军，跨过长城，直扑马邑而来，很快就过了武州塞，突进到距马邑一百余里的地方。

但汉朝方面暴露了一个致命漏洞。

军臣单于只见漫山遍野牛羊成群，但就是不见有放牧人！直觉告诉他，这不正常。于是他派兵攻击了汉帝国边塞用来预警的亭鄣，抓到了雁门郡下属的一个低级军官。

真奇怪？汉军连个牧羊人都不放，亭鄣却正常护卫，难道是王二小？

很遗憾，他不是。这个无名军官是个胆小鬼，看匈奴要杀他，就把汉军的计划和盘托出。

军臣单于一听，带着大军掉头就跑！

韩安国他们也很快知道了这一消息，"马上"布置追击，但很遗憾，紧追慢追，匈奴大军来去如风，又跨过长城跑了……

负责在大同附近摘桃子的王恢倒是进入了攻击位，但面对全军而退的匈奴，三万对十万，摘桃子变成了打老虎，他也尿了。他带领全军，向匈奴大军默默地行了注目礼，同时欣赏了匈奴人出神入化的马术后，带兵和韩安国他们会合。

所有人都相对无言，三十万汉军精锐就这样搞了一趟朔州——大同一月游，一根匈奴马毛都没抓到。

伍 谁来背锅？

失败的原因很多。

第一，军事保密工作太差。

一个小小的尉史，竟然知道了整个战略的全部计划，看起来不可思议，但实际上却是整个计划糟糕保密工作的外在体现。

漫山遍野的牛羊——这牛羊想必不少是对边民征集的，没有一个牧羊人——显然，诱敌计划已经通知到了每一个边民。同时，漫山遍野牛羊却没有牧羊人，意味着，汉军方面已经在预设战役区进行了军事清场，那这个尉史是怎么回事？

因此，又不单单是保密工作差，执行力也很可疑。

第二，有牛羊，没有牧民是个巨大的漏洞。

我们回忆下，当年李牧打匈奴前是怎么做的。

李牧一样是纵牛马于野，但同时，他也配备了相当数量的牧人。至于这牧人是真牧人，还是军士假扮，不得而知，总之见效了。

伪装工作最重要的是逼真。你漫山遍野牛羊，一个人都不见，把我放这环境里，我也得以为是不是人类都被外星人捉了去。

汉武帝、韩安国们怎么想的，无从得知。也许是体恤民力——这场战役里最莫名其妙的就是一些细枝末节的人文关怀；也有可能是根本没有谁想到这一点。

这就牵出第三点。

第三，这一次阴谋的参与者，没有顶级帅才。

韩安国、王恢，包括公孙贺、李广、李息都是汉帝国优秀的军事将领，各有所长，战斗经验丰富。但从这一战看，这几位充其量都是优秀的偏将，带一支偏军执行战术计划，他们大抵都不会差，但统率全军，统筹全局，统一指挥，协同作战，那就是一场灾难。

韩信点兵，多多益善，而这五位里边，甚至没有一个周亚夫。

吕思勉先生基于以古讽今的表达，对汉武帝重用卫青、霍去病，却不重用李广、程不识这些老将颇有微词。

但是，老先生这里失之武断了。马邑一战，汉武帝就已经对李广这些老派将领失望了，帝国未来殄灭匈奴的元帅，一定不会在这五个人里边。

汉武帝作为最高决策者，当然要负领导责任。但还要有人负具体责任。不能把整个汉帝国的全明星阵容都秃噜了，只好由力主马邑阴谋的大行王恢来背锅。

王恢下廷尉，判决：逗桡不进，当斩。王恢还想走走后门抢救下，就找到了田蚡。田蚡自己不敢跟武帝求情，就让姐姐王太后，也就是武帝的母后向武帝求情。

武帝没有答应。理由是：王恢首倡马邑之谋，如果能攻击匈奴的辎重，就算抓不住单于，也足以安慰天下士大夫的心。他却按兵不动，不得不杀。

王恢得到消息后，自杀。

王恢也不是厌。他权衡了利弊，三万对十万，好汉不吃眼前亏，虽然无功，却为大汉保留了三万精锐。但他却没有大局意识，这一次作战计划的批准通过是那么困难，年轻的皇帝背负了那么多的压力，力排众议，最后连个响都没听着。

当阴谋失败时，已经意味着汉匈战争将会成为持久战和消耗战。

战争性质既转变，则三万未尝不能打十万，以命换命，汉军还有这个实力。何况，韩安国的大军已经启动追击，但凡王恢能迟滞匈奴一天两天，汉军依然有会猎匈奴的机会。而王恢放弃了这唯一的机会。死，固当也！

陆　最重要的事

马邑之败与王恢之死，也让年轻的汉武帝知道：当下的汉朝军队不足以与匈奴决战，整个帝国自上而下都没有做好全面准备。

所以，摆在汉武帝面前的，有一个亟待解决的问题——如何全面贯彻国策转向，完成新时期的政治动员？围绕着这一问题，汉武帝开始行动了。

其实，在封建专制体制下，汉武帝只要做好一件事就好，那就是加强君主集权。

瞌睡递枕头，窦婴和田蚡掐起来了。窦婴在股肱大臣中有众多支持者，而国舅爷田蚡则有王太后托底。在王太后的压力下，窦婴最终败下阵来，论罪弃市。田蚡却也在这场高强度的争斗中熬坏了身体，窦婴死后不久，田蚡就病死了。

御史大夫韩安国行丞相事，正常情况下，很快就会被任命为丞相。但非常蹊跷的是，他在给皇帝做导引时，从马上摔了下来，摔成了瘸子，于是，一个叫薛泽的人当了丞相。

薛泽的爷爷薛欧，高祖时封侯，算是功臣系。而其时，汉立国七十余年，功臣系早已式微，薛泽背后并没有多么强大的势力集团。

窦田之争虽来得偶然，但窦、王两大外戚势力都元气大伤。汉武帝因此重建了领导班子。新班子里，薛泽、张欧都史书无传，用司马迁一笔带过的话说，丞相备员而已。

那么，丞相充数的情况下，相权与皇权的合流就不难想象。

但"丞相备员而已"这种情况，得看人。把陈平、周勃们放在这个位置上，就不可能只是充数。因此，还得进行制度设计。

公元前130年，张汤被任命为太中大夫。

表面上看，这没什么大不了。但我们知道，后来，张汤青云直上，官至御史大夫，成为武帝打击各方势力的首席打手。

而太中大夫是郎中令的属官，郎中令的职责最初是掌管宫廷门户，在官僚机构设计上属九卿，是在丞相的领导下。但同时，郎中令及其属官也是最有机会在皇帝身边晃荡的一群人。

因此，如果皇帝打算绕开丞相班子，另打造一套独立于丞相府的班子，郎中令及其属官无疑会是较容易被争取的。

事实上，郎中令在武帝继位后，组织机构急剧膨胀。武帝赏识的文学之士、材武之士，多往这里安排，成为武帝的侍从之臣或近卫。其中，公孙弘就很快以博士的身份成为武帝的参谋。

所以，张汤被任命为太中大夫，可以认为是武帝培养制衡相权实力的一个外在体现。

但根本性的改变，在于尚书台的崛起。

尚书本是九卿之少府属下的小官，职责相当于传达室。但武帝却逐渐扩大其职权，使之参与决策。就这样，随着郎中令署的扩编，与尚书台职权的扩大，自然就形成了一股围绕皇帝、对皇帝服从度高的势力。

当然了，这最终进化出了大司马（或大将军）录尚书事这种怪胎，但这是后话了。在当时，围绕尚书台搭建完私人秘书班子后，武帝对帝国愈发如臂使指。

另外一件事，陈阿娇玩完了。

阿娇骄横，同时不孕，治了多年，花了好几千万钱，也没治好。后来，竟然听从一个叫楚服的女巫的蛊惑，搞厌胜之术，试图以此来媚惑武帝。

汉武帝让张汤负责审判此案。张汤穷尽手段，株连三百余人，最终以陈阿娇被废、窦太主刘嫖向皇帝跪伏谢罪为止。刘嫖、陈阿娇势力基本上也被连根拔起。

随后不久，卫子夫生皇子刘据，为刘彻的第一个儿子，卫子夫也顺理成章被封为皇后。而以卫子夫、卫青为代表的新的外戚势力，则在长时间内对武帝刘彻绝对忠诚。

至此，在庙堂之上可能对汉武帝刘彻的政策施加阻力的势力都被严重压制。

虽然，在地方上，还有一些不死心的诸侯蠢蠢欲动，但至公元前130年，汉武帝继位的第十一年，大体上，对匈奴战争，汉武帝已经做足了准备。

第十章 千古卫霍

壹　茏城之战

公元前129年，马邑之谋四年后，匈奴入侵上谷郡。汉武帝准备再试一次，试一试解放思想之后、打匈奴已经成为共识的汉军究竟能不能打过匈奴。

回顾汉初至元光六年的对匈奴战争，可以八个字概括：防不胜防，求战不得。

这一次呢？会重蹈覆辙吗？

答案是一开始就注定不会。战争性质从一开始就改变了。

以前，都是匈奴选择作战地点，抢完就走，战火在汉帝国大地上燃烧。而这一次，汉是主动出击，是汉开国以来对匈奴战争的历史性突破。卫青们要跨过边境线，将匈奴消灭在匈奴的土地上。

汉武帝的部署是这样的：车骑将军卫青出上谷，骑将军公孙敖出代，轻车将军公孙贺出云中，骁骑将军李广出雁门。

四位将军不分主次，各自带领一万多骑兵——这看起来像汉武帝刘彻的又一次模拟考——大概也没什么明确的战术目标，和匈奴学一手，自选路线打游击，逢人就砍。当然了，也不是没有倾向。匈奴刚刚入侵上谷，而安排卫青从上谷出兵，则未尝没有让卫青啃硬骨头的意思。

就这样，四位将军，雄赳赳气昂昂带兵跨过了汉匈边境线，穿过了祁连山，走进了蒙古高原，去寻找匈奴作战。

公孙贺溜达了一圈，一个匈奴人影儿也没见着，但也没有啥损失，两手空空的回来了。

李广这个冒失鬼，跑得快、运气也好，撞上了匈奴大股部队，不但没打过匈奴，李广自个儿也被抓了。但是身为骑射高手，李广被抓后，玩出了极限操作。

李广原来当边郡太守，威名在外，匈奴人都怕他敬他，称他为飞将军。军臣单于一直有交代，如果遇到李广，一定要捉活的。这时候，匈奴大军看汉军所剩无几，就要活捉李广。飞箭长了眼，李广保了命，只受了点轻伤，然后，飞将军做了俘虏。

单于大军用网兜兜着李广，放在两匹马中间抬着往回走，等大军走了十余里，李广就假装伤重而死。因此，负责押送他的匈奴士兵放松了警惕。而李广早瞄上了其中一个骑着骏马的匈奴士兵。于是，他找准机会突然跳起，控制匈奴士兵、夺弓、策马南逃，一气呵成。匈奴反应过来后，派兵追了十余里，但李广马快，射箭又射得准，匈奴人硬是没有追上他。

公孙敖也遇到了匈奴的主力军，但他的结局就比李广稍好点。带领的士兵战死了七千余人，其余的四散逃归，公孙敖也抄小道跑了回来。

卫青呢？和公孙贺一样，出塞后也没遇到匈奴军队。但他决定冒个险，他打听到了匈奴茏城的所在，带兵直扑茏城。茏城是匈奴祭天、集会的地方，但当时大军外出，只有少量匈奴士兵留守。

这是一场过程索然无味的战斗。一万骑对一千骑，碾压！战罢，除了少数匈奴人逃跑外，卫青清点战果，斩首七百人！之后，卫青没有恋战。这是他第一次出塞，相比其他人，他已经深入敌境较远。于是，他迅速回军，避开了可能的匈奴大军的复仇。

就这样，汉武帝继位后，对帝国将领们的第二次大考结束了。

公孙贺无功无罪。公孙敖和李广，按律当斩，但可以花钱赎罪，最后都贬为庶人。

只有卫青，通过果决的判断与迅速推进，成功为汉军创造了一次以多打少的机会，而且直接端掉了匈奴具有重要政治意义的巢穴之一。虽然仅仅斩首七百余人，但如此干脆利落的胜利，汉兴以来未之有也。

而汉武帝大概也找到了那个能够横扫北境的名将：越境深入，必得卫青这样的运动战高手。

当然了，仅此一战，有理由认可司马迁所说的"卫青不败有天幸"，但如果他接下来每一次都赢呢？

贰　卫青纵横

茏城之战后的第二年，卫青的好消息接踵而至。

他的姐姐卫子夫为大汉皇帝刘彻生了个儿子，叫刘据，被立为太子。姐姐卫子夫母以子贵被立为皇后。卫青成了国舅爷。皇帝本就看好卫青，有了这层关系，就更加信任他。卫家也因此彻底崛起，成为第一外戚。

匈奴在茏城被袭之后，报复来得很快。就在卫子夫被立为皇后的这年秋天，匈奴两万骑兵大举入侵辽西，杀掉了辽西郡的太守。

韩安国就在匈奴的这次入侵中栽了。

茏城之战后，为了应对匈奴的报复，汉武帝刘彻安排了几名将领屯守边郡，其中前御史大夫韩安国以材官将军的身份屯守渔阳郡。在入侵前不久，屯守渔阳的韩安国抓到了一个匈奴舌头。舌头为了活命，告诉韩安国，匈奴已经罢军远去。韩安国因此上书请求罢撤军屯。他的请求被批准了，但军屯刚刚裁撤不久，匈奴就大举入侵。韩安国手下只有不到一千人，但在全面对匈奴战争的新形势下，他们依然奋勇出击，但兵力悬殊，结局自然没打过。

韩安国没有畏战，但他请求罢军屯是严重的战略误判，最终导致了汉朝边郡的严重损失。

汉武帝因此大怒，就派他戍守更靠东边的右北平。当年的内阁准首辅沦落为边远地区驻军首长，这个心理落差，韩安国一下子接受不了，加上上了年纪，没几个月就病死了。

这件事注意两点：

第一，新形势下，汉武帝在战略要地屯兵成为日常行为。

第二，韩安国敢以七百人抵抗匈奴两万骑，马邑之谋后，汉武帝对整个帝国的思想建设很见成效。

而匈奴出招了，那汉朝方面自然要应对。

当匈奴主力在辽西撒野未归之时，卫青带了三万精骑出雁门，李息出代，再次越境深入作战。

这一次，卫青带兵更多，也更有经验，他很快就找到了匈奴的偏军，然后以优势兵力速战速决，史载"斩首数千人"！整个一"茏城大捷"的加强版。注意一个细节，大略估测出汉匈行军路线后，笔者揣测，李息可能负责为卫青打掩护，目的是监视随时可能北归的匈奴主力。

此外，我们可以据此战窥视到汉武帝的顶级战略能力——汉武帝所学极为驳杂，道家、兵家颇为精深。

匈奴大举入侵的是渔阳、上谷，在帝国东北，而卫青、李息出兵，则指向帝国西北——避其主力锋芒、集中优势兵力歼灭匈奴有生力量。这种打法，算整体伤亡，汉匈大体相当。但考虑到两者的综合国力——匈奴人众不及汉一大郡——则长此下去，匈奴必然无人能战。

这是公元前128年的事儿。

到公元前127年，匈奴再次大举入侵渔阳、上郡，那么参照前一年的作战方略，汉军反击的方向大致可以猜测。匈奴击我右，我亦击其右。匈奴南侵，面向南方，其右在汉西北，其左在汉东北。

汉军反击了，仍然是李息和卫青搭档。

李息干的还是老本行，从代地出兵，目的未知，笔者仍保持与公元前128年相同的猜测，是监视并拖延随时北归的匈奴主力。而卫青这一次要完成一个巨大的战略目标——收复河南地，重建朔方。

卫青从云中出发，沿着阴山南麓大张声势西行，直扑阴山中段的高阙塞，看起来像是要越过高阙塞，进入高原作战。但到了高阙这里，突然折而南下，铁骑突进，南渡黄河，或驱逐、或俘虏，一路扫荡河南的各方势力。匈奴的从属势力代表人物，白羊王和楼烦王被击败，带领少数人放弃水草丰美的河套平原，渡河北逃。

卫青在河套平原自北至南，然后向西直至陇西，绕着帝国的西北境画了个圈，捕虏数千，虏获牛羊马匹十余万。

于是，一战而收复朔方——始皇帝当年派蒙恬带三十万军队、无数民夫经营的河上防线，时隔八十年，终于有了重新建立的可能。

事实上，收复朔方后，汉武帝迅速动员了大量人力物力，由苏建负责修筑朔方城。

苏建是何许人呢？他跟随卫青在收复河南之战中立了大功，被封为平陵侯。他还有三个儿子都很有出息，最有名的，是一个叫苏武的人，后来成为华夏风骨、汉人气节的典型代表。

收复并重建朔方后，朔方郡就成了汉帝国对匈奴战争的桥头堡。收复河南之战后，汉军连续两年没有大规模出兵。一方面，要营建朔方城；另一方面，帝国也在经略西南边陲，东夷二十八万人降汉，也要安置。而汉匈战争，还处于明显的相持阶段。一旦汉不出击，匈奴的侵扰就加强。

恰巧在河南之战后的第二年（公元前126年），匈奴军臣单于病死，他的弟弟伊稚斜自立为单于，太子於单则南逃向汉投降。

伊稚斜刚夺得单于位，为了巩固统治，有向外用兵的需求。于是，过了不久，匈奴数万骑入侵，代郡太守被杀，数千军民被俘虏。在秋季，匈奴再入雁门，又杀掠千余人。

公元前125年，匈奴发动了数十年来规模最大的一次南侵，目标指向代郡、定襄和上郡，每处派出三万骑兵。

当此时，汉军主力主要负责守护正在建城的朔方。匈奴在这一次入侵中，战术意图非常明显：用匈奴右贤王牵制朔方汉军主力，单于与左贤王合兵进攻相对空虚的山西北部。

收复河南，理论上解除了匈奴从陕北对汉都长安的直接威胁。但公元前125

年，匈奴从汾河湾突进到上郡，却意味着如果不能将匈奴驱逐出大漠以南，汉帝国的北境安全只能停留在理论上。

反击必须继续，不死不休！

公元前125年，沉寂了足足两年之久的汉帝国，酝酿了一次大行动。具体部署如下：

卫青为车骑将军，将三万骑出高阙塞，统领游击将军卫尉苏建、骑将军太仆公孙贺、强弩将军左内史李沮、轻车将军代相李蔡等；大行李息、岸头侯张次公为将军，出右北平。

还是老套路，一路主攻，一路佯攻掩护。李息牵制单于与左贤王部，卫青部志在寻求右贤王决战。

右贤王大概没料到汉军这一次是寻求与匈奴主力决战——毕竟先前卫青基本上是避强就弱、机动闪击的打法。所以，右贤王就在自己的主营地饮酒作乐、高枕无忧。不承想，卫青却带着三万精骑兵，日夜兼程，疾驰七百余里，在一天夜里把右贤王包了圆。

不过，右贤王之所以为右贤王，自然有过人之处。一阵慌乱之后，他重归冷静，组织起一支百余人的护卫队，精准地判断了汉军包围的薄弱点，溃围北去。而其他的所有右贤王部众、部落财产，包含各种王十余人，男女老少一万五千多人，牲畜上百万头，全部被卫青带领的汉军俘获。

汉兴以来，和亲送出去的，经此一战，可以说连本带利都捞了回来。

卫青得胜归来，汉武帝刘彻的使节直接迎到塞上，在军中拜卫青为大将军。从此，卫青统领诸将有了制度保障。

茏城之战，小试牛刀；雁门出塞，如法炮制；纵横河南，复我朔方；高阙出塞，殄灭右贤。凡四战，横空出世的卫青，终于成为当时汉帝国最耀眼的将星！

而英雄不孤独，在他身边，另一颗划亮历史天空的巨星也行将升起。

叁　霍去病的新境界

从马邑之谋后，汉与匈奴的全面战争就不可避免，而一旦陷入全面战争，那就必须打出个结果来，不然只能不死不休！

公元前124年，卫青大军出高阙塞，一锅端掉右贤王后不久，匈奴再次入侵代郡，杀掠千余人，汉代郡都尉朱英战死。

从冒顿之后，匈奴实际上是一代不如一代。冒顿能举大军与汉高祖会战，冒顿之后，就只能沿汉边境线游击，断然不敢与汉决战。

但汉武帝继位，以卫青为主，几次主动出击之后，汉军每每主动寻求决战的意图就昭昭然了。

换言之，虽然汉匈战略相持的本质并未改变，但汉为了保家卫国要拼命、匈奴依旧是强盗习性，则汉匈战争的大势实已彻底扭转了。你搞你的抢劫与偷盗，我玩我的警察抓小偷。

公元前123年春二月，汉军再次出征。

卫青先从定襄出塞，斩首数千人而还，算是小试牛刀。而大军并未归国，都屯戍在帝国边境。四月，卫青再次大出定襄，斩首万余人。

这一次，飞将军李广也随军出征，一同出征的还有苏建、赵信。

苏建、赵信各带领三千骑，出塞不久，就遇到了单于大军，恶战一日，赵信带领部下八百余骑投降匈奴，苏建全军覆没，只身逃归。

至于李广，大概是没有遇到敌人，无功而还。

从战术上推测，苏建、赵信，可能承担的是类似前三次征匈奴时李息的任务，偏军监视、骚扰匈奴主力，而卫青部则寻求匈奴余部打局部歼灭战。

李广大概没有跟从卫青部，不然不至于无功而还——跟着卫青，不需要动脑子，找到匈奴，上去砍人就是，不怕无功。他也没有和苏建、赵信一道，那他去哪儿了呢？不知道，可能他只想自己单独带一支部队出击。

太史公司马迁在《史记》里对他极尽褒奖，但也对他的个人主义、冒险主义提出了委婉的批评，"用此，其将兵数困辱，其射猛兽亦为所伤云"。

李广的战术执行力是毋庸置疑的，部下的战斗力也是毋庸置疑的，但因为缺乏大局意识，又艺高人胆大，每每倾向于冒险求功，所以，要不就无所得，要不就撞上匈奴大军困辱惨败。

本质上，进入蒙古高原作战，在广袤易迷失之地，大胆深入是必不可少的素质，卫青、霍去病在极限操作求胜上，所冒的险未必比李广少。但从李广每每谜之迷失，卫青、霍去病却每战必胜来看，除了太史公所说"卫青、霍去病得以拣选良骑精兵"之外，卫、霍必然有显著高出李广的地方。

比如，汉军深入高原大漠，多有迷失道途的，李广就是典型，但史料中从未见卫青、霍去病迷失道路的。卫、霍出兵，每每像带了北斗定位系统，常常能直扑战略目标。

再比如，第一次模拟考的卫青，出门也是无所获。但他却临机决断直扑茏城，突袭、以优势兵力歼敌、迅速抽身后撤。每一步都走在危险的边缘，每一步却都无惊无险，操作之精准，令人叹服！如果没有对部下、对敌人、对环境的充分妙算，即便偶然能求一胜，长期下去，必将遭遇如李广那样的困辱，而卫青、霍去病，却能一直赢。

公元前123年四月，这一战，卫青的外甥霍去病第一次露脸。

霍去病当年十八岁，被汉武帝和卫青培养了多年，是时候安排一次考试，来检验培养的效果了。

战前，汉武帝下诏，让霍去病自己挑选壮士，共得勇士八百人，皆轻骑，霍去病任嫖姚校尉。

大军出塞后，霍去病申请脱离大部队，率领手下八百骑，突进数百里，具体路线不详，具体作战地点也不详。我们唯一知道的是，他追上了敌人，而且这波匈奴人还非比寻常，将官有相国、当户。他还斩杀了单于大父行（爷爷辈儿）的籍若侯产，活捉了单于的叔叔罗姑比，一共斩首二千二十八级。

战后的诏书里，论功，此战霍去病两次战功第一，封为冠军侯。

和卫青第一战何其相似：孤军深入、奔袭数百里、大斩获、快速撤退。与卫青相比，基于整个帝国北境军队作战经验更丰富，对匈奴更了解，霍去病甚至青出于蓝更胜于蓝。

霍去病的灿然升起，依托着汉帝国为对付匈奴建立起来的庞大精骑，从此之后，汉帝国对匈奴进入了犁庭扫穴的战略反攻。

最后，回头聊下卫青。

公元前123年，春二月与春四月两次出塞，是卫青统兵以来的第五次和第六次大捷，是拜为大将军以来的第一次和第二次。

这次他统领全军，一分兵，偏军叛逃了赵信、折了苏建，共计六千人。某种程度上反映了高原荒漠作战的特点：分军则只能各自为战，很难顺利联络，也难以真正相统属。

所以，卫青只能保证自己主力军的胜利，而于赵信的叛逃、苏建的战败无可奈何。或许在草原上，并不需要运筹帷幄的帅才，只需要凶猛的头狼与他统领的狼群。

苏建逃回来后，卫青可以军法从事，议郎周霸建议他杀苏建立威，但他拒绝了。卫青说："我侥幸以皇帝心腹近臣的身份统领大军，不担心没有威严，杀将立威，也失作为人臣的本分；虽然有这个职权，但还是留给天子裁处，也是向皇帝表明作为人臣不敢专权。"

这就是卫青，六战六胜，仍然谦退低调，没有忘记自己从哪里来。

汉武帝刘彻信任他，他也时刻呵护着这份信任，这是他与汉武帝之间自始至终都极为和谐的关键。

肆 河西之战

公元前123年四月，在卫青为大将军指挥的定襄之战中，霍去病完美地通过了考试，汉武帝刘彻知道，自己打磨的第二把利剑已经可以大用！

两年后，公元前121年，汉武帝为霍去病量身定做了一个作战计划，战略目标是夺取河西走廊。这一战略目标，分两个战术动作，概括起来就是：左手一个千里奔袭，右手一个大迂回。

先叙左手的。

当年春，霍去病将万骑出陇西，向北，在今兰州索桥渡渡过黄河，向西北溯庄浪河而上，过乌鞘岭，进入今武威市东。继续北上，而后向西渡过石羊河，直插焉支山，在焉支山附近大破匈奴浑邪王部。抓到了浑邪王王子及相国、当户，总计斩首虏八千余级。

完成这一千里奔袭之后，霍去病率军迅速抽身回师。回师途中缴获了休屠王部的祭天金人，在兰州东北今皋兰县境内的皋兰山下顺道收拾了折兰王、胡卢王两个匈奴小部落。

《史记》的记载是这样的：骠骑将军率戎士逾乌盭，讨速濮，涉狐奴，历五王国，辎重人众慑慴者弗取，冀获单于子。转战六日，过焉支山千有余里，合短兵，杀折兰王，斩卢胡王，诛全甲，执浑邪王子及相国、都尉，首虏八千余级，收休屠祭天金人，益封去病二千户。

其中的乌鳘，有说是山，有说是水，当代研究认同是水，且是今天的庄浪河。五王国，可能就是分散处于庄浪河谷与兰州盆地的羌族或者匈奴族小部落。狐奴（是山是水也有争议，认同是河流的居多）则为今天横跨武威市的石羊河。

这是汉帝国第一次向西北方向用兵。跨过陇西山区，进入河西走廊东南段已经是极限，故"过焉支山千有余里"这里可能断句有误，或者少字。千有余里更大的可能是从陇西出发最远走了千余里，而笔者估算了从陇西郡治临洮到焉支山的距离，刚好千余里。或者说，千有余里是从焉支山回师皋兰山的征程，差不多符合。不过，这些细节不必细究。重点在于，这又是一场霍去病千里奔袭、打完就走的闪击战典范。

《史记》记载，汉武帝"常与壮骑先其大军"，则霍去病统领的骑兵，通常是精锐中的精锐。

霍去病的骑兵，或许已经是当时世界上最强的轻骑兵军团了。

到了夏天，霍去病再次出兵执行第二个战术动作。这一次是两个方向，四路出兵，遥相呼应，又分进合击。李广将四千骑、张骞将万余骑出右北平，不同道。霍去病与合骑侯公孙敖出北地郡，也不同道。

但同以往一样，汉出征匈奴，但凡分兵的，必出状况。

东北右北平方向。

李广四千骑突进迅速，很快进入预定地点，而匈奴仿佛专门针对他似的，左贤王带领四万军队围攻李广。李广部队的战斗力是毋庸置疑的，他以四千敌四万，足足打了两天，军士死亡过半，杀敌也相当。

就在这时候，张骞终于带兵赶到，匈奴以十倍兵力打了两天，师老兵疲，而李广军又添生力，匈奴于是撤军。

西北北地郡方向。

公孙敖呢，也迷路了。

而霍去病没有耐心等待失期的友军，再次孤军突进深入。这次的路线很清晰：逾居延，遂过小月氏，攻祁连山。代入当代的地理区划，也就是从北地郡出发北上，进入河套平原，在今天内蒙古巴彦淖尔市磴口县的鸡鹿塞渡口西渡黄河，横穿今乌兰布和沙漠、巴丹吉林沙漠，到达居延泽。

居延泽是个休整补给的好地方，霍去病军可以稍事喘息。随后，霍去病率军沿弱水河，也就是现在的额济纳河向南疾驰，目的地是小月氏故地，现在的酒泉附近。

稍事了解河西走廊的地理区划，就能看出霍去病兜这个大圈子的战略意图了。

他突进到酒泉附近后，就控制了河西走廊的西北出口，则整个活跃在河西走廊的匈奴人就被截断了逃路：西北要死磕霍去病，东南是汉帝国，西南是祁连山，东北山区有缺口（在张掖西北部），但跨过缺口就是巴丹吉林沙漠，何况汉军可以从朔方出西北堵截。

所以，霍去病对河西走廊的匈奴势力，不是要驱逐，而是彻底消灭。

接下来就没什么好说的了，在祁连山下汉匈大战，霍去病军大胜，斩首三万二百级，俘虏酋涂王，招降两千余人。

战后封赏，所有从军至小月氏的校尉都赐爵左庶长，霍去病益封五千户，属下赵破奴、高不识、仆多三人封侯。

是为河西之战。

春，霍去病孤军出陇西，既为试探虚实，也为了解河西走廊的地貌地形。

夏，帝国东北、西北两路出兵，东北佯动，西北大迂回毕其功于一役。

此战的意义：

第一，打通河西走廊，与西域诸部通商通使的安全保障大幅提升。

第二，控制河西走廊，切断了青海东部、甘肃西南诸羌与匈奴的联系，打开副本——归化诸羌。

第三，汉军进入新疆盆地东大门，打开副本——亭鄣修到玉门关，军事影响扩大到西域诸部。

最后，补充几点：

第一，汉军普遍失期的问题，有时候是后军走得慢，有时候其实是前军走得太快。而不管哪种，失期的都有罪，挺坑的。比如这一次，未必是张骞走得慢，也许是李广走得太快。霍去病那边，更是如此。《史记》明明白白写道"然而诸宿将常坐留落不遇"。跟开挂男搭档，真的很辛苦。

第二，李广这个人，不适合单独带兵，如果跟着霍去病、卫青，就凭他的砍人能力，早就封侯了。自己带兵，就没缰绳——霍去病、卫青带着精锐中的精锐，所以敢搞千里奔袭，他带着四千人也敢。《汉武大帝》里，李广自己说，只想厮杀，不在意封侯不封侯，没准还真是这样，李广有任侠气，快意恩仇。

第三，汉武帝确实不大爱用顽固自我的老将，这一次，张骞一个从没带过兵的，就给了一万骑，李广却只有区区四千骑。

第四，汉武帝之所以是雄主，卫青、霍去病之所以是旷世名将，我觉得一个重要原因是，在他们之前，中国历史上没有人打过这样的仗。在数千里边境线上，进入陌生区域，大迂回、大穿插，又战功赫赫，他们是超级先行者。卫、霍对外战功之盛，华夏数千年历史，堪与匹敌者屈指可数。

伍　封狼居胥

公元前121年，霍去病春天出陇西，夏天大迂回，荡平河西走廊后，还有一个意外收获。

伊稚斜单于对浑邪王的失败很生气，就打算把浑邪王召到单于庭诛杀他。浑邪王在朝里也有人，他知道了单于的愤怒，和休屠王商议后，就决定投降汉朝。

霍去病荡平河西走廊，把浑邪王、休屠王赶走了，但并不意味着汉朝廷彻底控制了河西走廊。以匈奴游牧的习性，汉军一撤，他们还能杀回来。但是如果浑邪王、休屠王带领部众投降，那就没有这个顾虑，汉只需有条不紊地移民屯田即可。

浑邪王的使者，先跟在鸡鹿塞筑城的李息联系上了。李息汇报给汉武帝，汉武帝担心浑邪王使诈，就派霍去病带领大军去受降。

首先说，浑邪王归顺的决心是很坚定的，但包括休屠王在内的匈奴部众并不坚定。但当匈奴部众看到霍去病在河东的万余精骑时，有些人就因为恐惧动摇了，浑邪王的几个裨将各自带部众准备逃跑。

在河东的霍去病看势不对，一马当先驰入浑邪王军，帮助浑邪王击杀逃兵八千余人，迅速控制了局势。之后，霍去病受降浑邪王部，凡四万余人。

这样，河西走廊本来面对的外部威胁也就一下子去除了。而浑邪王及休屠王部的匈奴人有些就编入汉军骑兵，在即将到来的汉匈大决战中发挥作用。

同时，当河西走廊"张国臂掖，以通西域"，成为对匈奴战争的前线，则陇西、陕北就成了后方。于是，汉武帝下令，将陇西、北地、上郡的戍卒减半，汉朝部分人民也得以稍事喘息。

那休屠王呢？休屠王被杀了。《史记·匈奴列传》里讲，是浑邪王杀了他，并其军。但这发生在霍去病进入浑邪王大营后，那么，休屠王显然代表了动摇犹豫不降者。

值得一提的是，休屠王死后，他的太子、阏氏及另一个儿子，都跟随浑邪王入汉。这个太子，后来由汉武帝赐姓金，唤作金日（mì）磾（dī），受武帝遗诏辅政，成为一代名臣。

匈奴方面，伊稚斜单于面对浑邪王的叛逃，却无能为力。

事实上，在右贤王几乎被团灭之后，匈奴面对汉的反击，用一句话形容，那就是：如果你敢打我，我就骂你。

河西之战，整个河西走廊及河西走廊的匈奴部众被汉席卷一空，伊稚斜单于的报复是：公元前120年，入右北平、定襄，各数万骑，杀掠千余人。

但即便如此，仍然招致了汉帝国有史以来最疯狂的反击，匈奴将有灭顶之灾！

公元前119年，汉帝国进行了史上最大规模的对外战争动员，派出了卫青、霍去病帝国双璧！双主将大出击，第一次，唯一一次，最后一次。

绝幕之战！

动员战力：骑兵十万，其中霍去病部多壮骑及深入敢战之士。负责后勤补给的步兵十余万。战马十四万匹，卫青、霍去病部平均一人多于一匹战马。

将领阵容：大将军卫青。骠骑将军霍去病。郎中令老将李广为前将军。太仆公孙贺为左将军。主爵赵食其为右将军。平阳侯曹襄（平阳公主子，卫青继子）为后将军。

部署：前、左、右、后四将军皆属大将军，出定襄，共五万骑。骠骑将军独带五万骑，无裨将，出代郡。

武帝最初的部署，是让卫青出代郡，霍去病出定襄。但是听闻单于大部向东运动，就改变了指令，霍去病改出代郡向东北，卫青出定襄，向西北。让霍去病啃硬骨头的意图非常明显。

战略目标：横绝大漠，向漠北寻求匈奴主力作战，以求彻底解除匈奴的威胁。

不过，战争形势总在时刻变化。

卫青分兵两路，让前将军李广与右将军赵食其合兵从东路走。自己带领主力从西路出塞。

卫青主力过大漠。伊稚斜单于与赵信早早在大漠北缘摆开阵型，准备以逸待劳。卫青马上下令，摆起武刚车，迅速建起环形临时防御，之后才派出五千骑兵正面出击。匈奴也纵兵万余与先锋作战。

打了一阵，天快黑了，又起大风，飞沙走石，能见度变低。这时候，就见卫青的过人之处。他迅速利用这一混乱时刻，派出了另外两支五千人队，从匈奴两翼包抄过去，就这么大约一比一的对战，卫青主力硬是把匈奴包围了。

当然，包围了不等于吃得下。双方又鏖战多时，不分胜负，天已完全黑了下来。

这时候，惊异的一幕出现：伊稚斜单于跑了。战局尚在僵持之中，敌军主帅跑了。卫青表示：这可真是洪福齐天！

那接下来就是轻骑追击、打扫战场了。毕竟兵力有限，卫青部对单于主力的包围还是很松散的，他们无法阻挡匈奴的鸟兽散，但可以痛打落水狗。就这么一路追杀，追了二百多里，到天明，追斩匈奴万余人，但没有抓到单于。

然后，卫青军队抬眼一看，哈，追到了窴颜山赵信城。匈奴的粮草辎重全在这屯着，汉军将士因此好好吃了一顿饱饭。一天后，卫青下令，烧毁了剩余的粮草辎重，带兵南归。

有一件事值得注意，卫青出征，常有俘获匈奴牛羊牲畜，或者破坏匈奴蓄积的记录，因而对匈奴国力的伤害没准还过于战场杀敌。换言之，卫青的打法，某种程度上，可以胜敌而以强，颇得以战养战之道。

卫青还军，回到漠南，才遇见了李广、赵食其军。哥俩路远弯儿多，迷路了！然后，悲剧发生了。

卫青派长史去问李广怎么回事。这种事按律当斩，根据汉律，可以花钱买活，但李广已经买过一次。这时候征战一生的李广已经六十多岁，杀敌无数，却无斩首功。这一次苦苦祈求得为前将军，却因分军迷途失期，时也命也！

忠勇一生的李广，百感交集，拔剑自杀。

李广的死，有很多谜，这里就不深入了，但要说几句公道话：汉武帝任命李广为前将军，却交代卫青不要真让他做前锋挡单于；后来卫青分兵，李广不同意，但大将军令不可违，实际是满腹怨气地走了东道。被领导穿小鞋谈不上，但此一战，李广受到的对待，多少有点不公正。

汉武帝的问题：用人不疑，疑人不用，你觉得李广进攻不灵，就坚持不用嘛！

卫青的问题：绝幕大作战，行军数千里，没有GPS定位，没有电信通信，虽然李广失期有点过分——卫青都打完仗回来了，他还在漠南打转——但公道讲，这种情况下，偏军分兵失期实际是常态。

继续说漠北之战。

卫青碰上了单于主力，那意味着……

霍去病扑了个空。但自带北斗定位的霍去病，怎么可能扑了个空！没有机会，创造机会也要打，这才是霍去病。而且，当卫青吸引了匈奴单于的主力，在东亚大陆上，还有谁能阻止霍去病的最强骑兵军团呢！

先跨过大漠再说。

跨过大漠后，匈奴左贤王部回过神来，这个少年杀神是奔单于王庭来的。单于王庭没有固定地点，在汉军兵锋的威慑之下，公元前123年，伊稚斜单于用赵信的计策，举族北迁，活跃区域局限在漠北，很少进入漠南。而新的单于王庭，也就迁到了现在的蒙古国首都乌兰巴托附近。

左贤王先组织人马在大漠北缘试图阻击霍去病军，战败撤退。

霍去病军继续挺进，左贤王依托弓闾水再次组织抵抗，再次战败。

弓闾水也就是乌兰巴托东南的克鲁伦河，克鲁伦河下游注入呼伦湖，在今内蒙古呼伦贝尔大草原上。弓闾河之战后，匈奴左贤王部被彻底击溃，再也没有组织起像样的反抗，只好仓皇逃窜，一度逃到今俄罗斯境内。

而霍去病军也一路追击到姑衍山和狼居胥山北部——"超追"是霍去病式大迂回的习惯操作——这样回师途中就把单于庭给包圆了。战后清点，霍去病军共斩获七万零四百四十三级，获屯头王、韩王等三人，将军、相国、当户、都尉八十三人。

从出定襄，一鸣惊人。

河西之战，张国臂掖，大迂回打出新境界，刷新对匈战争斩首纪录。

漠北之战，绝幕奔袭，连战连捷，因粮于敌，犁庭扫穴，封狼居胥，禅姑衍山，登临瀚海，再次刷新对匈奴斩获纪录。

《孙子兵法》言"千里奔袭，必撅上将军"。

主父偃在对汉武帝的上书里提到过一个数据：秦始皇经营朔方，从山东江苏沿海运粟到朔方，凡三十钟得一石。一钟，也就是六石四斗，换言之，千里运粮，一百九十二石得一石，损耗超过99%。

汉人写文章，普遍喜欢夸张，主父偃显然有夸张之处，但充分说明，用于戍守、远征的后勤运输是极其消耗国力的。

仅漠北之战，司马迁在《史记》里讲，出塞十四万匹马，回来的仅三万匹。诸如此类，让漠北之战成为前汉对外战争的绝对高峰，从此以后，十余年间，汉再无力对匈奴发动大规模战争。

而两年后，公元前117年，汉冠军侯霍去病去世，时年仅二十四岁。

似乎，天生霍去病，只有一个使命，成为大汉帝国武功巅峰的第一主角，流星从天际划过，比太阳还耀眼。

第十一章 武帝内政

汉武帝刘彻要大作为，就要加强君主集权，这样才能对帝国的资源如臂使指。但实际上，加强君主集权的阻力依然很大。

作家吴钩在《隐权力》一书中，给出了一个公式：实际权力=正式权力+隐权力。所以，不是说刘彻成了皇帝，就真的普天之下莫非王土、率土之滨莫非王臣，阳奉阴违、利益同盟者比比皆是。

何况，在关乎正式权力的制度设计上，相权与诸侯，一个与皇权抗衡，一个制造帝国内部的独立王国，都制约着君主的实际权力，汉武帝首先要解决这两个问题。

壹　大将军卫青

汉初的丞相是很牛的。

汉文帝很宠幸一个叫邓通的人，甚至把铸币权都给了邓通，以至于到文景后期，天下尽是邓钱和吴（吴国）钱。

但就是这个邓通，差点被汉初丞相排名进不了前五的申屠嘉杀了。

起因是，有一次申屠嘉上朝跟文帝汇报政事，而邓通在文帝身旁侍候。邓通不开眼，仗着宠幸，对丞相有怠慢之色。申屠嘉汇报完毕，当场就跟文帝说："陛下您要是宠幸一个人，就给他富贵；但朝廷的规矩礼法，不能不要！"

文帝听了说："丞相，你不要说了，回头我私下教育他。"

单单文帝这一个服软的姿态，放在汉武以后，就是"从谏如流"值得大书特书。

但这事儿，还没完。

申屠嘉下朝到了丞相府，马上发出命令，让邓通来丞相府见他，如果不来，就杀了邓通。邓通一听命令，吓坏了。赶紧跑宫里向文帝求救。

文帝很有政治家风范，尊重制度，也尊重丞相，同时也觉得这是一个教育邓通的机会，于是就跟邓通说："你先去吧，等会儿我让人找你去！"

邓通没办法，只好硬着头皮去丞相府。到了丞相府，摘了帽子，脱了鞋子，连连叩头谢罪。

申屠嘉倒也没真想让邓通死，也不能太不把君权当回事嘛！但申屠嘉还是正襟危坐，疾言厉色，对邓通一通训斥，并作势要以"大不敬"的罪名斩杀邓通。

　　邓通吓得，把头都磕出血了，申屠嘉还是不罢休。

　　这时候，文帝派使者持节过来召邓通，顺便还跟丞相求情："这是我的弄臣，丞相看在我面上，就饶他一命吧！"

　　申屠嘉就坡下驴，就把邓通放了。

　　邓通到了宫里，见到文帝，不觉大哭："陛下啊，丞相差点就把我杀了啊！"

　　这事儿，反映几点：

　　第一，文帝是个高明的政治家，遵守游戏规则。

　　第二，丞相可以不经皇帝同意，处分中大夫这样的官员。其行政权与决策权非比寻常。

　　第三，丞相的权力有制度保障，皇帝寻常无法撼动。

　　第四，邓通是个没用的东西——皇帝宠幸这样的人，危害倒也不大。

　　申屠嘉就这么难对付了，有没有更难对付的呢？当然有！

　　曹参是一个。

　　惠帝继位不久，萧何去世，曹参继位为丞相，天天饱食终日、无所事事，丞相府像美食一条街。孝惠帝刘盈看不下去了，就跟中大夫曹窋，也就是曹参的儿子说："要不，你回去问问你老爹，天天这是干啥呢！"

　　曹窋回家小心翼翼地提了一句，却遭曹参好一顿家暴：曹参让人抽了亲儿子曹窋二百鞭子。

　　曹窋身体还挺好！拍拍屁股，回去跟惠帝汇报。

　　惠帝就在上朝的时候问丞相曹参："干吗那样打曹窋，那是我让问的，你打曹窋的屁股，就是打我的脸啊！"

　　曹参规矩还是懂的，马上脱下帽子谢罪。但做完姿态后，画风马上变了。

　　曹参："小子唉，你比你爹咋样？"

　　惠帝："不如。"

　　曹参："你觉得我比萧丞相咋样？"

惠帝："你好像不大行！"

曹参说："那就对了！我们照着高皇帝跟萧何定的规矩做就是了，折腾啥！"

惠帝表示说不过曹参，只好作罢。

看，本身汉初的顶层设计，相权实际能量就大于皇权，遇上这种丞相年高德劭、皇帝乳臭未干的，皇帝只好天天喝娃哈哈。

回说申屠嘉。申屠嘉在景帝继位不久就死掉了，死在气量狭窄上。

晁错当时已经是内史，掌治京师，相当于长安一把手，不在九卿之列，但品级与九卿相近。关键是，晁错是景帝的心腹，加上有实权，就很不得了，当时朝廷的许多变革法令都出自他手。

内史府当时在太上皇帝庙景区范围内。晁错因为出门不方便，就把庙墙给打通了。这就类似后来汉景帝朝废太子刘荣的罪，可大可小。

申屠嘉就打算以此为题，奏请皇帝杀了晁错。但晁错提前听到消息，先跟景帝解释了。于是，当申屠嘉在朝堂上提出要办晁错的罪时，景帝却说："那不是庙墙，是庙周围扩展用地中间的围墙，不至于有罪。"

申屠嘉也没办法，因为这实在不是多大的事儿。但申屠嘉下朝后，回到丞相府，跟长史（丞相府高级属官，协助丞相处理事务）说了一句值得玩味的话：

"吾当先斩以闻，乃先请，为儿所卖，固误。"

看到没，像内史这种两千石级别的官员，按照制度，丞相也是可以先斩后奏的，提前汇报有需求但非必要。后来，申屠嘉大概因这事儿，气死了。

申屠嘉的死，也是一个标志性事件，在他之前，萧何、曹参、陈平、灌婴都死于任内，丞相没有终身制之名，但有终身制之实。即便像周勃、王陵这些因为与皇权冲突剧烈被罢相的，也基本得以善终。申屠嘉死之后，景帝朝中后期的丞相，就开始走马灯地换，陶青、刘舍、周亚夫、卫绾几位，多不止一次入相罢相的。

这实际上也是皇权向相权的夺权——丞相有行政、司法、决策权，但皇帝有任免丞相的终极决策权，相权无法撼动，丞相可以时常换嘛！

景帝对周亚夫就是典型的不换思想就换人方式。

周亚夫平定七国之乱，立下赫赫战功，事后任太尉，五年后升任丞相。

有一次，窦太后想让景帝趁早封王皇后的哥哥王信为侯，景帝就去跟丞相周亚夫商量。周亚夫直接说高皇帝有约"非刘氏不得王，非有功不得侯，不如约，天下共击之"。现在，王信虽然是王皇后的哥哥，但没有功劳，按照约定，不得封侯。

景帝什么反应呢？

《史记》说：景帝默然而止。《汉书》说：帝默然而沮。这里边，从用词看，班固立场更偏向刘汉王室一些，但两者都不同程度反映了景帝的无奈。

到后来，匈奴王徐卢等五个人投降汉朝，景帝也想封这五个人为侯。跟周亚夫商量，周亚夫又给否了。理由是："这样做是在鼓励叛臣贼子。"

连连碰壁，脾气暴躁的汉景帝也怒了，直接说："丞相你说的不算（丞相议不可用）"，最后硬是封了这五个人为列侯。

这是撕破脸，不要什么游戏规则了。

周亚夫也因此被罢相，后来被诬告谋反下狱，绝食五天后，吐血而死。周亚夫之后，刘舍、陶青、卫绾，都是很乖巧谨慎的丞相，暂时，景帝胜相权半子。但没有制度设计上的根本改变，寄希望于每个丞相都是乖乖仔，这不现实。

汉武帝继位后，魏其侯窦婴当了一段丞相，三朝老臣，没什么过分的举动。

窦婴后来罢相，田蚡为相，又是国舅爷，也得年轻汉武帝的信任，相权就又回光返照了。

田蚡时常推荐人当官，动辄就是二千石的大官——比如韩安国在梁国失意后就得田蚡的照拂又当上中央官员的。这样的事情多了之后，汉武帝也忍无可忍，有一次就没好气地说："你任命官员完了没？我也想任命几个！"

田蚡当丞相，权势危重如此。如果汉武帝是个平庸的皇帝，没准田蚡就像王凤、王莽一样专权了。但汉武帝雄才大略，那意味着这种局面将彻底改变！

正常来说，窦婴和田蚡，一个是表叔，一个是舅舅，分别代表了窦、王两家外戚，轮流坐在丞相位置上，汉武帝要把他们逐出权力场，并不容易。但前文说过，窦婴和田蚡掐起来了，因为灌夫的事儿，两家斗得极为凶残，最后两败俱伤，窦婴被腰斩，田蚡心力交瘁，不久病死。

田蚡死后，继任者薛泽是应声虫，公孙弘是个很有阅历的老人，知人情冷暖，本就是个曲意逢迎的主,好不容易因为修建朔方城站在汉武帝对面耿直了一次,被汉武帝请出近臣朱买臣在朝议上吊打之后,彻底乖巧了。

值得一提的是,公孙弘的发家,也可以认为是汉武帝的近臣。类似身份的还有御史大夫张汤。注意两个时间点:其一,公孙弘公元前124年任丞相,公元前121年薨;其二,张汤公元前120年任御史大夫,六年后有罪自杀。

从公元前124年到公元前114年,这十年间,公孙弘和张汤分别成为汉武帝在外朝的强援,帮助汉武帝跟以丞相为首的行政机构博弈。但本质上,在相权序列,这是皇权越界了。汉武帝强势,行政官僚们无可奈何,但换一个软弱的皇帝呢?相权反扑,甚至控制皇帝,都是可以预见的。

这时候,汉武帝表现出他的阶级本性来,他要保证自己有绝对权威,还要保证子孙后代有绝对权威——皇权神圣不可侵犯。因此,汉武帝要进行制度设计,他要搭建对自己直接负责的机构。于是,九卿之少府的一个下属机构——尚书署——被推到了权力的核心位置上。

秦制,治粟内史负责帝国财政,少府负责皇帝用度,两者的财税来源不同。换言之,帝国赈济、用兵、基建的一切开支,治粟内史负责;皇帝吃喝拉撒睡玩的一切开支,少府负责。

尚书署,是少府的下属机构,其成员,相当于皇帝的机要秘书,负责皇帝与丞相之间的文书传达,本质上不过是个跑腿的。但这个机构,在汉武帝继位后,成为皇帝架空相权的辅助,原本的文书传达,变成了指令传达。

尚书本是九卿之少府的下属机构,秩仅六百石,在汉初,其正式职责仅相当于皇帝与丞相之间的一个传达员。但汉武帝发现了这个机构可以赋予的巨大隐权力潜力,于是,他开始更多地利用尚书署,打造了一个以尚书令为主,包含侍中、给事中、常侍在内的尚书台。

于是,尚书署成了一个什么都可以往里装的筐,汉武帝的侍从近臣们被授予侍中、左右曹、诸吏、散骑、中常侍的加官,参与谋议。渐渐地,围绕尚书署,就形成了新的决策中心,史学界一般称之为内朝或中朝,以与丞相序列下的外朝区分。

当然,这些新职衔,并非阿猫阿狗都可以担任,也别因为"十常侍"的恶名而认为这里大多是宦官。

实际上,设计初期,侍中、给事中、常侍是荣衔,其意义是:有了这个头衔,不管你是谁,都可以参与皇帝主持的关于核心议题的决策。本质上,在设计之初,汉武帝是把它作为自己的一个如臂使指的班子打造的,是筛选之后充分统一思想的结果。

这里卧虎藏龙,汉武帝时期几乎所有的大政方针都从这里出。

有了尚书台,内朝官就不再是依附皇帝、随皇帝实际权力起伏的虚拟存在,而是成了实体官僚机构。这意味着,从此后,尚书台有了自己的生命力。它始于武帝,绝不终于武帝。

公元前124年,卫青歼灭右贤王部之后,被汉武帝拜为大将军。

大将军在外统领诸军,在内,汉武帝有意尊崇大将军过于三公。也就是说,在内,大将军的实际权力是统领百官,凌驾于丞相之上。而卫青是侍中出身,因此,史学界普遍认为,卫青被拜为大将军,是中朝官正式形成的标志。

从此,中朝官将不仅仅依附于皇帝存在。没有皇帝,他们还将围绕大将军或者大司马,成长为汉帝国权力顶层最有影响力的势力。

卫青为人仁善退让,放弃了发展大将军的隐权力,其实际行使的权力未必真的"过于三公"。但我们思考一个问题,如果霍去病也活到六七十岁呢?

霍光后来给出了答案:大司马不单单统领内朝官,他还要统领外朝官,武帝在,丞相是武帝的应声虫,武帝死,丞相就成了霍光的应声虫。

贰　淮南王谋反案

卫青被拜为大将军，标志着中朝官的崛起，汉武帝基本完成了对相权的制度性削弱。

对阻碍君主集权的另一方势力——地方诸侯——汉武帝延续了从文景时代就开始的持续削弱。

淮南国首当其冲。原因之一，淮南国比较大；原因之二，淮南国与汉武帝的关系更疏远。

诸吕之乱后，刘邦与赵姬生的小儿子刘长，作为汉文帝活着的唯一的兄弟被封为淮南王。这位刘长，生下来没多久就没了亲爹亲妈，由吕后抚养长大。吕后大概对他很不错，同时又因为是别人家的孩子，多所骄纵，所以刘长长大后成了一个直来直去的莽撞人。

那么，当刘长遇上刘恒，就是莽撞人遇上腹黑男。于是，刘长与刘恒之间，上演了一出"郑公克段于鄢"的故事。

郑公就是郑庄公，郑公和共叔段是春秋初期郑国一母所生的一对亲兄弟。但老妈偏爱共叔段而憎恶郑公，在老公郑武公还活着的时候，她就劝说老公废长立幼。等郑公继位后，老妈又伙同弟弟共叔段向郑公要求大量的封地、尊崇的地位。郑公一直满足弟弟共叔段的要求。最后，共叔段贪得无厌，意图篡位，被郑公一举消灭——郑庄公早就预料到了一切，也做好了一切准备。

刘恒与刘长之间与此颇有相似之处。

刘长骄横，而汉文帝刘恒对他却表现得极为亲近，每当刘长入朝，两人会猎上林苑，刘恒都让刘长跟自己同车共辇，刘长也亲切地称呼刘恒为大哥，而不称陛下。

后来，刘长又击杀了吕后的相好审食其——当初刘长的生母赵姬要通过审食其求得名位，审食其没办成，刘长长大后一直对此怀恨在心——刘恒没有追究。

再后来，刘长继续骄纵不法，悖慢无礼，汉文帝刘恒就让舅舅薄昭写信好言劝谏了一番。但刘长对此的反应是："我哥都没说话，你个舅舅多管啥闲事？"

然后，非常诡异的，汉文帝六年，刘长让一个名叫但的男子带领七十人，与棘蒲侯柴武的太子柴奇密谋，以辇车四十辆在谷口发动叛乱，同时派使者出使闽越、匈奴。

阴谋败露了。淮南王刘长被召到长安，由丞相张苍与代理御史大夫事的典客冯敬，会同宗正、廷尉会审，判决结果：刘长应该处以弃市。

汉文帝接到结案报告后，没有批准，让丞相与列侯吏二千石等复议。复议结果：维持原判。

汉文帝仍然没有接受，但汉文帝是尊重法律的人，只好动用皇帝特赦的权力：赦刘长死罪，废除王爵。

而相关部门又补充上奏，要求将刘长流放到蜀郡严道县邛邮安置。汉文帝批准了，随后刘长被押送往蜀中。途中，刘长绝食而亡。

不过，更加诡异的是，刘长绝食没人知道。原因是，路上奉送食物的官员没有人敢开车门查看。直到雍县县令揭开车上的帷幕查看，才发现刘长已经死了。

刘恒大怒，下令处斩了沿途诸县送饭不查看的几个县令。

但刘恒的补救举动，仍然无法堵住大汉子民的悠悠众口。汉文帝十二年，长安城里传唱着一段童谣："一尺布，尚可缝；一斗粟，尚可舂。兄弟二人不相容！"

童谣传到刘恒的耳朵里，刘恒很委屈："先前尧、舜放逐他们的亲生骨肉，周公杀死管叔、蔡叔，天下人都称他们为圣人，怎么到了我这就双标了？"

迫于舆论压力，为了维护自己宽厚有容的形象，汉文帝刘恒立淮南王的三个儿子为王，分别是淮南王刘安、衡山王刘勃、庐江王刘赐。

但是刘长的儿子们并不都领情,起码淮南王刘安就不领情。七国之乱时,吴国使者前来联络刘安一起发兵,刘安打算派兵接应,但被国相控制了兵权,勒兵守城抗拒吴国,淮南王刘安才没有被拖下水。

不过,庐江、衡山二王,在七国之乱中,都坚定地站到了汉朝廷一方,其中衡山王在抗拒吴楚军队的过程中还立下了些战功。

战后,汉景帝刘启为了犒劳衡山王刘勃,把他的封国从卑湿的衡山迁到了济北,为济北王。而庐江王刘赐后来被迁到衡山,成为衡山王。

当然了,不否认,这其中,刘启有把三兄弟分开以防三人串通一气的心思。

到汉武帝继位后,淮南王刘安不安分的心思更加按捺不住。他有个小女儿叫刘陵,长得很漂亮,长期活动在长安,为刘安刺探朝中消息,接纳朝廷大臣。

武安侯田蚡又逢场作戏却也意味深长地告诉他:"当今皇帝(汉武帝)无子,皇叔您是高皇帝的亲孙子,一旦当今有个三长两短,除了你还能立谁?"

刘安的太子刘迁还娶了皇太后王娡的外孙修成君的女儿为太子妃,但害怕造反的密谋被太子妃知道,又找了个借口把太子妃休了。

刘安在国内养了许多宾客,其中不乏有才能之人,比如伍被,比如左吴,他们日夜地图开疆,谋划造反细节。但刘安谋划了不知道多少年,搞得全天下都知道他要谋反了,他还没有谋反。最后,谋反的证据多到汉武帝不得不查他,终于在公元前122年,淮南王国被连根拔起。

衡山王刘赐很早就得知淮南王刘安谋反的图谋,他先是选择保持了沉默,后来也暗自结交宾客。他最初的目的是,为了防止被刘安吞并,但后来刘安被搞掉后,这便成为他的敌人攻击他的把柄。

于是,不久后,衡山王也谋反了。大约也是在公元前122年,衡山国被连根拔起。

毫无疑问,淮南、衡山这些诸侯国的存在,仍然在挖帝国财政的墙根。同时也是法外之地,藏污纳垢,又对诸侯国内的百姓多所欺凌,是严重损害帝国利益的。

但同时,我们也可以看到,此时的诸侯国,已经没有能力与汉朝廷抗衡——汉武帝看着刘安的谋反,就像如来佛祖看着孙猴子在他的中指上写"齐天大圣到此一游"。

然而,这仍然是不够的。

叁　推恩令与酎金案

从公元前133年马邑之谋，到公元前119年漠北之战，汉帝国与匈奴之间打了十几年。

前文提过一个数据——秦始皇让蒙恬守北境的后勤损耗超过99%。汉武帝时期，帝国的基础建设要好得多，但千里运粮，消耗仍然是极大的，更何况漠北之战，深入敌境千余里。加上汉武帝建朔方城，经营河西走廊，开通西南夷，接受东夷薉君南闾带领的二十八万部族士众，兴修水利，立功将士要赏赐，每一样都要花钱，帝国的财富像泄洪一样快速流失。

实际上，到公元前123年，帝国国库就没钱了。当时采取了临时措施，比如允许人民花钱买爵位；比如因犯罪被判监禁的人可以花钱赎罪；再比如设置赏官，取名武功爵，一些赏给将士，一些则卖给百姓，每一级值十七万钱。

等到公元前119年之后，汉帝国与匈奴彼此都打不动了，汉武帝就动了搞钱的心思。

桑弘羊、东郭咸阳、孔仅这些财政专家就是这时候登上政治舞台的，他们搞出了盐铁官营，收回了原本在民间的铸币权，控制货币发行权，垄断必需品，钱就又像山洪暴发一样来了。

但以汉武帝的雄心壮志、奢侈排场，也就是够用而已。所以，还得想办法。这办法，三个字就能概括，而且很形象——杀肥羊。表现得专业一点，则从主父偃的奏章里提取两个字"推恩",诉诸法令,是为"推恩令";再从公元前112年一次削夺侯爵的大案中,提取两个字"酎金",是为"酎金案"。

先推恩,后酎金夺爵,就是汉武帝的杀肥羊套路。

主父偃是齐国人。

汉武帝独尊儒术,作为圣人故乡的齐国,垄断了儒家经典及儒家经典的解释权,因而成为汉代的学术圣地。汉帝国的知识界,山东人占了半壁江山都不止。但学术垄断就容易产生学阀,学阀最爱搞小圈子,主父偃就在这种学术氛围下受到过不公平对待。

当然,受到不公平对待,某种程度上,也有主父偃自己的原因。许多读书人一开始都把准了方向,学儒家经典。主父偃呢,还没转过弯来,第一学历是纵横学,后来看儒学大盛,才转专业学《易》《春秋》。

本来儒生们竞争就很激烈,你一个学纵横学的跨专业来抢饭碗,当然谁都不待见他。所以,很长时间内,主父偃在靠举荐为升官主要途径的官场生态里,混得很凄惨。最后,在齐国地面上都混不下去了,但游荡到赵、中山、燕国地界,同样混不下去。

万般无奈之下,主父偃一发狠,跑到长安投到了卫青门下。主父偃的胸中韬略,倒很对卫青的脾气,卫青多次向汉武帝举荐主父偃,但汉武帝都没有召见主父偃——汉武帝大概在提醒卫青,不要学田蚡、窦婴们养门客。

眼看着盘缠又花完了,学术圈子又这么小,在长安游学,抬头低头见到的还是在齐、燕、赵、中山排斥自己的那些人。所以,在长安,主父偃依旧受歧视。放眼四顾,还有谁能帮自己?主父偃问天,问地,最后自己回答了,还是靠自己。

幸好,汉武帝是最喜欢有才能的人给自己上书谈论国家大事的。主父偃做了最后一搏,他上书汉武帝,说了啥,不知道,但显然打动了汉武帝——汉武帝看到他的上书后,立即召见他。

这就进入了面试环节。主父偃与汉武帝谈了九件事,其中八件是律令,一件是谏伐匈奴。

律令是汉武帝喜欢听的,谏伐匈奴则与基本国策相违背。但汉武帝又是个兼容并包的人，很懂得对建议取其精华去其糟粕，所以并没有否认主父偃的才华，相反，汉武帝对主父偃极为欣赏。

主父偃当即被拜为郎中，不久升职为谒事，又升为中郎，再升为中大夫，一年升职了三次。

主父偃就此成为汉武帝的心腹重臣。同时，主父偃的经历决定了他不会属于任何一个利益集团，他是个孤臣。

被重用后，主父偃干成了几件事。

其一，提出了著名的"推恩"之策，允许诸侯王把封邑分给所有的儿子，作为贾谊削藩思想的延续。

其二，建议修建朔方城，朱买臣跟公孙弘那一次朝堂辩难，稿子是主父偃的手笔。

其三，提出迁郡国豪杰到茂陵，延续了刘邦建国之初，迁六国贵族后代到关中的"强干弱枝"策略。

其四，在拥立卫子夫为皇后及揭发燕王刘定国淫乱之事中，都有功劳。

其中，打击燕王刘定国，有挟私报复之嫌，或者根本就是报复。主父偃飞黄腾达后，除了给皇帝办事之外，私下里无所顾忌，该报恩的报恩，该报仇的报仇，报仇的居多，以至于有人说他太过专横跋扈。但主父偃并不在乎这个，他听到后说："我的前半生，什么苦都吃了，现在得势，大丈夫处世，活着能吃五口鼎做的大餐，死了就是被五口鼎烹了也值当。"

日暮途穷，倒行逆施，他有点像伍子胥。幡然翱翔，快意恩仇，他又有点像法正。

主父偃如愿以偿。不久之后，他把矛头又指向了齐王，他向汉武帝报告齐王有乱伦之事，汉武帝因此任命他为齐相，前往齐国调查。

汉武帝的态度究竟如何，不得而知。这种事，如果想让齐王死，那就依律法办；如果要让齐王活，那就依法威吓，依理规劝。

如果汉武帝的态度模棱两可，依主父偃对齐人的敌意，必要置齐王于死地。依此推之，汉武帝的态度其实不难明白。而主父偃曾经跟汉武帝说："齐国临淄巨富,不是天子的亲生儿子不能在这里称王,而齐王疏远。"两人自有默契。

主父偃到了齐国,先办了点私事。他遍召昆弟宾客,散发了五百金,然后跟众人说:"当初我穷困时,昆弟不肯给我吃的穿的,宾客不肯接纳我。现在我为齐相,诸君有千里相迎的。这点钱你们拿走,我们绝交,从此以后不要再上我家门。"

办完私事办公事,主父偃派人通知齐王,让他交代自己与亲姐姐通奸的事。这位名唤刘次昌的齐王,有燕王淫乱被逼自杀在前,觉得自己难以幸免,直接也自杀了。

而燕王刘定国和齐王刘次昌先后因为主父偃的揭发被逼自杀,让汉武帝刘彻的亲哥哥赵王刘彭祖很是惶恐——主父偃也在赵国游学过的,而刘彭祖自己在国内专杀、淫奢,屁股又不干净,刘彭祖有理由相信有一天主父偃会搞到自己头上。于是,刘彭祖上书汉武帝,举报了主父偃贪污受贿、独断专行、挟私报复的事儿。这种事儿,主父偃做了从来不擦屁股,一抓一大堆,且证据确凿。

汉武帝很喜欢主父偃这双白手套,有心保他。但主父偃连公孙弘也得罪了,公孙弘说:"齐王被吓自杀,无人继承,不杀主父偃,堵不住天下人的嘴,百姓又要说陛下贪图齐国的土地了。"

最终,主父偃被判灭三族。

虽然主父偃死了,但主父偃操刀的一系列削弱诸侯的措施却继续强力推进着,因为这符合汉武帝的意志。推恩令基于以下几个原因,效果极好:

第一,汉朝廷与地方诸侯的实力对比过于悬殊,汉朝廷随时可以暴力没收诸侯的封国。

第二,接受推恩封侯,可以分散风险,避免发生像燕王、齐王这样的事情时,被一锅端,以保证诸侯王的家族利益。

第三,诸侯王们需要向汉武帝表忠心,同时"众建诸侯而少其力"又可以让汉武帝放心。

第四,推恩政策,让原本没有继承权的支庶子弟们有了念想,制造了诸侯国内部的利益敌对,为了避免兄弟们的告发,王太子不得不破财免灾。

总之呢，推恩令是符合绝大多数宗族成员的利益的，同时阳谋中夹杂着阴谋，逼迫诸侯们多害相权取其轻，进而通过少流血牺牲达到彻底削弱诸侯的目的。但这并不是终点。

元鼎五年，也就是公元前112年，汉武帝以列侯贡献的助祭宗庙的黄金成色不足为由，一次性剥夺了一百零六位列侯的爵位，其中一半以上是推恩分封的王子侯。

汉武帝不讲武德啊！但汉武帝也没有办法。这十几年没跟匈奴打仗，但汉帝国的军队并没有闲着，汉武帝派兵四处出击，在汉帝国周边画了一个圈，一下子让汉帝国的羁縻国土扩大了一倍不止，而帝国财政也因此压力极大。以至于汉武帝又搞出了算缗钱，直接征收财产税，搞得民怨沸腾。因此，汉武帝就想了，这钱不能光富商地主出，诸侯这些贵族地主也得出钱。

汉武帝一开始的打算是，希望贵族和富商们主动捐，但只有河南洛阳一个靠放羊发家的叫卜式的人捐出了一半家产，其他人大多数无动于衷。

汉武帝就想，那我拿卜式树立个榜样吧。卜式先是被拜为中郎，赐爵左庶长，后来升任齐相，赐爵关内侯，最终做到御史大夫。但大家依旧像看耍猴一样看着汉武帝。那么，最终，公元前112年的酎金案，汉武帝是彻底撕破脸了。

这是汉武帝非常让人欣赏的地方。

本质上，汉武帝和其他封建皇帝没有区别，都是最大的剥削阶级。但与绝大多数封建皇帝不同的是，他压迫剥削穷苦人民的同时，敢于向利益集团开刀。

不过，向利益集团开刀的代价是巨大的。单说酎金案，招致的直接后果是，此后很长一段时期内，主动推恩封侯的诸侯们变得凤毛麟角。

而代价远远不止于此。但我们先就此打住，把视野转向外边，看看这十余年，汉武帝是如何开疆拓土的。

第十二章 武帝征四夷

漠北之战后，从公元前118年至公元前101年，汉与匈奴进入了相对平静期。

匈奴的策略是一边和汉朝扯皮，一边休士养马，以图恢复战力，整体上龟缩在漠北西北方向。

汉帝国也无力再次横渡沙漠对匈奴大规模作战。

但以汉帝国国力之雄厚，物产之丰饶，人民之众多，扩张能力，挤挤总是有的。

所以，这十余年，汉帝国实际上并未消停，汉武帝又干了几件大事。

在西北，通使西域，或强迫、或利诱，使匈奴原来奴役或结盟的小政权，纷纷中立，乃至于倒向汉帝国。

在东北，把先前被匈奴欺压逃窜的乌桓、鲜卑纳入汉帝国的朝贡体系，征服卫氏朝鲜，置郡县。

在东南，先灭南越，再平东越。

在西南，对西南诸夷的经营，虽曲折，但到底尽数光复，并置郡县纳入汉帝国的管理体制。

概括起来，就是重新建立以汉帝国为中心的新秩序。

壹　四路平南越

早在公元前214年,始皇帝就大发士兵役夫计五十余万,将南越纳入秦帝国的版图,置桂林、南海、象郡三个郡,确立了对南越的主权。此举,可以认为是今广西、广东大部分地区"自古以来"的最早溯源。

公元前210年始皇死,公元前209年天下大乱。

这时候,担任秦帝国南海郡最高地方军政长官的南海尉任嚣老病将死,却对天下局势洞若观火,他敏锐地察觉到:以南海郡治番禺为本,可以建立割据政权。

不过,任嚣却没有时间去实现这一切了。于是,他找到了时任龙川令的河北真定人赵佗,向赵佗传递了这一想法,并让赵佗代行南海尉职责——赵佗,以官职为姓,所以又称尉佗。

任嚣死后,赵佗立即传檄横浦、阳山、湟溪诸关,以诸侯盗兵将要到来为由,下令闭关自守。随后,利用职权之便,他渐次诛杀仍效忠于秦帝国的官吏,换成自己的心腹。巩固了南海郡之后,在汉帝国建立前后,赵佗又出兵攻下了桂林和象郡,自称南越武王,正式建立南越政权。

从此,在高祖刘邦到汉武帝元鼎五年之间的大部分时间里,南越政权仅名义上奉汉为宗主国,治权基本上完全独立。

其中稍有起伏的分别是两个时期。

其一是,惠帝、高后时期,孤儿寡母当国,吕太后封闭了原本向南越开放的关市，刺激了赵佗，赵佗一度发兵攻打汉长沙国。汉派隆虑侯周灶带兵出征，又因为大雨水涨，无法进入南越作战，备边而已。而嚣张的赵佗也趁机扩张，威服闽越、西瓯、骆越等，使南越成为实质的岭南霸主。

其二是，南越由赵佗传孙赵胡，赵胡又传子赵婴齐，等赵婴齐去世，传子赵兴，以母樛氏为王太后，也是孤儿寡母当国。樛太后和赵兴对南越的控制力不如先祖，而樛氏女又是赵婴齐在长安做人质时相好的汉人女子、赵兴也生在长安。当南越政治不稳定因素增多、南越内亲汉势力空前强大时，对汉帝国来说，这是一个解决南越割据问题的契机。

汉武帝刚开始并不想大动干戈，他打算利用军事、外交压力让南越放弃独立治权，做一个和汉帝国内的诸侯类似的、定期朝见天子、高级官员接受汉朝任命的王国。于是，他派出了一个庞大的多功能使团：

第一，樛氏女的老情人安国少季，用来打感情牌。

第二，谏大夫辩士终军负责传达皇帝诏令。

第三，勇士魏臣负责安全保卫工作及参与执行可能的斩首行动。

第四，卫尉路博德带领一支军队屯守桂阳，向南越施加军事压力，威慑南越内部的反对派。

这个使团有点用。安国少季和樛太后一来二去，旧情复发，你侬我侬，又好上了。

南越人很生气：平白无故的，你怎么能随随便便睡咱的王太后呢？而樛太后也因为不检点失去了一部分支持者，遭遇了执政危机。

不过，这对汉帝国却是个好消息——这意味着南越进一步割裂；同时，攘外必先安内，安内则必与外部势力媾和。

于是，迫切需要假借汉帝国权威的樛太后，就劝南越王赵兴彻底臣服汉帝国。赵兴还小啊，仍处于"妈宝男"养成期，自然樛太后说啥就是啥。

汉使回报汉武帝：南越上书，请求比内诸侯，三岁一朝，除边关。

不动一刀一兵，对南越的控制得到了质的提升，汉武帝对这个结果很满意，坦然应允。同时，赐其丞相吕嘉银印，及内史、中尉、太傅印，余得自置。

这里注意，比内诸侯最实质的内容就是高级官员由汉帝国任命。赐吕嘉等人银印，看起来是对南越利益集团的让步，实际上却是宣示任命权，这是损害以吕嘉为代表的南越贵族的利益的。

吕嘉表示：我本来就是国相，需要你任命？我死了还打算传给儿子呢！所以，当樛太后和南越王赵兴这厢一边除旧法、用汉法，一边整饬行装、准备入朝觐见时，吕嘉及其宗族就极度不配合。

而王室与吕嘉的矛盾终于不可调和，到了兵戎相见的时候。

樛太后倒是个人物，她为吕嘉安排了一出鸿门宴，打算借助汉使的势力除掉吕嘉。但很可惜，这一拨汉使并没有一个班超一样的人物，犹豫不决，错失良机。

而樛太后阴谋斩首吕嘉失败后，樛太后与吕嘉宗族骨子里已彻底决裂，仅仅因为南越王赵兴对吕嘉的无恶意及来自汉的压力，吕嘉才没有贸然作乱。

但这种随时爆炸的局势，汉武帝就无法满意了，他也觉得在南越的使者不成器，胆小怯懦无决断。于是他又派出了一支两千人的军队，由郏县壮士、原济北国相韩千秋与樛太后的弟弟樛乐带领，前往南越，助樛太后弹压吕嘉势力。

这一决定成了压垮南越政治表面稳定的最后一根稻草。

韩千秋的军队刚进入南越境内，吕嘉就正式宣布起兵。他一呼百应，很快就攻杀了樛太后和南越王赵兴，汉使团也被尽数杀害，随后通令苍梧秦王及各郡县，拥立明王赵婴齐小老婆的儿子赵建德为南越王——这个小老婆是南越本地人。

韩千秋倒也勇气可嘉。吕嘉之乱已成，他没有选择退兵，而是挥兵急进，一路也攻破了几个小城池。

但南越后来把诱敌深入直接玩成了阳谋。他们干脆开放道路，沿路供给韩千秋军饮食，韩千秋军得以畅通无阻抵达离番禺城仅四十里的地方。然后，就栽了。南越军在番禺城下纵兵攻击，韩千秋军全军覆没，韩千秋和樛乐均战死。

此一战，韩千秋唯有勇气。但据此也可以看出，在卫青、霍去病大破匈奴之后，汉帝国自上而下的民族自信心得到极大提升。

汉武帝喜欢这种勇气。他敕封韩千秋之子韩延年为成安侯，敕封樛乐之子樛广德为龙亢侯。当然，这一封赏，也是为了鼓励即将开征南越的将士。既然和平解决已经无望，则用武必以雷霆万钧之势。

元鼎五年秋，也就是公元前112年秋，汉武帝下令四路伐越。

卫尉路博德为伏波将军，出桂阳，下湟水。

主爵都尉杨仆为楼船将军，出豫章，下横浦。

故归义越侯二人为戈船、下濑将军，出零陵，或下离水，或抵苍梧。

使驰义侯把巴、蜀罪人组织起来，调发夜郎部兵，下牂牁江。

但实际执行的时候，戈船、下濑将军行军缓慢，他们大概不忍心对自己的故国同胞下手，故而有意拖延。

驰义侯军对西南夷的征伐，则直接逼反了南夷且兰，驰义侯军也因必须先平定叛乱而逗留。

伏波将军路博德军，一部分是临时征发的有罪之人，又走的是关隘、河流居多的一路，大概在阳山关附近遭遇了南越人的顽强阻挠，因此也耽搁了不少时日，损失了些许兵马。

最后，只有楼船将军杨仆带领的主力军队走过横浦关后，进入北江，沿北江顺流而下，先后攻破寻陕、石门，俘获了南越大量的运粮船。

随后，杨仆带领军队乘胜而前，与南越军决战于番禺城外，一举打败了南越军的先头部队，迫使南越军退回番禺城中打守城战。在与南越先锋军的战斗中，杨仆大概还整合了大量的南越人，编入自己的军队。连续急行军，连战连捷，但同时也是巨大的消耗。所以，南越军婴城自守后，杨仆停止了进攻，而是安营扎寨、练兵养士、给南越降兵上思想政治课，顺便等待路博德的到来。

路博德终于来了，但路上损失颇大，在石门附近，跟杨仆会师的，只有千余人。

但这就够了。因为路博德屯守桂阳的两年里，也没闲着，他威震匈奴的名号传遍了南越。另外，这两年里，南越人大概没少吃他的苦头。总之，南越人都对伏波将军路博德又敬又怕。

接下来的番禺攻城战，路博德的名号顶三个师。

杨仆带领所部，绕过番禺城扑向番禺城东南，而路博德则计划率领所部进攻番禺城西北。

杨仆兵多，率先主动发起进攻，打到天色将晚，大败南越出城应战的军队，顺势纵火烧城。

正在番禺城一片人心惶惶的时候，路博德也率领所部抵达番禺城西北。天乌漆麻黑的，番禺城里的南越人也搞不清楚路博德到底带领了多少人。

路博德又利用南越人对他的恐惧心理，故布疑阵，连营数里，旌旗遍布，似有千军万马。

制造了这一巨大声势后，路博德派出使者靠近南越城下，向南越人喊话：南越兄弟们，杨将军在那边放火，快往我这跑，跑过来，今晚一起吃大餐。

很快就招降了一些南越人。不过，迎接他们的不是大餐，而是象征爵位与官职的印绶，这些南越人立即就成了汉帝国官员。

接下来，路博德又让这些南越人回去，再招降更多的人。

就这样，杨仆强攻烧杀赶敌，路博德怀柔招诱瓦解，二位黄金搭档密切配合，折腾了大半夜。当东方海上泛起鱼肚白时，番禺城中，除了吕嘉和赵建德带领百余名亲信逃走，南越军民尽皆向伏波将军投降。

吕嘉和新立的南越王赵建德逃往海上，但也没跑远。路博德向南越降卒问知了吕嘉们的逃处，派兵船追击，校司马苏弘捕得南越王赵建德，越人郎官都稽活捉了吕嘉。

吕嘉之乱的首恶既已被俘虏，则南越的抵抗也宣告结束。

实际上，臣属南越的苍梧王赵光刚听说汉大军出发就投降了。其他有名有姓先后投降的还有：揭阳县令史定；南越将军毕取；说服西瓯、骆越计四十余万口投降的桂林郡郡监居翁。这几位，连同苏弘、都稽都被汉武帝封了侯。

这么看，南越到底是赵家的南越，吕嘉虽贵为相国，把持朝政、树大根深，但广大的南越人民才是沉默的大多数，他们效忠于赵家的心尚且称不上坚定，更毋庸说为吕嘉死战抗汉了。

换言之，在这场战争中，大量的南越人不排斥融入华夏文化圈，是不可忽视的因素。

另外，南越虽然是秦人治理，文明堪称高级，但到底也受当地习俗掣肘，则相比由秦入汉继续进化的华夏文明，仍然相对落后。落后会被先进影响乃至改变，这也是影响因素。

至此，南越赵氏，从建立到灭亡，凡九十三年。我们需要给赵佗及其后代有一个公正的评价：

其一，在秦末天下扰攘之时，赵佗的割据政权，一定程度上保证了南越地区的和平，让生灵免遭荼毒，有积极意义。

其二，汉帝国建立后，南越赵氏保持了相当时间的独立，但长期保持了与汉帝国的睦邻友好，极少做和平的破坏者，乃至最后樛太后与赵兴已经下了和平归汉的决心，实为难得。

其三，南越赵氏经营南越九十余年，整合了秦始皇动员到这里的秦人与当地原住民，从长远来看，无疑极大促进了广东、广西等岭南地区的开发与发展，对华夏文明的远播岭南功不可没。

汉灭南越后，在南越及南越之南的今海南岛，一共设置了儋耳、珠崖、南海、苍梧、郁林、合浦、交趾、九真、日南九个郡。

基本上，秦一统六国后，秦始皇在岭南置的桂林、象和南海三郡，经历秦末丧乱后，重新回到了以华夏为主体的统一帝国版图内。而且，因为赵氏南越对河内平原的开拓，汉武帝置九郡之后，其统治区域，增加了河内平原二郡及海南岛二郡。

秦始皇统一六国，汉武帝开疆拓土，华夏文明的生存空间就是被这样打开的，壮哉，秦皇汉武的使命担当！壮哉，中华先祖的筚路蓝缕！

贰 平定西南夷

我国古代对西南地区的开发，有史料记载的，最早可以追溯到战国中期。

楚威王时，楚还牢牢控制着黔中地区，对巴蜀也有较大影响力，溯长江而上，则可在巴蜀影响力薄弱的四川盆地西南地区开拓。

楚威王派出了一个叫庄蹻的将军，庄蹻一路过黔中、入巴郡，在宜宾附近南下，进入滇（今云南昆明），逼使滇臣服于楚。但当庄蹻完成远征战略目标，准备归楚的时候，秦国攻下了巴蜀，截断了庄蹻的归路，庄蹻只好留在滇，做了滇王。

另外，这里时间线上有点问题，提请注意：楚威王公元前229年去世，秦国是公元前316年才有司马错灭蜀，则庄蹻不太可能出征十年未归。

秦始皇统一六国后，加强了对西南少数民族地区的开发。最主要的工程是修五尺道。五尺道大概从现在的宜宾市到昆明市，其修建让滇与巴蜀的交流更加频繁。另外，秦帝国还根据需求任命了不少官吏参与当地的治理。是为中华文明对西南的第二次开发。

秦灭汉兴，数十年休养生息，朝廷能不管的事，尽量不管，因此在西南方向收缩，也就放弃了开发程度已经较高的滇地，以巴蜀故关为界，与西南夷各安其分。

不过，虽然政治层面的交流几近停滞，但民间的交流却更加活跃。

史载，巴蜀商贾与西南夷的走私贸易，给巴蜀地区引入了筰都的马、僰的奴婢和牦牛。其中，巴蜀商贾必然利用当时西南夷的愚昧，极力压低奴隶、牲畜的价格，赚取丰厚的价差，巴蜀也因此得以富庶。那么，司马相如因娶了卓文君而从卓王孙那里分得的巨额财产，恐怕也沾满了当时西南地区人民的血泪。

汉武帝时，最早是一个叫唐蒙的人，出使南越，吃到了枸酱，就探寻枸酱的来源，得知来自蜀地，便沿牂牁江通过夜郎进入南越。

唐蒙就向汉武帝建议通夜郎道，为将来攻灭越做准备。汉武帝同意了，就派唐蒙出使，一手钱财开道，一手皇帝节钺威服，争取到了夜郎及周边小聚落的口头臣服。

唐蒙回报，汉武帝就以这些小邑为犍为郡，发巴、蜀卒开通从僰进入牂牁江的道路。同时，邛和筰这些部落听说夜郎及周边小邑臣服汉帝国得到许多赏赐，也上书请求臣服于汉。

汉武帝就派司马相如入蜀，在邛、筰等西夷居住区设置了一都尉、十余县。

这样下去，本可以逐渐以高级文明同化西南夷，是可以少些流血牺牲的。但通夜郎道是件大工程，以西南夷当时半耕半游牧的生产力而论，极为困难，而当时中央财政又着力于征匈奴、筑朔方城。因此，以唐蒙为首，对西南夷的剥削和压迫极为沉重。一段时期内，也因此招致了西南夷的激烈反抗。

而当时的形势，南越很听话，征南越并非急务。于是，经汉中央讨论后，决定暂时停止经略西南夷，专力筑朔方城。

前期的开拓，西夷全罢，仅保留了南夷两县一都尉，由犍为郡自行决定其余地区郡县制的推进。

这是公元前126年的事。也就是这一年，张骞第一次出使西域，历经十三年，回到了长安。张骞带回了新情报，他推测：从西南经昆明入身毒（今印度），再向西北应该能到达大夏。

张骞的猜测可以说是极为正确的。

当时，汉帝国尚未攻下河西走廊，通西域的道路依然被匈奴封锁，因此大汉第一探险家张骞就试图从西南出使大夏。

汉武帝也因此派出了十余拨使者，到了滇。滇王当羌很客气，他热情招待了使者，同时派出当地人四处探路，但都被昆明夷阻挡，所以，最终也不得通。

不久，到了公元前121年，霍去病打通了河西走廊，从西南通大夏便不那么迫切了，对西南夷的开发也就再度搁置起来。

这一搁置，就搁到了公元前112年。

公元前112年，因吕嘉之乱，南越与汉彻底决裂，汉武帝遂决定四路伐越。其中一路由驰义侯何遗向南夷包括夜郎、且兰等征兵。

且兰君担心部内的青壮都跟着汉军去打仗了，部内的老弱妇孺会被周围的部落掳走，就干脆发兵造反了。且兰君的部众一度声势浩大，攻杀了犍为郡的太守。于是，汉帝国就调遣本来用来攻打南越的巴、蜀罪人去进攻且兰，由八名校尉率领。

这仗打得很纠结。

像夜郎、邛、筰部落，虽然明面上都不帮助且兰君，但私下不免兔死狐悲、物伤其类，所以，箪食壶浆迎汉军的场面也不可能出现，没准还有掣肘。

这样，由八校尉带领的杂牌军巴、蜀罪人打了一年多，竟没奈何得了一个小小的且兰。

但一年过去，南越覆灭。征南越联军的一部由中郎将郭昌、卫广带领挥师南夷，与驰义侯何遗及八校尉合兵一处。

汉帝国正规军一到，西南诸夷，抵抗的灰飞烟灭——且兰连同且兰君被诛杀万余人，邛君、筰侯均被诛杀；投降的，有优待——夜郎侯入朝，被封为夜郎王；冉駹请置吏；滇王举部降，仍被封为滇王，继续统治滇人。

而郡县制的推进，当此时，也无怀柔的必要，于是便一蹴而就。

南夷包括夜郎和且兰，置为牂牁郡，辖区包括今贵州省大部分地区。

滇置为益州郡，辖区主要在今云南省地区。

邛都置为越嶲郡，辖区主要在今四川省西南，包括凉山彝族自治州、攀枝花市。

筰都置为沈黎郡，辖区应不出四川雅安市、乐山市和凉山自治州。在公元前97年，撤郡并入蜀郡。

冉駹羌聚居区置为汶山郡，辖区主要在今成都北部山区汶川、茂县一带。公元前67年，撤郡并入蜀郡。

白马羌聚居区置为武都郡，辖区主要在今天水市、陇南市一带。

叁　征服东越

东越，基本上都是越王勾践的后代。楚威王时，越衰落，楚攻越，把越在浙江（河流名，"浙江"是钱塘江的古称）以北，包括富庶的吴地在内的地盘都抢走了——吴地是当初勾践灭吴，从吴王夫差手里抢到的。

这样一来，越已不单单是国本被动摇，实际上几近灭亡。

浙江以北富饶土地的失去，《史记·越王勾践世家》说"越以此散，诸族子争立，或为王，或为君，滨于江南海上，服朝于楚"。就是说，越从此散了，被赶到偏僻的海岛上，还要向楚称臣以求苟延残喘。

秦始皇统一六国后，诸越连山大王、海贼王也做不成了，始皇帝在这一地区设闽中郡，这些山大王、海盗船长都被废为部落君长。秦末丧乱，闽君摇和无诸带领部族投入到灭秦大业中，后来在楚汉相争中又站到了刘邦一方。

汉建立后，高祖刘邦封无诸为闽越王，王闽中故地，治冶县，也就是现在的福州市。到了孝惠帝时，又续粤从龙之功，封摇为东海王，都东瓯，因此又称为东瓯王。东瓯就是现在的浙江省温州市，东瓯和闽越均为勾践的后人，可以统称为东越，以区分南越。

七国之乱时，吴王刘濞试图裹挟东越参战，但闽越拒绝了，离吴更近的东瓯则跟刘濞搅到了一起。

按理，平定七国之乱后，东瓯因站错队，也就玩完了。但是他们最后时刻又站到了汉中央这一边，并献上吴王刘濞的头颅作为投名状。东瓯也就继续保留了下来。

但东瓯还是惹了麻烦，前文已经讲过，这里简略回顾一下。吴王刘濞的儿子刘驹逃到了闽越，在闽越站稳脚跟后，为报杀父之仇，就没日没夜地鼓动闽越打东瓯。汉武帝刚继位不久，闽越就发兵攻打东瓯，一路进击围了东瓯都城。东瓯招架不住就向汉中央求救，汉武帝派严助持节征发会稽郡的兵，走海路救援。

结局是：闽越闻讯退兵，东瓯请求内迁到江淮之间，彻底归化，东瓯也就退出了历史舞台。

三年后，到了汉武帝建元六年，闽越又派兵攻打南越。

这个闽越王郢可真是个反复横跳的妄人！

汉武帝这一次派大行王恢和大司农韩安国，一出豫章，一出会稽，两路伐闽越。不过仗没打起来。汉军还没渡过梅岭，闽越王郢正紧锣密鼓布置据险防守呢，却被他的弟弟馀善暗杀。

馀善把闽越王郢的人头交给了大行王恢，并婉言谢罪。首恶既已伏诛，汉武帝就下令罢兵。不过，他并不打算让精准投机的馀善继位，而是埋伏了一手：立了无诸的孙子，一个称作繇君丑的人为越繇王。但馀善既然成功暗杀越王郢并控制了局势，其号召力足以让他成为实际的闽越王。馀善也因此自立为王，而汉武帝敕封的越繇王对此无可奈何。

汉武帝也以区区馀善不足以劳师远征为由，随后追认馀善为东越王，与越繇王并处。

越繇王大概也明白闽越的事儿还是馀善说了算，而馀善也因惧怕汉朝廷讨伐，故而两人近二十年来，倒也相安无事。

汉武帝元鼎五年，也就是公元前112年，因南越吕嘉之乱，汉四路出兵伐越。

东越王馀善刚开始表现得很积极，请求从海路出兵帮助汉军攻打南越，展现了给人当小弟的良好自我修养。但他的八千人，沿海路走到今广东省揭阳市附近海域时，却以海上风大浪大为由，迟疑不进，还跟南越勾勾搭搭。

这种说一套做一套的人，最讨厌了。所以，南越平定后，楼船将军杨仆立即向汉武帝表示：我想揍他！

不过，汉武帝认为刚打完大仗，先休息休息，遂下令，诸军停留在豫章梅岭一带待命。

梅岭在东越的西北界，士兵休整当然是需要的，但我猜：汉武帝大概更多是不愿开第一枪——因为汉帝国的军队实际上是陈兵东越边界。

这时候，面对汉这个庞然大物，馀善的上上之策是赶紧低头认错、深刻检讨，大概率还能有条活路，但他偏偏选择了找死最快的一条道。

汉军只是在汉境内驻军休整，馀善却任命一个将军，号称"吞汉将军"，然后越过边境，利用熟悉地形的优势，集中优势兵力袭击了白沙、武林、梅岭这三个地方的汉军驻军，杀了三个校尉。

汉军附近实际上有大军驻扎，由大司农张成和山州侯刘齿率领，但是这二位都反应迟钝，加上胆小畏战，没能及时支援。张成和刘齿也因此被汉武帝以胆小畏懦诛杀。随后汉武帝下诏切责前线总指挥杨仆，杨仆随即组织汉军多路进攻：

横海将军韩说出句章，从海路进攻；

楼船将军杨仆出武林；

中尉王温舒出梅岭；

越侯为戈船、下濑将军，出如邪、白沙。

这一仗开始没多久就结束了。最激烈的抵抗来自武林——杨仆的先头部队到了这里，遇到了东越徇北将军的激烈抵抗，又有几个校尉战死，多名官吏被杀。但最终，战斗以小兵钱塘人榱终古斩杀徇北将军告终。

差不多也在这时候，走水路的横海将军逼近东越都城。

越繇王居股与粤建成侯敖有样学样，像当年馀善杀王自效一样，密谋诛杀了东越王馀善，带领东越全体军民向横海将军韩说投降。之后，该封侯的封侯，共计近十人因此战封侯，包括汉军立功的，东越弃暗投明立功的，不一一细述。

战后，汉武帝以东越人骁勇善战又反复无常为由，把东越人强制迁徙到江淮之间，闽越地遂成了无人区。

以至于长时期内，偌大的会稽郡的南部，包含今天的福建大部、浙江南部，仅仅只有一个县级行政单位——冶县。

冶县下属于会稽东部都尉，有点像我们今天的三沙市，巩固主权的意义更大些。冶县这里处于闽江下游，有较大的冲积平原，现在人口搬空，那是不是以后有人逃难到这里就能不受汉帝国的统治呢？

当然不是，冶县的设置，就是在法理上明确：自古以来，所以不能！

对南越，笔者认为赵氏南越是爱好和平的，其对南越的开发是有大功绩的，对拓展华夏文明圈也是有大功绩的。

对西南夷，笔者表达了对被征服者的同情，对汉官吏压迫剥削西南夷的批评。

现在，对东越，尤其对闽越，笔者只能说：一切都是咎由自取。当然，这不针对闽越人民，主要是针对越王郢与越王馀善这两个战犯。

越王郢四处挑事，破坏地区和平。越王馀善反复横跳，又狂妄自大，最终给了汉帝国不得不消灭他的理由。更何况，他们本来是汉帝国敕封的诸侯王，于汉中央是上下级的关系，情形不同于西南夷，也不同于南越，理应时刻坚定站在汉朝廷一边，却首鼠两端、恶意挑起战端。

自取灭亡，不亦宜乎！

肆 卫氏朝鲜的覆灭

朝鲜最早的历史记载，是箕子朝鲜。箕子是商纣王的叔父，他怎么建立朝鲜的，大概有两种说法。

其一，商朝末年，箕子察觉到商朝的危机，就率领一部分商朝人民迁徙到朝鲜半岛，建立了箕子朝鲜。周武王灭商之后，予以承认。

其二，周武王灭商，箕子不愿臣服于周，率领一部分商朝人民逃到了朝鲜半岛，建立了箕子朝鲜。周武王同样予以承认。

商朝发迹于今河北省石家庄市西北，据张荫麟先生引用《诗经·商颂》"相土烈烈，海外有截"推测，这里的"海外"可能就是辽东和朝鲜。

那么，关于商汤之前的商，有一个合理的推测：在商初期扩张的时候，就对辽东、朝鲜有相当影响力。而这种影响力一直持续到商末，故而，当商朝覆灭时，很自然地，箕子代表商人遗老的一部分退居商人偏远的故地。

战国末期燕击败东胡，将势力扩张到辽东时，箕子朝鲜迫于压力，和真番都一同归附燕，受燕羁縻。

秦灭燕，朝鲜、真番等东北政权就又臣属于秦，具体外交事务大概由辽东郡负责处理——"属辽东外徼"是也。

秦亡汉兴，朝鲜、真番又臣属于汉，具体外交事务由燕负责。但是后来燕王卢绾谋反，逃入匈奴。汉初又是多一事不如少一事的无为而治，因此也不愿意管朝鲜、真番这些政权的事儿。因此,朝鲜半岛重新回到自我进化的模式。不过,这种自我进化,仍然是由中国人推进的。

燕人卫满,在燕就当过将军,主导了讨伐真番、朝鲜的战争,后来又在卢绾手下混。

卢绾造反,卫满大概为虎作伥,故而卢绾败亡匈奴时,卫满也带领千余人越过燕长城边塞,渡过浿水,进入燕、秦修筑鄣塞开辟的空地定居。而后,卫满凭借先进的治理经验,连打带拉,整合了朝鲜、真番,同时招纳汉帝国来自燕地和齐地的流亡犯人,进而建立了卫氏朝鲜,成为朝鲜半岛上第二个强大的相对统一政权。

这种情况一直持续到汉武帝时。汉武帝继位后,就无法容忍卫氏朝鲜称霸朝鲜半岛。尤其是:卫氏朝鲜不朝贡——汉初卫氏朝鲜是汉羁縻国,由汉予以承认的;卫氏朝鲜还不允许周边政权与汉通使。

狼要吃小羊,没有借口也是要吃的,何况卫氏朝鲜给了汉帝国正当的理由:第一,招纳流亡汉人;第二,不朝见;第三,阻碍真番、辰国(在今韩国东部)朝见。

汉武帝的要求其实也不高,臣服即可。自古以来,从尧舜禹部落联盟到商、周,中央之国对周边部落一直是这个要求。

汉武帝派一个叫涉何的人出使朝鲜,向当时的朝鲜王右渠传达汉的要求,但朝鲜王右渠铁了心要当地区霸主。那没得谈了,涉何打道回府,朝鲜派一个小王送行。

汉武帝中后期的使节,常常有富贵险中求的市井恶少,涉何就是这样的人。涉何到了汉与朝鲜边界上,让车夫把朝鲜小王给杀了,然后跟汉武帝汇报,杀了一个朝鲜将军。

汉武帝也没有想息事宁人,反而拜涉何为辽东东部都尉。卫氏朝鲜作为地区霸主,这是绝对不能忍受的,于是派兵越境攻杀了涉何。

汉武帝表示,我要的就是这个,遂定议:朝鲜入侵边境,必须予以反击。

公元前109年秋,一支由五万罪人组成的部队,分别由楼船将军杨仆和左将军荀彘带领,海陆并进攻击卫氏朝鲜。左将军荀彘是主将,率兵从辽东越过燕长城,渡过浿水，进攻卫氏朝鲜的都城王险城；楼船将军杨仆从齐地出发，率领七千人渡过渤海，在大同江入海口上岸。

荀彘走陆路，朝鲜发兵据险。

一个叫多的军官带领辽东郡兵，不等荀彘大军到来就抢攻，结果被打败，荀彘斩首了多以正军法。之后荀彘大军徐徐推进，一路攻城拔寨，终于打到了浿水北岸。但在这里，荀彘大军遇到了朝鲜军队的阻拦，一时半会儿未能攻破。

这么一耽搁，楼船将军杨仆的偏军就先到了王险城。但是杨仆兵少，王险城的朝鲜守军派出斥候一打探，尽得杨仆军虚实，遂开城出兵大战。

杨仆毕竟是灭南越、灭闽越的主将，也着实了得，眼看打不过，一声令下：撤！但往哪撤呢？海里？倒也不是！朝鲜半岛多山，杨仆军四散逃进了山里。

朝鲜军北线还面临着荀彘大军的压力，因此也没法搜山清剿。杨仆军得以慢慢从山里跑出来重新聚集。

在长安，汉武帝得到了两路的战报，一看这么不好打，就派出一个叫卫山的使者，以战促和，趁着大军压境逼迫朝鲜王右渠臣服。卫山到了朝鲜，宣示了汉武帝的符节诏命，朝鲜王右渠当即俯首请罪，并且表示："其实我早就想归降，只是害怕荀彘、杨仆使诈杀了我！"

——这岂不是涉何制造事端的后遗症？与人交，无信不立。与国交，同样无信不立。

随后，右渠派太子亲自入朝谢罪，并献上战马五千匹，拨发大量军粮犒劳汉军。可以说，朝鲜给出的求和条件诚意十足。但仍然出了问题。

朝鲜又是送马，又是运粮，队伍浩浩荡荡万余人，还都带着兵器，到了浿水东岸（或者南岸）。卫山和左将军荀彘这就忐忑了：该不会是假投降吧！

荀彘向朝鲜使团表示：放下武器，我才能放你们过来。

那朝鲜方面基于先前对汉朝廷的不信任，也不能干啊：万一再像涉何那样把我们屠杀了，可咋办！

就这样，谁也信不过谁，朝鲜王太子就又带着使团回到了王险城。

谈判破裂！

对比一下霍去病迎降浑邪王部的决断，荀彘跟霍去病的差距，实在不仅仅是名字里带个猪。

荀彘还要继续打仗，卫山却必须向汉武帝复命。对有辱使命的卫山，汉武帝也不废话：诛杀之。荀彘到底打败了浿水一带的朝鲜军队，渡过了浿水，挺进到王险城城下。

就这样，左将军荀彘在北边，楼船将军杨仆在南边，围城攻打。一围就是几个月。怎么回事呢？将帅失和。

前文讲了荀彘是主将，杨仆是偏将，但这仅仅是根据两人所领兵力的判断，史料上并没有明确记载。

事实上，汉武帝时代的战争，已经讲过的，有明确主将的：马邑之战韩安国护诸军；公元前123年继位大将军的卫青出定襄，统领诸军；漠北之战卫青再统诸军。还没有讲过的，后来有李广利征大宛与李广利征匈奴。除此之外，连霍去病几次大捷，都不设裨将。

基本可以认为，汉武帝出兵用将，是比较鼓励每个将领的主观能动性的。以战功激励，不吝封侯，谁能打谁有本事！不失为激发汉军勇武求战的好方法。但这大多建立在汉军精锐在同等量级下战斗力显著领先同时代周边邻国的前提下。

到了汉武帝中后期，尤其是漠北之战后，汉军精锐骑兵损失惨重，征西南夷、南越、闽越，多征发罪人临时成军，对四夷的战斗力代差已然不大，优势主要建立在人数与装备上。

在新形势下，就更需要各支军队的战略协同。

而征朝鲜这一战，从荀彘的角度：我是皇帝近臣（曾担任侍中），又带兵多，你杨仆不该听我的？

从杨仆的角度：我平南越、灭闽越，立的战功，比你拍的龙屁都多，让我带大军，早打下了。

于是，各自根据各自的情况，各自想办法：杨仆兵少，就一边假打，一边不停派人劝降朝鲜王；荀彘这边兵多，就攻得凶猛。

一来二去，朝鲜人更信任杨仆，更惧怕荀彘，于是私下里跟杨仆约降，只是一时半会儿没敲定具体事宜。

荀彘这边一看，我搁这卖命打，你搁这挖墙脚，就觉得被耍了，也要求杨仆跟他一起同时攻打王险城。

杨仆表示：当初在番禺城，我也没要求路博德跟我一起打，你在北边赶，我在南边接，再复制一次番禺之战不好？

但荀彘也没有当初杨仆在番禺城的觉悟，看杨仆划水，自个儿也划开了，他也去向朝鲜招降。

朝鲜：嘿，你们都不想打啊，那咱先不降了！

汉武帝了解了前线战报后，又派了一个叫公孙遂的人去前线，这次不是劝降，是劝和。

公孙遂到了朝鲜，先见到了左将军荀彘。荀彘告诉公孙遂，他认为杨仆每次约定共同进攻都失期，有谋反意图。然后，荀彘劝说公孙遂用皇帝符节招杨仆进入荀彘军。

杨仆谋反是绝对没有的，因此，在他看来，见皇帝使节是应该的，就去了荀彘大营。这一去，荀彘把杨仆逮捕了。荀彘逮捕杨仆后，夺取了杨仆军的指挥权，遂成为攻朝鲜的绝对统帅。

仅说攻坚，荀彘倒也不含糊，一路走来，攻城拔寨，净打硬仗。现在统一了指挥权，更是如虎添翼，带着汉军日夜猛攻王险城。而在巨大的外部压力下，王险城内，卫氏朝鲜的统治者内部就产生了分歧。先前，朝鲜已经跟杨仆达成了投降约定，现在没有了杨仆，又招架不住荀彘的进攻，投降派的心思就又活泛了。

朝鲜相路人、相韩陶、尼谿相参、将军王唊（jiá）阴谋投降，其中路人、韩陶和王唊先偷偷溜出城投降。

到了公元前108年，尼谿相参联络王险城内其他的投降派，诛杀了朝鲜王右渠，出城来降。

按说，这样朝鲜就该被平定了。但右渠的大臣成已又反悔了，带着部下，又攻杀汉朝军兵，据险顽抗。

然而，带路党那么多，成已的坚持并无什么用。

荀彘让右渠的儿子卫长、降相路人的儿子最，向王险城的百姓宣谕安民政策。成已渐渐孤立，最终被杀。就这样，朝鲜被平定了。汉武帝在卫氏朝鲜的地盘上，设置了真番、临屯、玄菟、乐浪四个郡。

其中，临屯郡、真番郡，都在公元前82年罢，并入乐浪郡。而玄菟郡也在公元前82年罢，但在原来的高句丽县重新设立了玄菟郡。

顺便说下这个高句丽县，也是在灭朝鲜之战后，罢高句丽政权，置高句丽县。这时候的高句丽政权还是个小部落，汉武帝置县不需要经过他们的同意，但接下来的数百年间，高句丽将逐渐发展壮大，成为新一代辽东、朝鲜之王。

最后，说说灭卫氏朝鲜之战中相关人物的结局。

公孙遂帮助荀彘统一指挥权后，回到国内，就被汉武帝杀了——汉武帝要他调和，他却让荀彘和杨仆搞起了火并，汉武帝不满意。

荀彘灭卫氏朝鲜居首功，罢军后，也被杀了。罪名是：争功相嫉，乖计。——以此可以看出，汉武帝确实没设主将。

杨仆也没落着好，本应该等荀彘大军到再做进攻，他却先行暴露在王险城下，损兵折将，按律当诛，但他跟李广一样，家里有钱，赎为庶人，买活成功。

至于卫氏朝鲜那些投降的贵族都封了侯，不提。只说说这个相路人。后来平定成已的反扑，露脸的是路人的儿子。路人去哪了呢？路人死在了从王险城逃出向荀彘投降的路上。

严重怀疑，路人本身名字不详，就因为死在叛逃故国的路上，于是史家给他起了这么个名字，就这样流传下来。

或者，真的就是，名字决定了命运。

伍　西征大宛

李广利征大宛这事儿，先来个极简版：

汉武帝喜欢骏马，而大宛马是天下最雄骏的马。

汉武帝派出的西域使者出使归来了，他跟汉武帝说，大宛有骏马在贰师城，但是藏起来不给汉朝。

汉武帝派壮士带上黄金与黄金做成的马出使大宛，请求得到大宛的骏马，大宛不给，汉使大怒出言不逊，大宛就让郁成王杀了汉使。

汉武帝根据收集的信息判断，大宛容易攻打，就封李广利为贰师将军，带了六千骑兵与几万郡国恶少年去攻打大宛。

万里远征，缺水缺粮，中途数十个小政权又坚壁清野，最后抵达郁成城的只有几千疲卒，攻郁成，大败，最后败退到玉门关的不足十分之一。

汉武帝闻讯大怒，派使者封禁玉门关，宣召"敢入玉门关者斩"，李广利军滞留敦煌。

随后汉武帝力排众议，派出了一支更庞大、后勤更完备的军队，命李广利二征大宛。二征大宛，声势过于浩大，沿途各部望风而降。汉军一路平安到达大宛的有三万多人，围攻大宛城四十多天，最终迫使大宛贵族诛杀了大宛王出降，并贡献骏马数千匹。而郁成王也被李广利派出的偏师打败，郁成王被诛杀。

听起来，像是汉武帝冲冠一怒为宝马，荒唐透顶？没错，《史记》《资治通鉴》关于此事的来龙去脉，一直试图输出的就是这种观点——汉武帝征大宛，够荒唐。实际真是这样吗？且听我细细道来。

首先，征大宛绝不仅仅是为了一匹马。

张骞之后，汉朝派往西域的使者络绎不绝。初期，大的使团有数百人，小的也有百余人，都带大量的金银财宝。后来，汉朝对西域情况更加熟悉，使团规模变小，一年中多的有十余批，少的也有五六批。再后来，限于出使辛苦，朝廷派出的正式使节减少，代之以吏民自愿出使，因此，西域使团成为由冒险家组成的使团。

既然是冒险家的使团，就不可能时刻以汉帝国形象为重。对比近代西方的冒险家们，汉帝国西域使团不会比他们更高尚。但相比西方以殖民为目的的冒险家，在这时候，汉帝国的冒险家使团背后没有帝国的军事力量护航，所以，倒也不至于作恶多端。

司马迁在《史记》里对这些使团大用贬笔，但细推敲，他们做得最过火的事，不过是把汉朝廷给他们用来赠送给西域各部的财物贱卖掉以中饱私囊。

同时呢，这些赠送的礼物，理应换取回赠。那么冒险家使团倒卖国有资产后，就不得不坑蒙拐骗偷取西域各部的宝货财物。

这事儿，从西域各部的角度，不白送好像也没什么问题，低价买也是赚，坑蒙拐骗偷抢就比较讨厌。从汉武帝的角度，则是欺君之罪。但汉武帝也不真计较，他懂得不能"既想马儿跑，又要马儿不吃草"，所以仅仅是对部分使者的坑蒙拐骗抢行为严加申饬之后，再度派他们出去。

这样的使团留给西域各部的印象自然不会太好。但其中，我们不能忽略一个问题，为什么汉帝国的使团不能进行公平的商业贸易呢？

司马迁自己也说，坑蒙拐骗抢是个别现象，那么必然还有更深层次的原因。

更深层次的原因就是，西域各部觉得汉帝国山高皇帝远，常常断绝汉使的食物供应，花钱都不卖你。更有一些小政权，像楼兰、姑师出兵劫掠、屠杀汉使。匈奴也常常派小股部队对汉使团进行截杀。

也就是说，西域各部和匈奴对汉帝国使团的敌意，也使得汉使团不得不使一些手段艰难自救。

为了改变这种情况,汉武帝曾经派赵破奴击败姑师、俘虏楼兰王。但姑师、楼兰离汉相对较近,进入新疆盆地中西部后,汉帝国对这种艰难的出使现状仍然无可奈何。

征大宛,绝不仅仅是为了一匹神骏的马,而是汉武帝要借此次远征彻底改变西域各部对汉帝国使节的态度,尤其是当时西域各部已普遍与汉帝国通使。曾经某次,汉武帝东巡海上,就安排了西域各部大量使节随从。而汉武帝为了展现帝国的地大物博,西域各部的使臣大多都得到丰厚的赏赐。

而征大宛之战的导火索则是:某个冒险家使节,出使大宛回来后,跟汉武帝说大宛有超级神骏无敌的宝马,但是都藏在贰师城,不想给汉帝国。

汉武帝一听,这还不容易:生意嘛,钱给到位了,会谈不拢?

他派出一个名唤车令的壮士带领一个使团,带着大量黄金、汉朝特产和一匹金马去大宛求购贰师城的宝马。但到了大宛,大宛表示,我们这里汉地的特产数不胜数——进一步证明了大宛与汉大量通商通使——所以不换。

大宛也有自己的盘算:虽然大宛马整体质量都不错,但尤其神骏的并不多,也很珍贵;汉使来了好几拨,路上缺吃少喝,到了大宛,死者过半,因此汉帝国不可能派兵来强取。

汉使车令没能完成汉武帝交给他的使命,觉得没面子,大概对大宛有威胁之词——不然大宛不至于讨论汉兵能不能攻打大宛,同时,车令还把金马给砸了。然后,大宛王就让人通知大宛郁成王截杀了车令等人,夺取了车令们随身携带的其余财物。

车令诚然过于嚣张了。但一来,使节代表的是国家态度,这种态度,本来也可以友好,也可以不友好,可以求同存异,也可以针锋相对;二来,汉匈交恶那么久,双方互派的使者,也极少有因为达不成共识、态度恶劣被杀害的。

大宛王没有亲自下令杀汉使,而是让郁成王制造劫杀事件,显然留下了狡辩回旋的余地,大宛王必然也明白杀汉使的严重性。但汉使到底被杀了,这无疑是恶性外交事件。

汉武帝也因此坚定了远征大宛的决心。为了大宛宝马,更为了被杀害的使者,也为了大汉帝国的国威，为了此后帝国使团的安全。

使者姚定汉对汉武帝说："大宛兵弱，用汉兵三千人，用强弩设之，就能击破大宛。"

汉武帝并不全然相信。不过，先前赵破奴击破楼兰、姑师，仅仅用了先头部队七百骑兵。因此，汉武帝也觉得大宛不足为虑。

于是，汉武帝派出了一征阵容：任命大舅哥李广利为贰师将军（李广利是汉武帝宠爱的李夫人的哥哥）；任命原来的浩侯王恢（非武帝初期大行令王恢）为向导；发属国骑兵六千人，发郡国恶少年数万人。换言之，骑兵是从属国联军，可能匈奴人、楼兰人、姑师人都有。步兵呢，则是汉帝国下属郡国里无所事事的年轻人。

但是，这里边，汉武帝忽略了一个重要问题——远征的后勤问题。

以汉使缺衣少食，抵达大宛死亡过半推算，李广利的大军，能有一半到大宛就不错了。汉使人少，解决吃饭问题的需求也小。而李广利大军人多，许多西域小部落甚至管不起他们一顿饭，缺食少水的问题就更严重。

实际行军路上，西域各部干脆都闭城自守，根本就没给汉军提供饮食饮水的打算。因此，一征大宛，最终从宣示国威，变成了电影《1942》的名场面：汉军出玉门关时，意气风发；但长途跋涉之后，仿佛丐帮。

一路上，遇到小政权，打得下来，汉军就能饱餐一顿，打不下来，就得忍饥挨饿前行。就这样，终于到了郁成，李广利手下的兵士只有几千人，还都饥困交加。

这里的"几千人"如果确切，则仅仅走到郁成，就损失十之七八，可能有问题，但死伤过半应当还是有的。

然后，李广利就布置攻打郁成城。但郁成城固守，汉军虽然大量战死，但仍然不能攻下。李广利权衡利弊：郁成城尚且打不下，怎么能攻下大宛。于是撤军。

史载："往来二岁，至敦煌，士不过十之一二。"

失败的消息传到长安，汉武帝虽然对李广利的失败极度愤怒，但也因此充分认识到了远征大宛的不易。

他勒令李广利军不得进入玉门关的同时，又很快动员起一支庞大军队，给了李广利，让其第二次西征。

这一战，汉武帝的后勤准备堪与漠北之战相比。当然了，没有那么多马！

二征大宛的阵容如下：赦免了大量囚徒，征发了更多的郡国恶少年。调拨了一些边郡能征善战的精锐骑兵，人数不详，配战马三万匹，则骑兵当超过一万人，总计六万余人。这是作战部队。此外，还有大量自备干粮参与征伐大宛的人。

征发了十万头牛，万余头驴、骆驼，用来运粮，而管理运粮畜队自然也需要相当数量的役夫。同时，二征大宛，军事意图明显，可以想见的战争也旷日持久，为了防止匈奴趁火打劫，另征发十八万戍卒，分散在居延、酒泉、张掖一带，威慑匈奴，声援李广利军。

这不仅仅是杀鸡用牛刀，简直是泰山压鸡蛋顶，颇有后来杨广用兵高丽的疯狂劲儿，区别是汉武帝这一次是为了确保万无一失，杨广还要兼顾行为艺术。

李广利这一去，只在轮台遇到了点麻烦，但轮台的抵抗转瞬就换来李广利大军的血洗。有了轮台的惩戒，其他沿途各部无不望风归附，纷纷主动供应饮食。

李广利主力，一路无扰，迤逦抵达大宛，大约有三万人。大宛人出兵迎战，试图拒敌于城门之外，但被李广利军用弓弩射败退归。

李广利军继续推进，到达郁成。郁成王为直接凶手，本应先诛之，但李广利担心在郁成这里耽搁时间长了，大宛的城防升级，就舍弃郁成，直奔大宛城下。

李广利军刚到，立即出了个狠招：断水。

大宛城大约是建在雪山融水河流形成的绿洲中，水源在城外。李广利派人把河流挖改向，就断了大宛城的饮用水源。尔后，汉军围攻四十余日，大宛招架不住，城里的贵族就杀了大宛王毋寡，向李广利求和。

大宛并不卑躬屈膝，他们讲，如果不允许求和，那就把良种马都杀了，然后拼死一战。他们还讲，已经向康居求救，如果不得不死战，内外夹攻，汉军未必能胜。

李广利当然想求全胜，但全胜谈何容易。而且，听说已经有汉人教会了大宛人打井，吃水问题得到部分解决。权衡之下，当然是答应大宛求和划算。

李广利的部分诉求得到满足：

李广利施压，立了亲汉的贵族昧蔡为大宛王。

大宛放出全部马匹，让汉军自己选择，最终送给汉军最上等的马数十匹，稍次一点的，有公有母，共三千余匹。

大宛调拨食物，犒劳汉军。

但也仅此而已了，李广利军最终没能进入大宛内城。

哦，还有。直接凶手郁成王，必须正法！

郁成王还真是个人物。

第二次征大宛前，李广利吸取了教训，分兵数路，南北道俱进，减小了沿路要饭的压力——远征太耗粮食了。

其中一路千余人由校尉王申生、壶充国率领，也摸到了郁成城。王申生等要饭，郁成王当然不给，并且在某天早上，趁王申生等无备，派出三千余人攻杀王申生等，只有数人逃走向李广利汇报。

李广利派搜粟都尉上官桀带兵攻打郁成，一战而下，郁成王狼狈逃窜，逃到了康居。当时，大宛围城战还在打，康居救兵在外看汉军势大不敢救，但接纳一个郁成王，他们还是敢的。

后来，大宛投降。康居也不想惹麻烦，就派人把郁成王送给了上官桀。上官桀又派四名武士献俘李广利。然后武士们嫌麻烦，就在路上把郁成王砍了……

明犯强汉者，虽远必诛！陈汤说这话之前，汉武帝、李广利、上官桀及无数大汉将士已经将这事做了一次。

陆　怎么看待征四夷

好了，讲完征大宛，汉武帝时代的赫赫武功基本上就讲完了，与匈奴的战争还有后续，疲惫的汉帝国一度多次战败，但大一统的进程至此基本就完成了。

我们先回到汉初。

有一个事实容易被大家忽略：汉初建时，说是统一帝国，但真正以郡县制来衡量，汉帝国其实很小。

汉初，刘邦为了照顾各方面利益，采用"郡国并行制"。天下六十余郡，汉中央实际控制的，不足二十郡，像异姓王中的韩信、彭越、英布，后来刘姓王中的刘肥、刘濞，都坐拥数郡之地，足以与汉中央抗衡。

汉初刘邦分封八个功臣为王之后的形势，基本上汉统治关中，太行山以东的关东地区则几乎全部放弃。

铲除异姓王到七国之乱前，相比汉初，汉中央直接控制的地盘有所扩大，但依然有大片的土地拥有高度独立的治权。

汉景帝平定七国之乱，可以说基本上打掉了地方叛乱严重威胁中央的可能，但并未彻底解决问题。反而因为景帝刘启生殖能力过强，封了更多拥有高度独立治权的诸侯王，汉中央能够转化为帝国力量的地盘仍然极为有限。

这其中，还未考虑汉初至汉武时，针对嫡系功臣封的大量侯国。

汉武帝将镰刀伸向功臣侯国前，汉帝国分散在各处的侯国何止百数！这些侯国,都具有独立财权,在汉初,仅象征性地向汉中央缴纳一些岁奉而已。

以上,一言以蔽之,则:汉武帝之前,汉帝国只有国家富裕,没有国家力量,外在表现,像一个小号的北宋。

汉武帝继位后,采取了一系列措施,狠狠打击了包括诸侯王、功臣侯国在内的地方豪强,极大地加强了中央集权,进而将国家财富转化为国家力量。然后,从汉武帝公元前140年继位,到公元前101年,李广利二征大宛归来,足足用了四十年,才基本完成了大一统进程!

注意这一点,精力旺盛的汉武帝折腾的能力丝毫不输秦始皇、隋炀帝,但秦二世而亡,隋也二世而亡,汉武帝时代何以能软着陆呢?

其中一个原因就是:汉武帝的一系列伟大事业,实际上是在一个极长的时间跨度内完成的。这样,诚然像秦始皇和隋炀帝一样,汉武帝带给帝国人民的痛苦是剧烈的,但峰值却远远不及那两位。当然了,汉武帝带给帝国人民的痛苦,也更漫长些。

何以时间跨度长?因为汉武帝刘彻是个极顶尖的战略家,他的每一步都有的放矢,一环扣一环:

战略资源,钱、马、粮多得用不完,刚好用来打最强对手匈奴;

钱、马、粮在对匈奴战争中损失将尽时,张汤、赵禹、桑弘羊、孔仅出场,一边深文周纳打击王侯勋贵,一边在全国范围内广开财路;

钱、粮又有了,匈奴远遁打不着,就腾出手来征南越、征闽越、征西南夷、征朝鲜、征大宛;

这一切搞定,匈奴猥琐发育,匈二代又长成半大小子了,合天下围剿匈奴;

最后打不动了,向内折腾太子为代表的儒化派,不过玩过火了……

然后休养生息,但不是儒家的休养生息,他选了同样严刑峻法的霍光做政治稳定器,保证了昭宣两朝的"霸王道杂之"。

这一切做罢,到汉武帝末年,天下十三州,中央有郡百十数。

对内,地方诸侯国大的不过一县,相、内史都由中央委派,诸侯王饱食终日而已。

对外，汉武帝征大宛之后，他所开拓的疆土，仅从面积上讲，汉帝国的国土在汉武帝手中扩大可能不止一倍。

当然了，这些地方，许多在当时都是不毛之地，可耕种性颇差，真正能够带来的税收收入也极其有限，大多甚至无法支撑起戍守和行政管理支出，时常还得转移支付救下灾什么的。

但时隔两千余年，到了今天，闽越、南越、西南夷的故土，给我们留下了多么广阔的海岸线，多么美丽的广西、云南风景，多么富庶的广东、浙江，还有依山傍海的福建。

在北方，这是华夏政权第一次将边境线推进到阴山山脉以北，幽燕也因此外扩。

放眼历史，中华文明统一帝国突破长城的桎梏，不过汉、唐、元、清而已。

河西走廊，打通了两河流域与新疆盆地地理单元连通的通道。

西域都护府的设立最终是在宣帝朝完成，但迫使西域诸部大面积倒向汉帝国则是在李广利最终征服大宛之后。

这其中，打匈奴是消耗最大，最为艰难的。但匈奴又非打不可，因为和亲政策并没有乞求到真正的和平，边境烽火无日息，北地胡虏长安乱。

而征大宛，本质上，两次数十万人近于全军覆没，代价实在太过惨痛，颇有值得商榷的地方。但没有征大宛，就没有中华历史上第一次对新疆盆地的实质性控制。

很多事情，当有能力去做的时候，没有去做，很可能就永远没有这个机会了。

公元前72年，汉宣帝下诏为汉武帝议定庙号为世宗，群臣都赞成，只有儒生夏侯胜反对。他讲："武帝虽有攘四夷、广土斥境之功，然多杀士众，竭民财力，奢泰亡度，天下虚耗，百姓流离，物故者半。蝗虫大起，赤地数千里，或人民相食，畜积至今未复。亡德泽于民，不宜为立庙乐。"

夏侯胜所讲的，汉武帝征四夷之后，民不聊生的情况，根据多方面记载，即便稍有夸张，但大多属实，汉武帝朝，广大人民水深火热无须讳言。

站在儒术仁政的角度，汉武帝简直是暴君。但儒生的问题在于：他们批评的能力，远远超过他们解决问题的能力。

当武帝之时，有谁能不用严刑峻法就痛抑骄纵轻犯法的王侯勋贵？又有谁能摈斥匈奴、拓土一倍而不劳动人民？

在两千一百年前，在一个实力决定一切、更残酷无情的世界里，指责汉武帝独断专行、残酷横暴、好大喜功，不如指责他不民主、不自由、不普世价值呢！

当然了，两千年后的今天，弱肉强食的本质并未改变，但霸权主义必定不是世界的出路，汉武劳民开边不亡，后人效之恐怕难以不亡了。

人类文明的大趋势是倾向于融合的。

筚路蓝缕，经历无数的刀与剑、血与火、分与合，人类才走到今天，人类也大概探索出了可以不诉诸暴力而促进交流融合的方式，为什么不能以互利共赢为目的，充分对话合作呢？

第十三章 汉武暮年

壹　张汤之死

张汤是名副其实的酷吏,但没有进入《汉书·酷吏传》,因为他是酷吏中的酷吏,酷吏之王。故而《汉书》单独有传。

《汉书》七十列传,单独有传的区区数人。贾谊、董仲舒、司马相如、司马迁、萧望之、冯奉世、扬雄等大抵有一个共同点:明经文学之士,或者干脆就是纯儒生。本节的主角——酷吏之王张汤则显得有些例外。

张汤是杜陵人。不过杜陵当时还不叫杜陵,汉宣帝刘病已死后,安葬的陵墓为杜陵。

汉帝国皇帝的陵墓周围多迁豪强大族居住,久而久之,多成高密度聚居区。也是这个原因,杜陵后来就不单单是个陵墓,后来还成了县治。

他的父亲是长安丞,有事外出,还是小孩子的他,在家看家。他的父亲外出归来,发现老鼠偷吃了家里的肉,大发雷霆,暴打了他一顿——张汤家并不富裕,肉来之不易。

接下来,小小年纪的张汤做了一件惊世骇俗的事。

他通过熏烧挖掘老鼠洞,捉住了老鼠,追回了老鼠洞内残存的肉。随后,陈述老鼠的罪状,对老鼠进行严刑拷打审问,并出具审问记录。取证、审问完成之后,他下达了判决书,对老鼠行刑——当场肢解。他的父亲看到这个情景,就拿来了他断鼠盗肉案的整个卷宗来看,发现卷宗完备、言辞老练——这孩子天生是干廷尉的料啊！

从此以后，他父亲悉心教他学习刑狱律令。

父亲死后，因为汉初无为而治下的阶级固化，他子承父业，在长安衙门得到一份工作。他的发家史大抵如下：

第一，田蚡的弟弟、汉景帝王皇后王娡的异父弟弟、汉武帝的舅舅周阳侯田胜不知何故被逮捕下到长安狱中，他倾身结交。田胜出狱后，他因之得以遍交权贵，成为著名酷吏内史宁成的助手。

第二，宁成欣赏他，又把他推荐给丞相府，担任茂陵尉，负责给汉武帝修陵墓。

第三，武安侯田蚡任丞相时，就任用他为丞相府属吏，随后推荐给汉武帝，任用其为侍御史。

这就跟汉武帝搭上线了。他第一次在汉武帝面前有出色表现是治陈皇后阿娇巫蛊案。

"深竟党与。于是上以为能，稍迁至太中大夫。"

据《汉书·外戚列传》，此案株连三百余人，以长公主刘嫖、皇后陈阿娇为代表的势力被连根拔起。经此一案，汉武帝发现这是个非常能领会自己意图的检察执法高手。

汉武帝的意图是什么？摧抑豪强！不管古代还是现代，豪强大族都是致乱之源。

以豪侠郭解为例，谁敢瞪他一眼，或者说他一句坏话，郭解未必看到、听到，郭解的手下人就把这人杀了。

就任太中大夫后，汉武帝命他与赵禹二人重新更定律令。新律令苛刻严峻，旨在对豪强大族严加约束，对政府郡国官吏严格控制。本质上，是让摧抑豪强有了法律依据。

汉初七十余年，豪强势力日益强大，蓄奴、枉杀、淫乱、兼并，窦婴、田蚡等朝廷高官随便找出一个，都罪恶盈门，可以说，抽刀向豪强，十个有九个不冤枉。

不过，尽管如此，汉武帝的这次更定律令，仍然是皇权严重凌驾立法权之上的行为,不可以为后世法。这一点,提请注意。也因此,他这一次与赵禹更定律令,首先是为汉武帝服务的,是为汉武帝加强中央集权、实行个人专制服务的。

这也是帝制时代的悲哀,加强中央集权通常是有利于帝国政治稳定的,但在帝制时代,加强中央集权又往往等同于加强君主专制。

由于更定律令深得汉武帝的欢心,张汤随后被任命为廷尉,居九卿之列,成为帝国最高司法长官。赵禹也被任命为少府,位列九卿。他和赵禹更定的律令,本身就是极其迎合汉武帝的律令,在具体执行时,他更是唯圣意马首是瞻。

皇帝喜欢儒学,他就请博士弟子中精通《春秋》《尚书》的为廷尉史,帮助他判案。

——补充说明:汉代判案,《春秋》几乎相当于一部判例法,《春秋》所讲的事例,通常拿来给当时的案例做参照。

对疑案重案,他会把所有的调查事实无保留地、条分缕析地讲给汉武帝,然后根据汉武帝的态度来判案,同时把皇帝的指示列为成文法,把皇帝主持审定的案例作为判例法参照。如果皇帝不同意他上报的判决,他会立即承认错误,并向皇帝说:曾经有谁反对我这样判,但是我没有听。既让听话的部下有所表现,也因此求得皇帝的原谅。

他充分揣摩汉武帝摧抑豪强的意图,治案只要是牵涉豪强的,虽轻必深文周纳,往死里搞;牵涉穷人贫户的,他虽然按律令裁定,但常常又让皇帝重新裁定审查,因而多有宽纵。后来,治淮南王、衡山王谋反案,就是一例。

淮南王刘安手下有一个叫伍被的,胸中有丘壑,笔下有韬略,是个不逊色于庄助、主父偃的人物。虽然被胁迫造反,但平常劝谏刘安的书文中常常对汉朝廷不吝赞美之词。因此,爱惜人才的汉武帝想赦免伍被,但张汤坚持伍被造反为事实必须死。

汉武帝的幸臣庄助也牵涉其中,与淮南王勾结。汉武帝也想放了庄助,他却说,庄助出入中枢,却交结私藩,不诛杀,将助长此类风气。

伍被、庄助一个没跑,全被诛杀。

再后来,他迁为御史大夫。

不久，浑邪王投降，关东又发大水。汉武帝又是赏赐匈奴降者，又是救济关东百姓，各级国库尽皆空虚。

他又遵从汉武帝的暗示，推出了一系列充实国库的措施：造白金和五铢钱；政府垄断经营盐铁；颁布告缗令。

辅以惯用的深文巧诋、严刑峻法，用以排斥豪商大贾，铲除兼并豪强。

这些措施，说起来都是很流氓的，虽说摧抑了豪强，但也因而转嫁到底层百姓身上，给底层人民带来了严重的苦难。而他作为汉武帝的白手套，就承担了王侯将相乃至底层人民的所有怒火。

但汉武帝用人，只要有用就能好好活着。而他很有用——从公元前125年到公元前115年，十年间，他可能是汉帝国内政上最举足轻重的人物。所以，当普天之下无人不指责他时，汉武帝却在他生病时，亲自去他家里看望他。

后来，廷议是否要与匈奴恢复和亲，当一个叫狄山的博士冲撞他时，汉武帝直接赶狄山一个文弱书生去边境当卫所长，最终借匈奴的刀斩狄山的头，立张汤的威。

但张汤最后还是栽了。

事情是这样的。

河东人李文跟张汤素来不对付，后来李文升任御史中丞，多次从张汤判决的文书中找碴，意图置他于死地。但张汤纵横朝廷多年，死党无数，其中一个唤作鲁谒居的人，就找碴告了李文。张汤以此为契机，深文周纳，办了李文死罪。

汉武帝觉得这事儿蹊跷，就问他："告发李文的线索是从哪来的？"

他装作不知道，回答道："可能是李文的熟人怨恨他吧！"

这事儿最后爆发了，过程很复杂，牵涉：赵王刘彭祖；著名酷吏、曾经主办淮南王刘安谋反案、主父偃贪腐案的减宣；丞相庄青翟；丞相府三长史朱买臣、边通、王朝。

这一包括诸侯王、司法官、朝廷高官在内的阵容，都被他得罪过。于是，在这些人的夹攻下，他倒下了。

皇帝派他的老搭档赵禹来指责他。赵禹向他指明，皇帝的态度已经改变，他只有一死。

于是他自杀了。

他死后，家里财产加起来价值不到五百金，还全是皇帝赏赐的。他的家族兄弟们打算凑钱厚葬他，但他的母亲制止了，讲："我儿子是天子的大臣，为人恶言中伤而死，干吗要厚葬！"于是，便用牛车拉他的尸体，虽然有贴身内棺，但没有椁（外棺）。

汉武帝听说了，讲了一句"没有这样的母亲，生不出这样的儿子"。随后，下令审讯丞相府三长史，证据确凿，尽皆诛杀。丞相庄青翟惶恐自杀。

这就是张汤，武帝朝第一刽子手，也是第一打手，第一摧折豪强的隐刀，手中沾满了血腥，临死还拉了四个垫背的。

按说这样的人十恶不赦，未来难保不被清算，落个诛三族的下场。但你猜怎么着？

偏偏，他老张家福祚绵长，熬到了前汉灭亡，又熬过了新朝，熬过了更始帝，到了后汉建立，他的家族还活跃在高层政治舞台上。

这一系列延续中，他的一个儿子张贺参与抚养了孤儿汉宣帝；另一个儿子张安世后来位列公侯，封万户，继霍光任首席军事官和首席行政官。

他的孙子张延寿位列九卿，嗣侯。

他的重孙子张勃为散骑、谏大夫。举荐了"明犯强汉者，虽远必诛"的陈汤。

他的五世孙张临娶了汉宣帝的女儿敬武公主。

他的六世孙张放，跟汉成帝刘骜是死党，备受宠幸，王太后及王家诸侯要搞死他，结果刘骜死了，他还活着。

他的七世孙张纯，在王莽时仍然保住了爵位，到了光武帝时，位至大司空，更封为武始侯。

张汤这样的人，也能有福报？天理何在？

也许，天看见了我们看不见的地方。

他摧抑豪强，杀了许多人，但他和汉武帝一样，致力的是相对的更加公平。

他拿豪强的钱，用来为帝国守卫边疆，救护了无数边郡百姓；他拿豪强的钱，来赈济灾民,也救活了无数百姓。

他帮助汉武帝开创的千秋局面,让此后两汉近三百年,极少边患,刀枪入库、马放南山,又少死了许多人。

打击豪强,抑制兼并,又让武帝后来转向休养生息时,耕者有其田,让昭宣两朝人口的大量恢复有了根本。

不过,最后还得说,少数人的利益也不该被随意牺牲,为政,还得尽力追求最大公约数。

贰 汉与匈奴再战

漠北之战后两年，也就是公元前117年，大司马、骠骑将军、冠军侯霍去病去世，年仅二十四岁。

据霍光后来的上书，霍去病大概是病死的，只是病因不明。有一种推测是，深入自然环境恶劣的敌境作战，水土不服，也有感染瘟疫的可能。

霍去病的去世，对汉武帝刘彻是个不小的打击。

汉武帝对霍去病极为偏爱，就像对待自己的儿子一样。霍去病曾经为了卫青而射杀了李广的儿子李敢，汉武帝却包庇霍去病，让知晓内情的军士都对外说，李敢是被鹿撞死的，可谓爱之深。

爱之深，也是因为有更大的期望——汉武帝和卫青是一代人，霍去病是又一代人，在汉武帝的内心，霍去病既是当下，也是未来的帝国利剑。但命运不由人，汉武帝只能用盛大的丧葬礼仪表达自己的悲伤。

汉武帝下诏，发属国玄甲，列军阵自长安城至茂陵绵延数十里送葬，葬霍去病于茂陵的一侧，谥号景桓，并仿照祁连山的形状为霍去病起坟。同时，霍去病的儿子霍嬗继承了霍去病的侯爵。汉武帝把对霍去病的宠幸转移到幼小的霍嬗身上，任命霍嬗为奉车都尉，时刻带在身边，刻意培养，准备让霍嬗长大继承霍去病"匈奴未灭，何以家为"的遗志。

但八年后，也就是公元前110年，在封禅泰山时，霍嬗忽然暴毙……

第十三章　汉武暮年

大将军卫青是在元封五年（公元前106年）去世的。汉武帝也很偏爱他，卫青被谥为烈侯，也被安葬在茂陵一侧，仿照卢山起了坟墓。

不过，基于卫青外有无上军功、至高大将军职位，内有卫皇后、太子为援，汉武帝在汉与匈奴停战的十几年里，也曾有意压制卫氏的势力。

其一是，让霍去病拥有与卫青同等的地位，让卫青不至于那么独一无二。

其二是，卫青几个儿子的侯爵先后被剥夺。长子卫伉是因为在霍去病死后不久假传圣旨但没有造成实质损害而被剥夺侯爵，卫青另外两个儿子阴安侯卫不疑、发干侯卫登则在酎金案中被剥夺了爵位。

当然，这些动作，在卫青活着的时候，都被控制在一个合适的烈度内：卫青是个很能自我约束的有分寸的人，汉武帝暂时也并无扶植其他势力取卫氏而代之的打算。

但卫青去世了，留下了巨大的权力真空，事情开始起了变化。

公元前105年，匈奴乌维单于死，儿子詹师庐继位，因为年纪小，号称儿单于。

儿单于继位后，汉帝国向匈奴各部落首领分别派出使者，试图分化瓦解匈奴，但匈奴不吃这一套，把使者全都捆送单于庭。

但到了儿单于继位后的第二年，匈奴由于国内饥寒、儿单于残忍好杀，爆发了内部矛盾。

匈奴左大都尉有心杀了儿单于，但又担心力量不足，就派人跟汉朝联络，请求汉军发兵接应他，他准备杀儿单于投降。于是，汉武帝在边境筑受降城，同时派浞野侯赵破奴带领两万骑兵出朔方北两千余里，与匈奴左大都尉约定接应至浚稽山。

赵破奴军推进到浚稽山，实现约定。但左大都尉这时出了问题。

左大都尉打算按计划斩杀儿单于，但机事不密，反被儿单于发觉，左大都尉被诛杀。随后，儿单于发兵攻击浞野侯。不过，此时儿单于部兵少，反被赵破奴斩首了数千人。

赵破奴小胜之后，知道孤军深入很危险，因此也不纠缠，迅速向汉边境撤退。

但当儿单于发兵攻击赵破奴的同时，他也下令匈奴各部征集大军与赵破奴会战。

因而，赵破奴撤退的时候，匈奴各部在后边迅速追击。在离受降城还有四百里的时候，赵破奴军被匈奴共计八万骑追上合围。

这仗最后打得稀里糊涂，甚至根本没打起来。

赵破奴半夜出去找水，被匈奴俘虏了。随后，匈奴纵兵急攻汉军。汉军方面群龙无首，而军中其他高级将领们也害怕因为丢失主将回去被诛杀，就没有人做逃跑的打算，最后全军投降了匈奴。儿单于还打算乘胜攻击受降城，但没有攻下来，在汉边境稍事劫掠一番而归。

后来儿单于死，呴黎湖单于立，仅在位一年，却干成了一次较大规模的入侵。

汉武帝先是派几路大军跨过阴山，顺便在阴山山脉北部修筑了大量防御工事，逐步将漠南草原置于汉帝国掌控之下。

但呴黎湖单于咽不下这口气，于当年秋天，大举南侵。由于汉帝国边境线漫长，匈奴倒也占了些便宜，杀了几个二千石级别的官员，杀掠数千人，破坏了部分漠南的防御工事。

另外，右贤王派兵攻击河西走廊，也掳掠了数千人，但最终都没带走。一个叫任文的军正带兵救援，右贤王狼狈逃窜，所劫掠的人和物资都丢下了。

呴黎湖单于死后，其弟左大都尉且鞮侯单于立。且鞮侯单于比较狡猾，或者说，在与汉军的多年战斗中，他学会了说软话。

他继位后，先是放归了路充国等使者，又说："我是儿子，不敢怨恨汉天子。汉天子，和我老丈人是一辈的。"但回头这位就扣留了汉使——大名鼎鼎的苏武。当然，这事儿也不能怪且鞮侯单于，是苏武的使团里有人惹事，细节容后再述。

总之，这位装儿子的且鞮侯单于，曾经让汉匈之间看到了一丝和平的曙光，但扣留了苏武使团之后，汉匈之间的矛盾再次激化。

至此，养马二十余年的汉帝国与休养生息二十年的匈奴，再一次来到了大战的前夜。

苏武使团被扣留的第二年，浞野侯赵破奴从匈奴逃归。也是在这前后，汉武帝命贰师将军李广利以三万骑出酒泉，进攻右贤王于天山之下。

李广利首战得胜，大破右贤王部，斩首万余人。和赵破奴的遭遇类似，在归来的路上，李广利军也遭到匈奴大军的围攻。

不过，比赵破奴好一点的是，李广利只是差点做了俘虏，但到底没有做了俘虏。一个叫作赵充国的人，带领几百死士，冒死帮助李广利完成突围。但李广利的大军主力，大约有三分之二战死。

顺便，也是在这一战中，李广的孙子李陵带领五千精锐步兵，深入到浚稽山一带，遭遇了单于主力，且战且退，最终不敌，汉军几乎全军覆没。

有赵破奴曲线救国在前，李陵有样学样，假意向匈奴投降。但这不同于赵破奴出兵仅仅是一个简单的战术动作，天山之战是一盘大棋，需要有人为惨败负责任。李陵的投降，让他成了最好的背锅对象，太史公司马迁仗义执言被处以宫刑，最终还酝酿成李陵满门都被诛杀的悲剧。

再后来，公元前97年，汉武帝再次派李广利率领七万骑兵、六万步兵为主力，由路博德、韩说、公孙敖为偏军辅助，大规模进军匈奴。

这一战，是汉帝国继漠北之战后的再一次跨大漠远征。

面对来势汹汹的汉军，匈奴把辎重、老弱、牲畜都放在余吾水北，单于亲率十万大军屯集在余吾水南，与汉军决一死战。卫青、霍去病当年都未曾遇见的大决战机会！

但你猜怎么着？李广利怯战了。

李广利部合步骑十三万，看到匈奴的十万大军，觉得决战取胜把握不大，与匈奴稍事接战之后，就组织人马有序撤退。

李广利怯战，不代表李广利治军不行；相反，从这次撤退中能看出他高明的战阵之法。步骑混编的十余万大军撤退，边打边撤，乱糟糟搞了十多天，却保持了正常的战损比，没有吃大亏。

公元前96年，且鞮侯单于病死，长子左贤王立为狐鹿姑单于。

其时，汉武帝也进入了自己执政的最后十年，帝国内政开始出现多股不安定因素，其中最重要的是继承人之争。但在这种不安定因素下，公元前90年，汉武帝再次派李广利、商丘成、马通等大举进攻匈奴。

起因是匈奴连续入侵酒泉、五原、上谷等郡。

此一战，商丘成军，一度进击到涿邪径。回军途中，在浚稽山，商丘成军遇到卫律与李陵率领的三万骑兵的截击。双方大战九日，商丘成且战且退，退至蒲奴水附近，卫律与李陵没占到便宜，遂放弃追击。

重合侯马通军出酒泉，到天山下转了一圈，没有见到匈奴人。

匈奴倒是派了两万骑兵准备截击马通，但领军将领觉得打不过，就没有发起截击。而汉朝方面又害怕车师拦截马通，就又派了一支军队攻击车师，把车师一锅端了。

相对商丘成军与马通军，李广利主力先是在夫羊句山狭击破右大都尉军，随后乘胜逐北一度追击至范夫人城。

但就在这时候，巫蛊之祸后续地震，丞相刘屈氂等被处死，李广利也牵连其中，妻子下狱。李广利为了自救，带领大军冒险深入，追到乌兰巴托北的郅居水，在这里被匈奴大军围剿，战败投降，汉军近七万大军几乎全军覆没。

汉与匈奴休战二十年后，战端重起。

汉武帝在军事将领、军队战力都不及卫、霍之时，仍两次过大漠劳师远征，最终都导致主力全军覆没或接近全军覆没。

并不是匈奴比军臣单于、伊稚斜单于时期更能打了，而是因为汉武帝变得过度迷信武力，无视地理障碍。奔袭数千里客场作战，强如卫、霍，也没办法克服这种自然损耗，何况李广利！

征大宛，汉武帝已经有些疯狂偏执、穷兵黩武的意思了，征大宛之后，于国于民，都已经到了息兵休戈、与民生息的时候了。

远征利大则远征，像第一次漠北之战，来去如风，犁庭扫穴，算经济账，虽亏了些，但一举打残匈奴，总体来说，一战打出二十余年和平，是值得的。当李广利掌军时，匈奴已经远遁漠北，有意寻求和平。

汉实际上已具备了上兵伐交的条件，像宣帝朝一举解决匈奴问题的机会未尝就没有。战争是手段，不是目的。即便以战促和，巩固漠南防御，把战场放在漠南、以逸待劳，损耗显著要小。

李广利两次大败，得亏是匈奴只有防御之能，没有还手之力。不然，匈奴乘胜南侵，精锐殆尽的汉边境岌岌可危。

当然了，匈奴无力反击的局面，也是汉武帝早期用卫青、霍去病和汉军将士打下的。

叁 巫蛊之祸

太子刘据，公元前128年生，时年汉武帝刘彻二十九岁。刘彻欣喜异常，专门祭祀了送子神仙，还让当时的三位大作家东方朔、司马相如、枚皋写了祝词。

刘据的生母卫子夫，也因此很快被册封为皇后。

而在此前一年，李广、公孙敖、公孙贺及卫子夫的弟弟卫青，四人各将万骑出击匈奴，卫青有茏城大捷，是四人中唯一全胜的。

茏城大捷让卫青脱颖而出，随后收复河套平原、大破匈奴右贤王部、漠北之战，卫青成为帝国最闪耀的将星。

公元前123年，卫青第一次以大将军身份统领诸军出击匈奴时，卫青和卫子夫的外甥霍去病，率八百骑大深入斩首两千余级，汉武帝打击匈奴的另一把利剑出鞘。

随后，霍去病河西之战夺取河西走廊，斩首、俘虏、招降匈奴共计十万余人，漠北之战横扫单于庭、封狼居胥、登临瀚海。

公元前119年，漠北之战后，汉武帝设大司马位，卫青、霍去病均为大司马，二人官衔、俸禄相同。

在当时，皇后卫子夫在后宫宠幸未衰，卫青封万户侯，兼大将军、大司马，霍去病封万户侯，为大司马，又经过多年战争，武帝朝以战功封侯的，六七成都出自卫青、霍去病麾下。

"其裨将及校尉侯者九人，为特将者十五人"，这是卫青。

"其校尉吏有功侯者六人，为将军者二人"，这是霍去病。

在最大的政治正确下，卫、霍及其部属，当然是紧紧团结在汉武帝周围，坚决拥护汉武帝的英明领导。

但我们知道，有人就不可避免有小团体。

在卫青、霍去病贵盛，卫子夫仍受宠幸的时候，在汉武帝之下，他们必然还有一个效忠对象，那就是太子刘据。

刘据是公元前122年被立为太子的，时年七岁，卫青已经被册封为大将军。至公元前117年，冠军侯霍去病暴病去世，这五年间，刘据的太子之位，可以说岿然不动，其稳定性说不定还超过汉武帝的皇帝位。

但盛极而衰，人间至理。

自漠北之战后，因战马匮乏，汉帝国长时期内失去了跨越大漠大规模骑兵作战的能力，擅长大兵团骑兵作战的卫青、霍去病实际上也暂时没了用武之地。虽然，与匈奴的战争并未结束，最终汉武帝还要用卫青、霍去病，但在与匈奴的战争缓和时，征四夷，用卫青、霍去病的裨将、校尉已经足矣！

如果事情正常发展，则卫青、霍去病作为军队的最高领袖，可以一边优养，一边作为帝国战备的定海神针，对政治稳定也不无益处。

但霍去病的溘然长逝，像多米诺骨牌，一张倒下，就引发一系列混乱。

卫青年龄渐长，不是人人都是赵充国，帝国未来与匈奴的大战还能让卫青统率诸军吗？

汉武帝对帝国未来的规划，一定是由小他近二十岁的霍去病，指挥未来骑兵恢复之后对匈奴的远征决战。而霍去病去世了，这个规划就要重新谋划。

于是，他用杨仆，用路博德，用赵破奴，甚至用空有勇气的少年韩延年，准备给帝国再物色一个年轻的统帅来。

但终究再没有一个人，能像卫青、霍去病一样无往不利。

与此同时，既然卫青被基本排除出帝国未来统帅的候选，则以卫青为代表的太子党势力，就不再不可撼动。

相反，稍事打压卫青和太子，反而有利于汉武帝继续开展打击豪强、征四夷、巡游天下的行动。

——太子渐渐长大了，他不喜欢他老子穷兵黩武，政见时常与汉武帝相左。

霍去病去世后，卫青又活了十一年，这十一年，是近乎消失的十一年。也许，他娶平阳公主就在这一时期，但也可能在这之前。

霍去病去世后不久，卫青的大儿子宜春侯卫伉因为犯法失侯。此后五年，卫青另外两个儿子，阴安侯卫不疑、发干侯卫登都因为贡献给天子祭祀祖宗的黄金成色不足而丢掉侯爵和封邑。

对于这些事，卫青的态度不明，但从他一贯谦退忠诚的处世作风来看，他对这种冷落倒也安之若素。

最重要的是，虽然随着太子羽翼渐丰，汉武帝着意压制太子势力的膨胀，但汉武帝与卫青、卫子夫和太子之间关于"太子终究会是帝国继承人"的默契，并未改变。

但公元前106年，长平烈侯卫青薨，一代将星度过了远离战场十余年的富贵生活后，与世长辞。

这无异于一场高层政治地震！

不仅是帝国军事失去了定海神针，太子集团也失去了定海神针。

汉武帝的态度倒仍然没有改变，他生的几个儿子，除了太子刘据都不大成器。刘彻虽然不喜欢刘据仁弱，但他也说过，如果后代仍然像自己这么搞大工程、不顾民生，一定会重蹈秦帝国的覆辙。

但权力这东西，从来不会浪费一点空间，卫青退场，留下的权力真空会迅速被填充。在这种由不平衡向稳定的重构中，各大势力都会攻城略地。

太子势力自然不会束手待毙，但太子势力再怎么争取，在这种重构中都会是利益受损的一方，因为卫青本身是汉帝国的股肱，但也是太子刘据的舅舅。一旦太子在重新平衡中，因为利益受损而暴露出可被攻击的一面，其他势力就会蜂拥而上，把太子撕碎吞食。

这将不以汉武帝的意志为转移——汉武帝能影响其他人，其他人也会影响他——权力的制衡作用是相互的。

卫青去世后，两项人事任命暂时重塑了新格局。

第一是，军队首席大佬换了人。

大将军、大司马是汉武帝临时设置的位置，在他心目中大概只有卫青、霍去病配得上这个位置，所以，卫青死后，武帝朝没有再设大将军和大司马。换言之，卫青虽然去世，但并没有任何一个人，能在武帝后期，拥有卫青名义上集军政于一身的地位与影响。

汉武帝最宠幸的李夫人的哥哥李广利被封为贰师将军，成为汉帝国接下来十余年实际上的最高军事统帅，但没有大将军名号。

而李夫人为汉武帝生了一个儿子，叫作刘髆，被封为昌邑王。那么，一旦太子地位动摇，李广利势必会拥护刘髆，进而成为太子集团的对手。

第二是，内政首席大佬丞相换了人。

万石君石奋的小儿子，温厚谨慎的老好人石庆，在公元前103年去世，由公孙贺接任丞相，封葛绎侯。

公孙贺是北地义渠人，在汉武帝刘彻还是太子时，就跟随刘彻为舍人，汉武帝继位后，他被任命为太仆。

公孙贺娶了卫君孺，卫君孺是卫子夫的姐姐。同时，公孙贺长期效力于卫青麾下，征匈奴，在卫青带兵收复河南之战中，因功封为南窌侯，后来因为奉献给皇帝祭祀祖先的黄金成色不足而失侯。

公孙贺与卫君孺生了个儿子，叫卫敬声，卫敬声在这一次人事变动中，接替公孙贺成为太仆。

这样，不管从哪个方面，公孙贺都会被认为接替卫青成为太子的守护者。但公孙贺却担当不起这个重任。汉武帝一开始让他接任丞相，他吓得不敢接印绶，而是跪地请辞，哭得稀里哗啦。

汉武帝让人扶他起来，他也不起，后来汉武帝恼怒扭头就走，他才不得已接了丞相印绶。

为啥呢？因为这之前的四个丞相，除了规规矩矩的石庆，李蔡、庄青翟、赵周三个人都不得好死。公孙贺只想好好活着，他并不想影响帝国未来政治的走向。

汉武帝又生了个小儿子，第三方势力加入战团。

汉武帝的生育能力很奇怪，跟陈阿娇结婚多年，一个孩子也没养育。卫子夫得宠后，也是到了汉武帝二十九岁时才生了皇子刘据。纵其一生，在皇帝位五十多年，宠幸的妻妾多人，后宫无数，一共也就生了六个儿子，据考证，大概还有六个女儿。而最惊奇的是，在公元前94年，大约六十三岁的汉武帝老来得子。

汉武帝有一次巡幸河间，有望气的人跟他说，这里有奇女子。汉武帝立即派使者去传唤。

奇女子姓赵，汉武帝初见她时，她两只手都握成拳头，据说是天生的，而汉武帝给揉了揉，竟然展开了。于是，汉武帝就称赵姬为拳夫人，带回了长安宫中，封为婕妤，住在钩弋宫，也称为钩弋夫人。

这之后，钩弋夫人大受汉武帝宠幸，于是，就怀孕了，一怀十四个月，生下了刘弗陵。汉武帝高兴坏了，说了一句意味深长的话："当年帝尧他妈生他怀孕怀了十四个月，现在钩弋夫人也一样！"

这句话，不论传到谁的耳朵里，这都是一个信号——太子的位置也许可以换一换。

差不多在同时，赵国人江充被任命为水衡都尉。

江充不是个省油的灯。江充原名叫江齐，先前在赵国，他有个妹妹，舞跳得好，嫁给了赵太子刘丹，而江充也因此成为赵王刘彭祖的座上宾。不过时间久了，赵太子刘丹就怀疑江齐在他老爹面前说他坏话，就让手下罗织罪名准备把江齐办了。江齐很机警，提前得知消息，逃走了。但他的父亲和兄弟却被刘丹抓了，判了弃市处决。于是，江齐西入关，来到了长安，化名为江充，直接找到汉武帝告御状。

但他不是申冤，而是直接打刘丹的死穴——乱伦。最终刘丹下狱，也因此丢了太子位，后来因为大赦才保住了性命。

江充先前能够成为赵王的座上宾，有几样核心竞争力：第一，长得帅；第二，能说会道；第三，会包装自己。

同样凭借这三样，在告倒赵太子后，他成了汉武帝末年打击政敌的一把尖刀。

他被任命为直指绣衣使者，帮助汉武帝监察贵族豪强的奢侈僭越行为。他不避豪强，许多超出礼制规格的，都被他予以没收，充入北军，准备用于打击匈奴。

而这份努力被汉武帝认可后，他更加大胆，监察对象直接对准了光禄勋、中黄门这些汉武帝的近侍部门。于是人人震恐，有违法行为被处理的，都请求拿钱赎罪，因此为中央财政增加了数千万的收入。

某种程度上，汉武帝觉得，他又找到了一个张汤、杜周一样的人物。但很可惜，张汤在私德上，是一个极其廉洁自守、有所为有所不为的人，而江充却从不给自己设限。同时，汉武帝自己也年老体衰，思维判断包括对白手套的控制力都不如早年，这一次，终于被反噬了。

江充是条狗，除了主人他谁都咬，倒也不只针对太子，最起码刚开始是这样的。

江充有一次出巡，在驰道上碰到了馆陶长公主刘嫖的车队，立即喝令车队停止前进，因为按道理寻常人是不能走驰道的。但作为刘彻的姑姑兼前丈母娘，刘嫖一来不是寻常人；二来，这次是王太后召见她，有太后诏令在手。不过江充不管那个，而是按照规定，只放刘嫖单车进宫，其他的随从车骑全部没收。

太子的情况相似。

一次，太子家使驾马车在驰道上疾行，被江充逮个正着，抓去审问。太子知道了，就派人去向江充请求通融。太子使者的言辞可以说很谦逊的，先是赔罪承认错误，接着讲并非爱惜车马，而是不想让父亲知道自己没有严格要求属下，然后郑重请求江充给予宽恕。但江充表示，无可通融，到底还是向汉武帝汇报了。

汉武帝为了嘉奖他的刚正不阿和忠诚，提拔他为水衡都尉。江充在水衡都尉位置上并没有坐多久，就因为犯法被免职。但江充敢于冒犯太子，代表了朝野某方势力的态度：老虎屁股摸不得，太子屁股却摸得。而汉武帝的态度，则更坚定了太子反对派们的看法，也更助长了他们的蠢蠢欲动。

江充也仅仅是免去了水衡都尉的职务，并不代表他对汉武帝就没有影响力，做汉武帝的内朝近侍依然可以左右朝局。

江充被免去水衡都尉之职的第二年，丞相公孙贺栽了！

公孙贺的儿子公孙敬声因为贪污下狱。

当时汉武帝正全力追捕一个叫朱安世的阳陵豪强，公孙贺就向皇帝表示，自己愿意亲自追捕朱安世，以求能赎儿子的罪。丞相出马，顶三千六扇门，朱安世很快被抓捕归案。

这个朱安世并非寻常人，当时的人都称他为大侠，大抵是郭解一样的人物。这样的人物，通常也是江湖百晓生。

朱安世对公孙贺怀恨在心，他先是从狱中传消息给公孙贺："你要倒霉了，我知道你很多秘密，罄竹难书，河干难写。"随后，朱安世在狱中向汉武帝告发公孙敬声与汉武帝的女儿阳石公主私通，并用巫祝的方法企图诅咒汉武帝至死。

对这种直接冲他来的案子，汉武帝从来都是一查到底。结局：公孙贺被诛三族。

这就是巫蛊之案的起源——公孙贺战斗力太差，倒跟江充没太大关系。

但公孙贺的倒下，让卫太子刘据像是忽然之间在皇太子保卫战中卸了盔甲，他被暴露在与江充钩弋夫人集团、李广利李夫人集团战斗的第一线。

江充当年得罪了太子，他自然知道厉害：汉武帝年老了，一旦归天，太子继位，自己还有好日子过？现在，太子集团的主要护法公孙贺被巫蛊之祸斗倒了，江充敏锐地察觉到，对江充及藏在暗处的各大势力来说，这是扳倒太子最好的机会。

江充立即向汉武帝煽风点火："陛下，您最近身体不好，肯定是有人在搞巫蛊，得狠狠地查！"

汉武帝老糊涂了啊，又一辈子求仙问道，自然也信这个，于是就派江充全城排查巫蛊。

江充得了令，见天带一群人四处搜查，翻箱倒柜，毁墙掘地，佐以严刑拷打、株连诬告，没几个月，就以大逆不道罪处死数万人。

江充很聪明，并不直接向太子开刀，而是先从无关紧要的人查起，渐渐深入，治死数万人之后，就渐渐逼近了太子集团的核心人物。

跟公孙敬声私通的阳石公主被处死了，另一个公主，诸邑公主也被处死——司马贞认为可能是卫子夫的某个女儿。继承卫青长平侯爵位的卫伉，也就是卫子夫的侄子也被诛杀。

到这时候，以江充株连诬告的手段，卫皇后和卫太子无论如何难以独善其身了。

江充进一步对武帝说，从皇宫中观察到巫蛊的气。

当时汉武帝在甘泉宫，汉武帝就派按道侯韩说、御史章赣、黄门苏文等和江充一同进宫搜查巫蛊。

江充先带人把皇帝的御座都拆了，掘地三尺搜查用来祝诅的小人。

这一举动是在告诉皇后和太子，谁都逃不过。

搜查进一步扩大，江充们如愿以偿地从太子宫中挖到了桐木人。但太子的忍耐也到了限度，太子举兵了！

汉武帝时常巡幸在外，不在长安时，都让太子监国。因而，虽然太子平时仁弱，但在求生本能下雷霆一怒，杀伤力依然巨大。韩悦、江充等人被迅速诛杀，在卫子夫的帮助下，太子也很快动员了长乐宫的守卫，进一步彻底控制了南军。

虽然北军的任安是按兵不动，但太子释放了大量囚徒，又利用自己的威望吸引了一大批好事的长安市民加入了自己的队伍，合兵数万人。

当时的丞相已经由刘屈氂接任，刘屈氂与李广利结为儿女亲家，可以认为是昌邑王刘髆一党。刘屈氂立即向汉武帝汇报太子举兵的事情，汉武帝大怒："你这个混账丞相，有乱不先平乱，请示什么？"

刘屈氂懂了，随后征发了长安周边各县的军队，投入了与太子军的战斗。刚开始刘屈氂打不过太子，但随着汉武帝驾临长安城下，越来越多犹豫不定的人站在了刘屈氂一方，太子渐渐不支。

双方打了整整五天，血流成河，双方战死数万人，太子兵败逃亡。

巫蛊之乱的直接结局：皇后卫子夫自杀；卫太子逃至今河南省灵宝市西北后自杀，两个随身逃亡的儿子也被诛杀；留在长安的一子一女也死于这场动乱。

最后盘点——整个巫蛊之乱，直接导致大约十万人丧生。这可以说是汉武帝末年最重大的一场政治灾难。

然而这并未结束。贰师将军李广利与丞相刘屈氂结为攻守同盟,在接下来,致力于把李夫人的儿子、李广利的亲外甥昌邑王刘髆推上太子之位。

但汉武帝渐渐从对太子刘据的暴怒中清醒过来,转而迁怒于逼迫太子的那些人。于是,刘屈氂夫妇反而被内者令郭穰告发有祝诅皇帝之事,事情连及李广利。最终刘屈氂夫妇被杀,带兵在外的李广利听闻消息后带领大军铤而走险,最终战败投降匈奴,制造了汉与匈奴再度开战以来汉帝国最惨痛的失败。

肆　轮台罪己

巫蛊之祸不是偶然发生的，它是汉武帝晚年一系列内政外交导致的各利益集团、各阶层矛盾的集中爆发。

汉武帝要开疆拓土，就需要钱，要钱就要向利益集团开刀，利益集团不配合，就诉诸君主专制的暴力机器，用严刑峻法一茬茬割利益集团。

但利益集团不是韭菜，而是参天巨树。比如汉武帝的姑姑长公主刘嫖，她的势力虽然在陈阿娇巫蛊案中受到沉重打击，但她聪明地及时与汉武帝达成和解，家族利益实际上受到了保护。

因此才有汉武帝晚年，江充上位之后，汉武帝依然要借机敲打长公主刘嫖。类似的不倒翁，还有万石君一家，他们不与汉武帝正面对抗，但背地里依靠儒家渐渐地控制了意识形态。

最后，这些儒生围绕在宽厚的卫太子刘据身边，就形成一股恢复汤武圣王之道的、《剑桥中国史》称为改革派的一股势力。这股势力，与以汉武帝为代表的张汤、赵禹、杜周，以及江充、李广利、霍光、桑弘羊这些"时新派"之间的矛盾是不太容易调和的。

尤其是公元前101年前后，汉与匈奴战端再起之时，汉武帝是无论如何不会认为自己继位之初的宏图伟业已经完成，到了改弦更张的时候了。

巫蛊之祸，用大约十万长安人无谓的内斗、无辜的生命，最终唤醒了汉武帝。

而李广利的投降与卫太子之死又发生了微妙的共振，让年过古稀的汉武帝开始全面反思自己继位五十年来的内政外交政策。

但在这之前，汉武帝刘彻还想确认一件事："神仙求不得，长生不老不可能。"

公元前89年，汉武大帝进行了自己的最后一次巡游。

目标：东海。

目的：求仙。

巡游队伍到了海边，汉武帝这次打算孤注一掷，他准备亲自入海求仙。

海上风浪很大，而且持续十余天。但这并未打消汉武帝的念头，他仍然坚持要出海。

大臣们一看："老祖宗唉，你不想活别拉上我们啊！"于是，切谏。也不知道是大臣们的进谏起了作用，还是无休无止的风浪让汉武帝知难而退，反正耗了十多天后，汉武帝打道回府。

回来的路上，封泰山，禅石闾。就在石闾，汉武帝召见群臣，下诏，停止了多件伤害百姓、靡费天下的事情。

大鸿胪田千秋又建议汉武帝罢黜方士，汉武帝同意了，大量骗吃骗喝的方士被赶走。

六月，回到长安，在甘泉宫，汉武帝任命田千秋为丞相，封为富民侯。

富民侯，意思不言自明，汉武帝要与民休息、养民致富。从此，汉帝国国家政策彻底由扩张转向守成。

不过，提请注意：严刑峻法的内核并未改变。关于这一点，多说两句。

汉武帝的辅政四大臣，最终由霍光专权胜出，霍光实际主政期间，内核依旧是严刑峻法。至于霍光死后，汉宣帝的执政，用那句话最能证明："汉家自有制度，本以霸王道杂之！"

实际上，在君主集权配套地主阶级为统治阶级的背景下，刑法松弛、与民生息只适用于大乱后开国之初。因为其内核是层层剥削，而在无法改变政治体制的前提下，严刑峻法是打击豪强兼并、确保相对公平的不二法门。

所谓"乱我家者，太子也"，实际上就是汉元帝无法继续保证严刑峻法，因而不得不向豪强地主让步。

前汉表面上亡于王莽篡位，实际上亡于王莽开了一张看起来很美的治疗兼并的药方。

至于后汉，光武帝刘秀的开国，本身就是与豪强地主的媾和，虽然在开国之初做做样子稍稍打击了豪强地主，但寄希望于统治阶级进行彻底的自我革命，断无成功的可能。于是，后汉再亡于兼并。

一个政权，失去了保证公平的国家力量，或者说国家力量无意于保证公平时，败亡是迟早的事。

继续说回汉武帝的政策转向。

搜粟都尉桑弘羊曾经牵头提出："轮台东有溉田五千顷以上，可遣屯田卒，置校尉三人分护，益种五谷；张掖、酒泉遣骑假司马为斥候；募民壮健敢徙者诣田所，益垦溉田，稍筑列亭，连城而西，以威西国，辅乌孙。"

这是一件百益而无一害、同时投入产出比极其可观的事情。但汉武帝否决了，同时任命赵过为搜粟都尉。

赵过何许人呢？赵过善于制作农具，这些用来耕田的农具，可以让老百姓出力少，收成好。

矫枉必须过正！

完成了政策转向后，汉武帝也时日无多了。

他在位的最后两年，昌邑王刘髆死了，死因不明，但死的时候应该不超过二十岁。

在平定巫蛊之乱中，力战有功的马通因为担心被反攻倒算，伙同兄弟马何罗一起阴谋刺杀汉武帝，被金日磾等擒杀。

商丘成，在平定巫蛊之乱立功后，升任御史大夫。曾参与李广利降匈奴之战，分道追击匈奴至浚稽山涿邪径，返回途中，与截击的李陵、卫律军大战获胜。也在马通谋反之前，被告以祝诅而自杀。

也就是说，汉武帝最后两年也没闲着，李广利集团及其残余势力被消灭得干干净净。

最后，被认为可能母家专权的钩弋夫人也被赐死。

他留下了桑弘羊、上官桀、霍光、金日磾四位，与田千秋一起辅佐七岁的刘弗陵。

公元前87年，汉武帝刘彻崩逝于五柞宫。

一个时代就此落幕！

刘彻归去，留下一个大一统的帝国，与一整套支撑大一统帝国的理论体系：君权天授，天人合一。

至此，中华民族大一统的基础被彻底夯实，从此之后，统一成了主旋律。

分裂的时代也有，但任何一个分裂政权的统治者，都要从儒家理论里为自己的统治寻找合法性，有实力的统治者都以重新混一海内、重建中央帝国为最终目标。

外族入侵，鸠占鹊巢的时代也有。但当外来统治者建立统治后，也不得不诉诸儒家理论来治理国家，最终中国依旧是中国，外族却已不再是外族。

多么神奇的事情！秦帝国、汉帝国、唐帝国、明帝国、清帝国，帝国的生命力总是有限的，但中央帝国的生命力却似乎是无限的。

这一切的根源，或许就在自秦始皇开始到汉武帝结束的这不到二百年历史里，中央帝国从制度成为文化，刻入了每一个华夏人的基因里。

周虽旧邦，其命维新！